지도자론

참 좋은 대통령감

장래찬 저

태영출판사

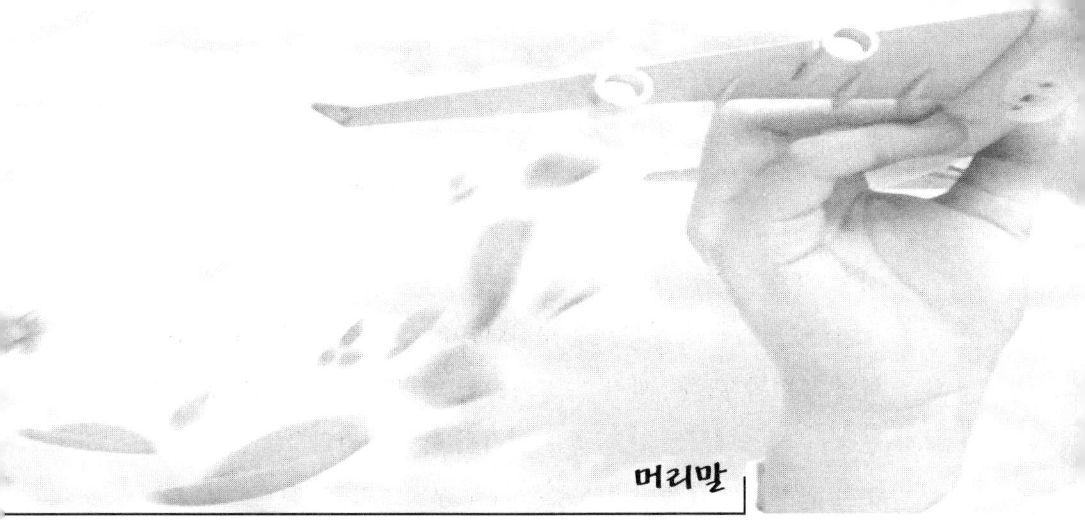

머리말

살기 좋은 나라, 국민행복을 만드는 데 가장 현실적이고 빠른 길은 '참 좋은 대통령', 훌륭한 대통령을 길러 뽑는 일이다. 이것이 어긋나면 국사 만사가 차례로 꼬이게 된다.

지구상에서 전 국민의 생활에 골고루 가장 큰 영향을 미치는 사람, 한 사람을 꼽으라면 단연 대통령(제도에 따라 수상 혹은 총리)이다. 그가 어떤 생각과 자세, 능력을 가지고 국정에 임하느냐에 따라 국가와 국민의 운명은 달라진다. 이는 역사가 증명해 보였다. 영국 속담에도 "왕이 길을 잃고 헤매면 백성들이 그 대가를 치른다"는 말이 있다.

저자는 무엇보다 훌륭한 대통령이 연속적으로 나와 줘야 나라 발전과 국민행복이 가능하다는 결론에 도달했다. 그리하여 우리 현실에 적합할 것으로 추정되는 대통령감을 탐색해 보았다. 이를 위해 동서양의 몇몇 성현들의 교훈과 성공 또는 실패한 대통령들의 족적을 고찰해 보았다.

이 책은 크게 세 부분으로 구성되었다: 'I. 살기 좋은 나라, 대통령의 도전과제', 'II. 대통령의 자질과 능력', 'III. 훌륭한 대통령 탄생'이다. I.에서는 살기 좋은 나라가 어떤 나라인지를 논의했고 우리 현실에서 대통령의 도전과제가 무엇인지를 생각해 보았으며, 대통령직의 특수성에 대해서도 기술했다. II.에서는 훌륭한 대통령이 갖춰야 할 인격, 성격, 국가관, 비전, 지혜, 능력을 논의했으며, 타산지석으로 미국 대통령들의 도덕성과 능력을 분석 · 검증해 보았다. III.에서는 좋은 정치환경 조성과 정치동기 및 대통령 선발의 중요성을 검토해 보았다.

누가 뭐래도 국가발전과 국민행복에 가장 핵심적인 사람이 대통령이라는 확신을 가지고 나름대로 바람직한 대통령상을 찾기 위해 노력해 보았으나 부족하고 미진한 부분이 한두 군데가 아니었다. 하지만 그 나름대로 정치 지망생들, 대통령 지망자들, 그리고 유권자인 국민들이 올바른 정치적 사고와 판단을 하는데 다소라도 보탬이 된다면 그것으로 족하다.

이 책이 나오기까지 노고를 아끼지 않으신 태영출판사 사장님, 편집장님, 그리고 직원 여러분들께 진심으로 감사드린다.

2012년 8월

저자 장래찬

차 례

Ⅰ. 살기 좋은 나라, 대통령의 도전과제 — 9

살기 좋은 나라, 대통령의 도전과제

I

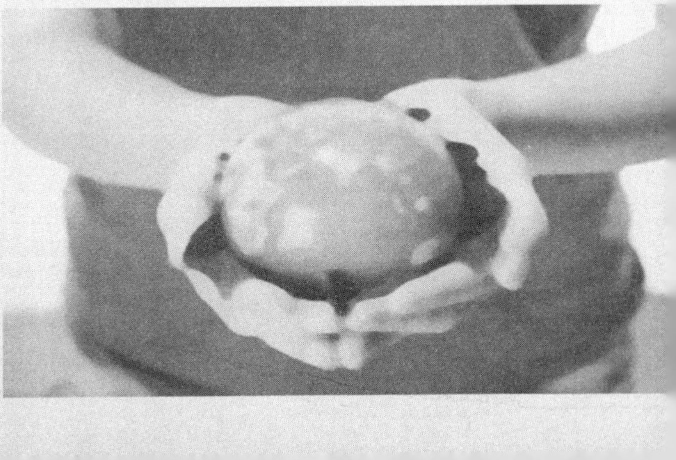

어느 조직이나 지도자의 역할이 가장 중요하다. 국가 지도자인 대통령(총리, 수상)의 역할은 말할 것도 없다. 그가 어떤 생각과 자세로 국정에 임하느냐에 따라 국가, 국민의 운명은 갈릴 수 있다. 출중한 인품과 능력을 갖춘 대통령이 탄생하면 나라가 발전하고, 국민의 삶이 윤택해진다. 그렇지 못하면 나라 발전은 후퇴하고 국민의 삶은 팍팍해진다. 이것은 이미 역사가 증명해 보였다. 그래서 어느 나라 국민이건 훌륭한 지도자를 간절히 바란다.

보수도 받지 않고 민병대에 불과한 대륙군을 이끌고 중무장한 대영제국 군대를 물리친 미국의 건국 대통령 워싱턴, 나치 독일로부터 조국을 끝까지 지켜 낸 영국 수상 처칠과 프랑스 대통령 드골, 약관의 나이로 유학 중에도 장차 조국 독립을 위해 보탬이 될 만한 친구, 정치인을 미리 사귀어 두었다는 주도면밀한 싱가포르 수상 이광요, 가깝게는 우리나라를 최빈국에서 10대 경제대국으로 가는 길을 닦은 대통령 박정희는 훌륭한 인품과 나라 발전을 위한 집념과 능력을 갖췄다는 점에서 공통적이다. 인품과 능력 중, 하나라도 부실했다면, 그와 같은 훌륭한 업적을 남길 리 없다.

만약, 워싱턴, 처칠, 드골, 이광요, 박정희 등이 인격과 능력을 제대로 갖추지 못하고, 사리사욕을 채우는 데 급급했다면, 오늘의 미국, 영국, 프랑스, 싱가포르 그리고 대한민국은 없다. 아직까지 지구상에는 인권은 고사하고, 먹고 입는 것조차 해결 못하는 국가들이 수두룩하다. 국가 지도자들이 자신보다 국가와 국민을 먼저 생각하고, 훌륭한 인격과 능력으로 사심 없이 국정에 임했다면, 그렇게 될 수 없다. 아무리 뛰어난 능력이 있다 하더라도 이것이 사리사욕을 채우는 데 쓰인다면 아무 쓸모없다. 때로는 그 능력이 해악으로 연결되기도 한다. 반대로, 인격은 갖췄으되 무능하면 어떤 일도 성공할 수 없다.

사리사욕을 단지 권력욕, 재물욕으로 생각하는데, 실은 그렇지 않다. 이런 욕구들은 물론, 공직을 이용하여 만족시키려는 개인 및 그 주변 인물들의 명예욕, 성취욕, 존경욕까지 포함한다. 심지어 자신의 위상을 높이기 위한 것도 이에 해당된다. 어떤 욕구든 공익을 벗어나면 다 사리사욕으로 보는 것이 맞다.

그런데 사람들은 누구나 자기 자신을 위한 욕구가 있기 때문에 오로지 공익만을 위해 공직에 헌신하기란 말처럼 쉬운 일이 아니다. 일을 하다 보면 사익과 공익이 충돌하는 경우도 허다하다. 이때 사익을 억제하고 공익을 선택한다는 것이, 말이 쉽지 참으로 어렵다. 다음과 같이 극단적인 예를 들어 보자.

공직 선거에 출마한 한 후보자가 자신보다 그 공직에 더 적합하다고 생각되는 후보자가 있다면, 멸사봉공 정신으로 그에게 양보하겠는가? 인간에게 그렇게까지 기대할 수는 없다. 그러면 공직에 임하고서 자신과 그 주변 인물을 챙기지 않고 오직 공익만을 염두에 두고 일할 사람은 얼마나 되겠는가? 이를 생각해 보면, 진정한 나라사랑, 국민사랑은 아무나 할 수 있는 것이 아니다. 국가의 최고 직에 오른 대통령은 최소한 후자, '자신과 그 주변 인물을 챙기지 않고 오직 공익만을 염두에 두고 일할 사람'은 돼야 되지 않겠는가, 하는 바람이다. 자신을 비우고 국가, 국민, 더 나아가 인류의 발전과 행복, 평화에 헌신하는 대통령이 우리나라에서 나오기를 바란다.

'정권을 놓은 후 어떻게 안전하게 대우받으며 부유하게 살 수 있을까?', '가족, 자식 그리고 추종자들의 앞날은 어떻게 될까?', '내 사람 중, 누구에게 어떤 자리를 줄까?' 등과 같이 자기중심적인 고민과 걱정에 사로잡힌 국가 지도자들도 그 동안 적지 않았다. 이러한 사리사욕적 발상은 국정을 사적으로 끌고 가기 마련이다. 국가의 정책, 인사, 예산 편성 및 집행 등에 사(私)가 개입하게 된다. 만사가 여기에서 뒤틀리기 시작한다. 사적 감정이 국정운영에 투영되어 사적으로 유리한 쪽, 공적으로 불리한 쪽으로 국정이 흐르기 때문이다. 국가적으로 큰 손실이다. 국가, 국민의 불행이다. 가령, 어떤 국책 단지를 조성할 때, 대통령 자신이나 주변 사람들의 입지나 사정을 염두에 둔다면 맑은 정신으로 합목적적인 의사결정을 내리기 어렵다.

대통령이 국가, 국민중심이 아니고 자기중심, 즉 사적으로 치우치다 보면 봐주기, 청탁, 매관매직 등과 같은 비리, 부정부패가 주변에서 독버섯처럼 생겨나기 마련이다. 설사 대통령 자신은 그렇지 않더라도, 그 주변 사람들이 대통령의 마음을 읽어 내고 탐욕을 채우기 위해 부정한 짓을 경쟁적으로 저지른다. 미국 남북전쟁의 영웅, 그랜트(Grant) 장군은 국민의 부름으로 18대 대통령에 당선되었다. 그는 인간적으로 순진하고 정직하며 청렴한 애국자였다. 그러나 너무 사적인 감정이 많았던지 주위 친구들을 정부 요직에 앉혀, 이들이 부패, 타락하여 국정을 농락하는 바람에 결국 실패한 대통령이 되었다.[1]

모든 일이 그렇듯, 대통령이 어떤 생각과 어떤 자세로 국정에 임하느냐가 가장 중요하다. 국가와 국민에 대한 소명의식에서 출발한 대통령은 국가와 국민에 대한 고민과 걱정이 앞설 것이다.

반대로 권력, 재물 욕구를 충족시키기 위해 출발한 대통령은 자기 위상과 가족, 주변 인물에 대한 배려에 많은 신경을 쓸 것이다. 전자와 후자의 차이는 능력 여하를 떠나 엄청나다. 전자의 고뇌 속에서는 국가와 국민을 위한 능력이 자라나고, 좋은 아이디어도 창출된다. 후자의 관심 속에서는 사리사욕을 채울 묘책에 대한 요령이 생길 것이고, 국가와 국민은 말뿐, 뒷전이다.

훌륭한 인격만 갖췄다고 훌륭한 대통령이 될 수 있을까? 그건 아니다. 능력을 갖춰야 한다. 우선, 능력이 없으면 일을 제대로 할 수 없다. '알아야 면장을 한다'는 속담이 있듯이, 뭘 알고 실천에 옮길 수 있는 능력이 필요하다. 아무리 확고한 국가관과 진취적인 생각을 가지고 있다 하더라도, 아무 경험 없이, 아무 능력 없이 복잡하고 얽히고설킨 나라 일을 제대로 수행할 수 없다. 보통의 직장 일도 뭘 알고 해야지, 모르면 잘 할 수 없다. 의욕만 가지고 덤벼서 제대로 할 수 있는 일은 없다. 그래서 장차 일할 수 있는 능력을 키우기 위해 교육이 있고, 학교가 있는 것이다. 괜히 있는 것은 아니다.

경험은 능력의 효과를 배가시켜 준다. 해 본 사람과 안 해 본 사람은 다르다. 물론 경험이라고 다 좋은 것은 아니다. 미래에 활용할 수 있는 가치 있는 경험이라야 한다. 안 해도 되는 쓸모없는 경험은 없는 편이 오히려 낫다. 예컨대, 파당정치 경험은 없을수록 좋다. 훌륭한 인격을 갖추고, 좋은 경험이 풍부한 능력 있는 대통령이 좋다.

훌륭한 대통령은 즐거운 날보다 고독하고 외로운 날들이 더 많을지도 모른다. 그 고뇌는 국정에 투입되어 국가발전, 국민행복으로 산출된다. 그것이야말로 세상에서 가장 값진 고뇌이며 보람이다. 대통령 자신 한 사람을 통해서 나라와 수천만 국민, 앞으로 생겨 날 수억, 수십억, 수백억 국민이 행복해진다면, 이보다 더 값진 삶은 없다. 자신의 작은 욕구보다 국가발전과 국민행복이 자신에 의해 실현된다면 이보다 더 큰 만족, 영광은 없다. 훌륭한 대통령은 그러한 회귀한 영광의 기회를 결코 놓치지 않는다.

1. 살기 좋은 나라

'살기 좋은 나라'란 국민의 삶이 행복한 국가일 것이다. 굶주리면서 행복지수만 높은 아프리카나 남미의 몇몇 국가를 살기 좋고 행복한 나라라고 말하고 싶지는 않다. 그렇다고 물질적으로 다소 풍요로우나 살벌한 나라를 원하지도 않는다. 정신적, 물질적으로 풍요로우면서 큰 근심 없이 행복한 삶을 살 수 있는 반듯한 나라를 원한다. 짜증나고 불안하며 억울하게 살아갈 수밖에 없는 나라를 살기 좋다고 할 수 없다.

그런데 '살기 좋은 나라'는 구체적으로 수많은 조건과 형태를 띠고 있으므로 어떤 가치를 강조하느냐에 따라 그 의미가 달라진다. 예컨대, 정신 대 물질, 정신 대 육체, 공동생활 대 개인생활, 자유 대 평등, 절제 대 쾌락 등, 어느 쪽을 중시하느냐에 따라 '살기 좋은 나라'의 의미와 조건은 달라진다.

희랍시대의 철학자, 소크라테스(Socrates)는 완벽하게 훌륭한 나라에서는 '올바름', '지혜', '용기', '절제'를 찾아볼 수 있다고 했다. 이 네 덕목이 갖추어진 나라가 '살기 좋은 나라'로 비견된다.

플라톤(Platon)에 의하면, 우주와 자연이 아름답고 조화로운 질서를 갖추고 있는데, 이것은 '좋은 상태'를 유지하기 위해서 그렇다는 것이다. 마찬가지로 인간의 행위와 기술도 '좋은 것'을 목표로 하고 있다는 것이다. 나라도 우주질서에 맞도록 통치되어야 하며, 입법자는 나라가 자유롭고 화목하며 지성을 갖추도록 해야 한다는 것이다. 이러한 덕목이 갖추어진 '좋은 상태'는 '적도'와 '균형'이 이루어진 상태로 동양의 '중용(中庸)'에 상응되는 덕목이다. 탐욕으로 인한 상호간의 불화와 분열이 없는 화목하고 조화로운 나라가 선의 이데아를 따르게 된다는 것이다.[2]

아리스토텔레스(Aristoteles)에 의하면, 인간은 선천적으로 행복을 추구하는 사회적 존재라는 것이다.[3] 인간, 즉 국민의 행복을 떠나서 국가와 정치를 말할 수는 없다. 그는 정치적 목적이 다수의 취향 만족에 있는 것이 아니라, 시민의 능력과 미덕의 계발에 있다고 했다. 이것이 인간의 행복이라는 것이다. 국민 각자가 그들의 잠재 능력을 발휘, 이성에 따라 행동하며 덕성을 키울 수 있는 정치가 되어야 한다는 의미이다. 이성과 능력을 계발하고 선을 지향하는 도덕적 삶이 충만한 사회를 살기 좋은 나라로 지칭한 듯싶다. 칸트(Kant)는 인간은 이성을 가진 존귀한 존재로서, 인간 존중을 바탕으로 감각적 쾌락보다는 자유의지에 따라 이성이 지배하는 정의로운 사회를 강조했다.[4]

동양의 성인, 공자(孔子)는 완전히 하나가 된 대동사회(大同社會)를 이상 사회로 보고, 백성이 자기 적성과 능력에 맞는 일자리에서 제 할 일을 하는 화목한 사회를 꿈꾸었다.[5] 노자(老子) 또한, 민중으로 하여금 그릇된 욕망과 명예, 권력과 재산에 대한 탐욕에서 벗어나도록 할 때, 이상적 사회가 형성된다고 했다.[6] 그는 과도한 사욕이 절제된 사회를 '살기 좋은 사회'로 보고 있는 것이다.

위 성현들이 '살기 좋은 나라', 혹은 '살기 좋은 사회' 건설에 주는 시사점은, 소크라테스는 올바름, 지혜, 용기, 절제가, 그리고 플라톤은 자유, 지성, 화목이 어우러진 균형과 절제를 갖춘 국가, 사회였다. 아리스토텔레스는 이성에 따른 시민의 능력과 미덕의 계발을 통한 도덕 사회, 칸트는 이성적 존재로서 인간이 존중되는 사회를 강조했다. 공자는 적성, 능력에 따라 일하는 화목한 사회, 노자는 탐욕에서 벗어난 절제된 삶이 지탱되는 사회를 살기 좋은 사회라고 말했다. 이들의 공통점은 물질이나 쾌락이 아닌, 인간의 존엄성과 도덕이 살아 숨쉬는 화목하고 정의로우며, 능력에 따라 즐거운 마음으로 일할 수 있는 나라를 '살기 좋은 나라'로 보고 있다.

2. 대통령의 도전과제

대통령은 한 나라의 최고 지도자로서, 그가 하는 일은 다른 지도자들과 비교되지 않을 정도로 다양하고 복잡하며 막중하다. 그만큼 그에게는 현명한 머리와 뜨거운 가슴이 필요하다. 보통 사람들처럼 두 팔 다리를 움직여서 손수 해결할 수 있는 일이 아니다. 무엇을 맞추고, 짓고, 갈고 닦고, 찾아내는 가시적인 동작으로 그 많고 많은 복잡한 일을 해낼 수 없다. 대통령 자신이 전선에 나가 병기를 다루거나, 책을 들고 학생을 가르치거나, 사업하는 사람에게 사업 지식이나 기술을 일일이 가르쳐 줄 수는 없다.

그런 식으로 정치하면 군 분대장, 교사 혹은 생산 라인의 반장 수준 일밖에 못하는 것이다. 이건 국가 원수로서의 리더십이 아니다.

대통령이 욕심이 과하여 혼자 많은 것을 해 보겠다고 많은 동작을 취하는 것은 현명치 못하다. 휘하 각료를 포함, 모든 국민들이 각자 책임 하에 바르게 사고하고 판단하며, 자기 본분에 맞게 행동하도록 동기를 유발하는 동기 유발자가 되어야 한다. 그는 국민 개개인이 제 위치에서 즐겁게 생업에 종사할 수 있도록 정신적, 물질적, 제도적인 환경을 조성해 주는 환경 조성자요, 봉사자다. 따라서 대통령은 국민들이 자기 주도적으로 자신의 과제를 해결할 수 있도록 조력하는 리더십, 즉 슈퍼리더십을 발휘할 때, 지도력 하나로 많은 도전 과제를 해결할 수 있다. 대통령 앞에 놓여 있는 수많은 도전 과제 중, 몇 가지만 논의했다.

1) 법질서 확립

법과 질서, 원칙을 바로 세울 사람이 대통령이 되어야 국민이 산다. 이것들이 바로 서야 전 국민의 99.99%(상징적 의미)가 되는 사회 각종 조직 구성원들의 자유와 인권이 보장되고 민주주의의 혜택을 골고루 누릴 가능성이 높다. 법질서가 해이해지면 한 줌도 안 되는 각종 조직의 우두머리들이 민주, 자유, 소통, 자주라는 미명하에 정치인, 행정인 혹은 그 그룹들과 짜고 그 조직 구성원들, 즉 전 국민의 99.99%를 훑어 먹게 된다는 숨은 사실을 알아야 한다. 이것들이 해이하면 가진 자들의 세상이 되어 자유방임, 청탁과 뇌물거래가 횡행하여 '가진자만을 위한 민주주의', '정 · 경 · 행의 유착을 위한 자유'가 보장되는 것이다. 따라서 전생활의 5%도 채 안 될지 모르는 정치생활이나 행위가 민주화되었다고 나머지 95% 생활이 저절로 민주화되는 것은 아니다. 법, 질서, 원칙을 바로 세워야 산다!

국가, 사회 및 국민 생활 안정의 요건은 한둘이 아니지만, 법질서 확립이 가장 중요하다. 그 안정을 해치는 행위는 법질서가 제구실을 하지 못한 데서 비롯된다. 법질서가 바로 서야 생활이 안정되고 행복한 삶을 살 수 있다. 이미 벤담(Bentham)은 '모든 것 중에서도 가장 최고의 행복은 도덕과 법률 제도의 확립에 있다'고 설파한 바 있다.[7] 틀린 말이 아니다. 이처럼 법과 질서의 확립이 국민행복의 핵심인 것이다.

법질서를 바로 세우지 않으면 건강한 국가, 사회가 될 수 없다. 복잡하게 뒤얽힌 이해, 갈등을 원만히 풀 수 없다. 억울함을 호소할 길도 없다. 돈과 힘으로 문제를 풀려하면 부정부패가 생기고 보복으로 비춰지기 쉽다. 그러면 사회가 끊임없이 혼란스럽고 시끄러워진다. 법질서에 순응하는 법치주의 문화가 정착될 때, 이러한 복잡한 문제들이 최소의 비용으로 투명하게 정리된다.

사람 사는 사회에 이해득실을 둘러싼 다툼과 갈등은 필연적이다. 법질서를 바로 세우지 않고 다툼과 갈등이 생길 때마다 조정과 타협으로 이를 풀 수는 없다. 조정도 잘 안 될 뿐만 아니라 비용만 많이 든다. 끊임없이 생기는 갈등과 싸움을 일일이 인위적으로 해결할 수는 없는 것이다. 서로 다른 입장에서 생각하기 때문에 이런 식으로 해결할 수 없는 것이다.

상호간의 이해 갈등을 가장 쉽고 합리적으로 해결할 수 있는 준거와 수단이 바로 법과 질서이다. 무엇보다 법과 질서가 행위의 가장 합리적인 준칙이며 갈등을 해결할 수 있는 가장 손쉬운 방법이다. 법질서가 잘 지켜지고 난 후에 타협도 있고 소통도 있는 것이다. '법은 멀고 주먹이 가까운' 상황에서는 협잡이 번지르한 타협으로, 청탁은 빛 좋은 개살구, 소통으로 둔갑되기 십상이다.

순자는 사람이 이익을 좇는 본성이 있으므로 사양하기보다 서로 쟁탈을 벌린다고 했다. 사람들 간에 다툼과 난폭성이 일어나게 된다는 것이다. 그래서 스승과 법도에 의해 이를 다스려 교화시켜야 한다는 것이다.[8] 아무튼 사람의 본성이 선인지, 악인지, 아니면 그 중간인지는 모르겠지만, 사람의 욕심은 끝없는 것 같다. '말 타면 종 두고 싶다'는 속담이 틀리지 않는다. 과욕에서 악과 비리, 부정부패가 생긴다. 자생하는 것이다. 인간의 그칠 줄 모르는 욕심 때문에 이런 나쁜 것들이 저절로 생긴다는 말이다.

법질서가 바로 서지 못하면, 심지어 선하다는 사람들 속에서도 이런 나쁜 것들이 쉽게 생긴다. 이를 억제하는 길은 법과 질서를 바로 세우는 수밖에 없다. 도덕은 나중의 문제다. 법과 질서가 힘을 쓰지 못하는 상태에서 도덕과 개인 윤리에 호소하는 것은 어리석은 일이다. 법과 질서도 지키지 못하는 주제에 도덕과 윤리를 지킬 수는 없다.

법질서가 무시되면, 금력과 권력이 우위를 점하여 다툼과 갈등이 불공정하게 끝이 난다. 결국 돈과 권력을 가진 자들에게 유리하게 종결된다. 결국 이득이 힘 있는 쪽으로 쏠린다. 이것이 부정부패요, 자유와 권리의 침탈이다. 여기에서 빈부격차와 양극화가 생기기도 한다. 우리 사회의 빈부격차와 양극화의 악인(惡因)이 바로 이것이다.

법과 질서가 유야무야되는 현실 속에서 진정성 있는 '타협', '설득', '소통'은 일어나지 않는다. 입버릇처럼 '소통', '소통'하는데, 실은 가식이 반도 넘는다. 거짓이다. 속이려는 미사여구다. 그러면 미국, 싱가포르, 핀란드 국민들이 입과 입이 자주 마주쳐 '소통', '소통' 많이 해서 깨끗한 선진국이 된 것인가? 그렇지 않다. 말로 문제를 푸는 것이 아니다. 법과 질서, 도덕과 양심을 공유하면, 이들 속에 '소통'이 이미 들어 있기 때문에 입술을 많이 움직이지 않아도 소통이 잘되는 것이다. '소통', '소통'하지 말고 먼저 과욕을 버리고 양심으로 돌아가 법질서를 먼저 지켜라! 그 다음 소통을 해야 맞다.

악과 비리, 부정부패가 왜 저절로 생기는지 논의해 보자. 간단하다. 비근한 예로 선거를 생각해 보자. 한 사람을 뽑는 한 공직 선거에서 자리는 하나인데 출마한 후보들은 많다. 만일 A후보 이외의 모든 후보들이 깨끗한 선거운동을 하고 있다고 치자. A후보는 동원 선거와 감시를 피해 금품을 제공하여 재미를 보고 있다고 치자(흔히 있었음). 그 결과, A가 당선권에 가까워졌다고 하면, 다른 후보자들은 뭐가 되겠는가? 그들은 깨끗하게 선거에 임하고자 했던 사람들이다. 이런 상황을 그들은 어떻게 받아들일까?

열 사람이 도둑 하나 잡기 어렵다는 말이 있듯이, 모두 그 한 사람, A의 불법 선거운동만을 감시할 수는 없다. 그리고 나쁜 짓은 드러난 것보다 감추어진 것이 수십 배, 수백 배 더 많으므로, 그 불법 선거 운동한 사람한테 승리가 돌아갈 개연성이 높다. 이렇게 되어 깨끗한 선거운동을 한 후보들이 매번 떨어졌다면, 그들도 어쩔 수 없이 이러한 불법 선거운동에 유혹되지 않겠는가? 다른 조직에서도 이와 비슷한 양상이 나타나고 있다.

법질서가 제 역할을 못하면, 깨끗한 사람까지 버리게 되는 것이다. 살기 위해서…… 깨끗한 선거 풍토도 아닌데 누가 깨끗한 선거운동으로 매번 낙선의 고배를 감수하겠는가? 차라리 정치를 그만두는 것이 옳지, 쓸데없이 희생만 당할 수는 없지 않은가? 따라서 깨끗한 선거를 개인 윤리에만 호소할 수 없다.

법질서가 제 역할을 못하여 타락하면 악화가 양화를 구축, 못된 사람들이 공직에 오르는 것이다. 그들이 출세하는 것이다. 그래서 공직 후보자들의 병역 기피, 전과 기록이 뛰어났나? 돈도 많이 벌었나? 곰곰이 생각해 볼 일이다.

불법, 부당한 행태는 강한 법질서 문화와 제도에 의해서 먼저 억제되어야지, 개인 윤리, 양심과 도덕심에 호소할 수 없다. 법과 질서는 강하고 엄격할수록 좋은 것이다. 엄한 법과 질서를 싫어하는 자들은 약자를 해치거나 불법과 비리로 재물과 권세를 얻고자 하는 몇몇 사람들이다. 국민들은 엄한 법질서를 통해서 평화와 안정, 행복을 누리게 되는 것이다. 강한 법질서 문화를 정착시켜야 한다. 뭐니뭐니 해도 대통령이 이 일에 앞장서야 한다. 그에게 가장 큰 책임이 있다!

법질서가 무너지면 비리, 부정, 부패가 난무하여 국가, 사회가 어지럽고, 정직하고 건전한 삶이 망가진다. 노력한 자보다 놀면서 요령 피우는 자가 판친다. 몇몇 세력가들이 마구잡이로 국민을 괴롭히고, 국민들로부터 마구 뜯어낸다. 법에 걸려도 이리저리 청탁하여 적당히 빠져나온다. 법 무서운 줄 모르고 상대방을 깔보고 막 해댄다. 그러면 약자인 국민들은 그들의 노예 아닌 노예가 된다. 이것이 정치독재보다 국민을 더 탄압하는 사회독재 형태인 것이다. 정치독재는 데모라도 하지, 이것은 그렇게도 못한다. 이것이 더 무서운 것이다. 우리는 이 숨은 사실을 알아야 한다. 그래서 법질서가 강해야 특히 약자들이 편히 살 수 있다는 말이다. 이것이 사회정의와 실질적 민주주의 실현의 요체다. 그렇지 않으면 몇몇 못된 자들이 활개치고 무자비하게 행동한다.

법과 질서가 확립되어야 살 수 있다니까, 오해하는 사람이 있다. 법질서 확립이라니까, 길거리 깡패들의 폭력이나 강간범, 절도범 등, 가시적이고 쉽게 노출되는 범법자들을 검거, 통제하면 다 되는 양 생각하는 사람들이 있다. 이런 유의 범죄가 국가 전체에 주는 악영향은 제한되어 있고, 범법 행위도 간헐적으로 일어난다. 또, 그러한 것들은 밖으로 금방 드러난다. 그래서 쉽게 통제할 수 있다. 문제는 수면 아래에서 노출되지 않고 지속적으로 국가와 국민을 폭넓게 괴롭히는 큰 도둑들, 큰 사기범들, 부정부패자들을 잡는 데에 법질서 강화의 초점이 맞춰져야 한다. 잔챙이 가지고 '법질서' 운운해서는 사회가 맑아질 수 없다. 이런 식은 오히려 사회악을 부추기는 결과를 초래하고 만다. 검 · 경의 활동 방향이 전자보다는 후자에 맞춰져야 사회 전체가 밝고 맑아진다.

우리나라는 세계 10대 경제대국이라는 위상에 걸맞지 않게 너무 혼탁해 있다. 정치, 경제, 행정 할 것 없이 거의 모든 분야에서 먹고 살만한 사람들로부터 줄줄이 엮어져 나오는 비리, 부정부패는 어제 오늘 일이 아니다. 이는 법과 제도가 제 구실을 못하고 있다는 증거다. 왜 하필이면 평상시에는 뜸하다가 대통령 임기 말에 쌓였던 거북한 일들이 터져 나오는가? 법은 있으되 그 동안 대통령의 권력 때문에 일관되게 제 구실을 못했다는 증거다.

법과 질서는 모든 사회 공동체 생활을 가능케 하는 가장 중요한 정신적, 물질적 기간산업이다. 그 위력은 말로 표현할 수 없을 정도로 엄청나다. 구체적으로 법질서, 도덕이 완전히 무너지면 우리는 단 하루도 살 수 없다. 법질서는 다양하고 이질적인 가치관과 특성들을 조절, 통제함으로써 사람들이 심하게 다투지 않고 공동선을 향하도록 하는 기본 틀이다. 이러한 틀이 붕괴되면 삶 자체가 붕괴된다. 인간의 끝없는 욕구 때문에 그렇다. 이를 억제할 수밖에 없다. 그 역할을 법질서가 제대로 해야 한다. 그러면 불필요한 다툼과 갈등이 줄어든다. 함부로 다른 사람, 다른 조직의 자유, 권리를 침해하지 못하게 된다. 그래야 국가, 사회가 안정적으로 굴러간다.

과도한 욕심을 채우려 하기 때문에 법질서를 위반하고 공공이익을 짓밟는다. 이것이 방치되면, 상식이 통하지 않고, 반칙이 횡행하게 된다. 양심과 도덕은 항상 뒷전이고, 억지와 비상식이 생활의 주류가 되어 막사는 사람이 앞서가는 세상이 되고 만다. 우리 사회가 대체로 이런 식이다. 비판을 위한 이야기가 아니다. 법과 질서, 도덕이 통하지 않으면 죄를 죄로 생각지 않고 일상적으로 죄를 짓게 된다. 지금 법질서가 무너져 도덕을 말하기 어렵게 되어 있다. 도덕을 강조하면 수천 년 전 공자 같은 소리를 한다고 비웃는다. 도덕과 정의를 말하는 것이 쑥스러운 세상이 되었다.

어떤 일이 있어도 법과 질서를 바로 세워야 산다. 무법천지가 되면 끔찍한 상황이 벌어진다. 힘으로 남의 호주머니를 뒤져도 상관없게 된다. 남의 집을 쳐들어가 모든 세간을 강탈해 가도 아무 탈이 없게 된다. 너나할것없이 재산과 배우자가 따로 없는 세상이 된다. 이러면, 하루도 정상적인 삶을 살 수 없다. 노임을 떼먹어도 별 탈이 없게 된다. 실력 있는 사람이 떨어지고 실력 없는 사람이 백으로 선발된다. 비리, 부정을 저질러도 청탁으로 탈 없이 넘어간다. 학교 세워 돈벌이해도 백 있고 돈이 있으면 탈이 나지 않는다. 교수 채용을 연줄과 돈으로 해도 상관없다(과거에 어떤 학교들은 동일 학교 출신이 80~90%이었다). 이런 나라를 법과 질서, 도덕이 바로선 나라라고 미화할 수 없다. 지옥이 따로 없다. 이것이 약자들의 지옥이다. 이렇게 되면 정상적으로 사는 대다수가 골병드는 것이다. 악화가 양화를 구축하는 것은 정한 이치다. 윗자리, 힘 있는 자리, 우대받는 좋은 자리는 악화가 다 차지하게 된다. 악화들이 득세하므로 양화는 길러지지 않는다. 그래서 좋은 대통령, 좋은 국회의원, 좋은 각료, 좋은 도지사, 좋은 시장, 좋은 교육감 · 교육장, 좋은 교수가 잘 나오지 않는 것이다. 궁극적으로 100% 국민이 그 손해를 떠안게 된다.

우리 사회의 불법, 무질서, 부도덕의 책임 소재가 어디에 몇 % 있는지 정확히 알 수 없지만, 막강한 권한을 가진 대통령에게 일차적 책임이 있다. 이광요 수상이 올바르기 때문에 법, 질서가 잡히고 선진화된 오늘의 싱가포르가 탄생된 것이다. 미국을 초강대국으로 만든 주인공은 역시 반듯한 역대 대통령들이다. 우리도 법과 질서를 바로 잡고, 양심과 도덕이 살아 숨 쉬는 국가, 사회를 만들어야 한다. 무엇보다도 반듯한 대통령이 출현, 법질서를 바로 세워 도덕을 재무장시켜야 한다. 그렇지 않고는 별 수단을 다 써도 소용없다!

(1) 엄한 법적용

엄한 법 적용의 초점은 사회 전체의 건전한 기풍을 타락시키는 비리, 부정부패에 맞춰져야 한다. 모든 죄의 근원은 탐욕, 과욕이고 거기에서 비리, 부정부패가 생기고 금품이 왔다 갔다 한다. 종국적으로는 거기에서 불량한 강자 몇 명이 약자(국민의 99.99%)를 털어먹고, 그것을 무마시키는 조건이 바로 청탁이요, 봐주기요, 정경유착인 것이다.

예컨대, 조직 소유주가 구성원 수백 명, 수천 명을 털어먹고 걸리면 고위층에 봐달라고 청탁하는 것이다. 아예 이런 때를 대비하여 평소 미리미리 청탁성 떡값을 주고 발목을 잡아 두는 것이다. 이런 식으로 금권과 공권력이 한통속이 되어 약자인 국민 대다수(99.99% 국민: 상징적 수자임)가 털리는 것이다. 이게 양극화의 악범인 것이다. 이런 식이 통하면 다른 좋은 정책 다 소용없다.

부정부패자들을 국사범으로 다스려야 한다. 그래야 99.99% 국민, 결국 100% 국민이 인간다운 삶을 향유할 수 있다. 이것이 실질적 민주주요, 보편적 민주주의다. 이렇게 되면 사회적 약탈자, 부정부패자 및 그들과 한통속이 된 고위층 몇 명의 비민주적, 비인권적인 만행은 통제되어 그들은 불만이겠지만, 전 국민은 대찬성이다.

공동체 생활에서 법질서가 바로 섰을 때, 양심에 따라 능력껏 살아갈 수 있다. 특히, 엄한 법 적용으로 가장 혜택을 보는 쪽은 사회적 약자인 국민 99.99%다. 약자들은 그 법에 의지해 자유와 권리를 지켜 가는 것이다. 법과 도덕이 국가사회에 착근되었을 때, 개개인은 탐욕을 벗어나 자기 분수에 맞게 생활할 수 있고, 일한 만큼 대접받는 공정사회가 이룩된다.

법이 무섭고 엄할 때 모든 국민이 맘 편히 살 수 있다. 엄한 법을 제정, 집행하여 범법행위를 줄여야 한다. 법이 강하고 엄격하면 사람들에게 경각심을 일으켜 범법 행위를 예방할 수 있다. 불량한 소수로부터 선량한 다수의 권익을 지키기 위해 엄벌주의가 필요하다. 이것은 가혹한 것이 아니며, 국민사랑의 현명한 실천이며, 진정한 복지다.

미국사람들은 법과 질서를 매우 무서워한다. 그래서 법 규정에 어긋나는 행동을 피하려 한다. 그것이 습관화된 것 같다. 대학원의 중간, 기말고사에서 교수가 문제지와 답지를 동시에 주고, 풀어 보고 자신이 채점하여 그 결과를 내라고 하는 경우도 더러 있었다. 처음에 저자는 놀랐다. 이것은 법질서가 제 기능을 하고, 도덕과 상식이 통하는 신뢰로운 사회 속에서 가능한 일이다. 미국이 초강대국으로 우뚝 솟은 것이 우연이 아닌 듯싶었다. 우리도 이러면 얼마나 좋을까? 두 눈을 부릅뜨고 감독할 필요도 없으니, 시간과 노력이 절감되는 것 아닌가?

우리는 품격 높고 현명한 대통령 몇 번 뽑으면 반듯하고 살기 좋은 나라를 만들 수 있을까? 한두 번으로는 부족하다. 다시 잘못된 원상태로 되돌아갈 위험이 있기 때문이다. 이런 대통령이 몇 번 연속적으로 나와서 옳고 반듯한 문화를 이 땅에 정착시키면 시험 감독 없이 시험 보게 할 수 있다. 어디에 문제가 있는지 정확히 진단하고, 제대로 처방을 내릴 수 있는 지혜와 능력을 갖춘 의사와 같은 대통령이 연속적으로 출현해야 한다.

춘추시대 진나라에 숙향이라는 정치가가 있었다고 한다. 그는 판관인 자기 동생이 뇌물 받고 판결을 뒤집었다는 사실을 알고, 자기 동생을 포함, 이에 관련된 세 사람을 모두 사형에 처했다고 한다. 이를 보고 공자(孔子)는 '정치를 하고 법을 다룸에 있어 친하다고 숨겨 주지 않았고, 자기 아우를 세 번씩 들추어 가벼운 벌을 주지 않았으니 참으로 의리 있고 정직한 사람이다'라고 칭찬했다고 한다. 그는 또 백성들을 사랑하더라도 형벌에 너무 너그러워서는 안 된다고 했다.[9] 공평무사하고 엄격한 법 적용이 주는 교훈이다.

사실 법질서가 유약하면, 국가, 사회 기강이 바로 서지 않는다. 그 결과, 사회의 각 불량 지도층들이 돈과 권력을 이용, 기강 해이를 틈타 선량한 다수를 무자비하게 해친다. 이게 바로 한 줌도 안 되는 가진 자들의 사회적 독재다. 이런 상황 속에서는 국민들이 선거권을 해마다 행사해도 아무 소용없다.

국민 손으로 권력 이동만 잘 된다고 민주주의가 실질적으로 보장되는 것은 아니다. 사회 구석구석에서 약자들(99.99% 국민들)의 권익이 실질적으로 보장되었을 때, 진정한 민주주의가 구현되는 것이다.

미국 헌법의 아버지, 4대 대통령 메디슨(Madison)에 의하면, 인류의 문명이 탄생한 이래 대부분의 경우 폭력과 갑작스런 권력 강탈에 의해서보다 점진적으로 소리 없는 권리침해에 의해 사람들의 자유가 축소되었다는 것이다. 국민들이 직접 정치권력으로부터 침해당하는 것보다 사회 불량 지도층으로부터 침해당하는 경우가 헤아릴 수도 없이 더 많고 크다. 따라서 엄한 법, 질서를 확립, 집행함으로써 그들의 탐욕을 통제하고, 선량한 국민의 자유와 인권, 행복을 보장토록 해야 한다. 안타깝게도 우리 현실은 이점을 심각하게 받아들이지 않는 것 같다.

미국 민주당을 창당한 7대 대통령, 잭슨(Jackson)도 "일반적으로 힘 있는 사람들은 스스로 보호할 수 있지만 가난하고 나약한 사람들은 법의 보호를 필요로 한다고 믿는다"고 역설한 바 있다.[10] 그는 법 집행을 엄격히 함으로써 약자가 보호된다는 믿음을 가졌으며, 이를 실천한 용기 있는 지도자로 평가되고 있다.

법질서의 가장 큰 수혜자는 결국 억울한 사람, 약자들이다. 법이 유약하면 약자들의 억울한 일은 늘어난다. 법이 약하고 잘 지켜지지 않으면 강자들이 힘으로 모든 것을 해결하려 한다. 그 와중에 약자들이 털리는 것이다. 각 공 · 사립 오너나 지도자들은 돈과 세력, 배경이 있으므로 정치권, 행정권과 결탁하기 용이하다. 이를 믿고 그들은 조직 구성원들, 특히 약자들을 약탈해 먹는다. 그래도 약자들은 직장을 유지해야 하므로 당할 수밖에 없다. 이것이 현실이다.

가진 자들은 돈과 백으로 사방의 권력과 결탁, 권력의 비호를 받게 된다. 권력의 비호를 받는다는 것은 종국적으로 약자 뜯어먹는 것을 봐준다는 의미이다. 말이 '봐주기', '청탁', '비호'지 결과적으로 대다수 약한 국민들의 호주머니를 짜고 터는 것이다. '짜고 치는 고스톱', '한통속'인 것이다. 얼마나 나쁜 것들인가? 강자를 봐주게 되어 있으므로 약자들은 무방비 상태에서 눈 뜨고 그냥 뜯기고 만다. 이것이 숨길 수 없는 우리 현실이다. 심한 말이 아니다. 그래서 엄한 법, 제도가 바로 서야 대다수 국민, 약자들이 살 수 있는 것이다.

법질서를 강화하면 그에 따라 행동이 반복된다. 그러면 법질서 문화가 형성되고 도덕과 원칙이 통하는 사회가 된다. 도덕이 먼저인 것 같지만 그건 아니다. 지금, 우리 현실에서 법이 먼저다. 그 후에 도덕이 살아난다. 불법행위를 일삼는 자들에게 도덕책이 무슨 소용이 있겠는가? 어느 세월에 그것을 읽어 깨우치겠는가? 그렇게 해서 깨우칠 것 같으면 애당초 불법을 밥 먹듯이 저지르지 않았을 것이다.

강자들은 법을 일탈하기 쉬우나 약자는 어렵다. 같은 규모의 불법행위라도 그들은 충분한 자료와 정보를 가지고 있으므로 용이하게 이를 은폐, 조작, 인멸시킬 수 있다. 그러나 약자들은 은폐, 조작할 정보와 자료조차 없다. 권력, 돈, 백도 없다. 그래서 그들은 강자들의 약탈 행위를 알면서도 막기 어렵다. 보복이 두렵기도 하거니와 증거 확보가 어렵다. 그래서 불법행위는 거의 노출이 안 된다. 아마 불법행위 중, 1%나 노출될까? 99%는 모두 보이지 않는 수면 아래에 있다(1%, 99%는 상징적 의미임). 아마 그 이상(99.9%)일 수도 있다. 따라서 예방적 차원에서라도 일벌백계의 엄벌이 필요하다. 비근한 예로, 요새 공천과 관련하여 터지는 비리를 보더라도 드러난 것이 이 정도인데 안 드러난 것은 얼마나 되겠는가? 더욱이 드러난 것조차 몇 %나 벌을 받았는가? 하루라도 빨리 징벌적 보상제도(구상제도) 등 엄벌제도를 수립, 정착시켜야 한다.

이것이 궁극적으로 정의로 가는 길이며 국민행복의 길이다.

강자들은 뇌물 1억 원을 주고받아도 노출될 확률이 거의 없다. 서로 입만 다물면 된다. 인사를 하는데 있어서 면접은 객관성이 취약하고 면접자 재량에 그 결과가 상당히 달려 있다. 이 경우, 한 면접자가 특정인에게 부당하게 후한 점수를 주기로 약속하고 뇌물을 받았다고 했을 때, 이를 찾아낼 확률은 거의 없다. 들킬 일 없으니, 막 해먹는 것이다. 따라서 불법행위에 대해서는 이 희박한 노출 확률을 역으로 곱하여 엄벌해야 한다. 그래야 범죄행위를 억지할 수 있다.

물론 약자들도 다른 사람의 자유와 권리를 침해하는 수가 있다. 그러나 그 규모나 영향은 미미한 경우가 대부분이다. 반면에 강자들의 침해는 그 규모가 방대하며, 그 피해가 막대하다. 법전 속에 있는 현행 법 규정만으로는 그 피해를 막기 어렵고, 약자의 권익을 보호할 수 없다. 법제정 혹은 개정을 통해서라도 특단의 법적 조치가 먼저 이루어져야 한다. 그렇지 않으면 1%나 0.1% 불법행위만 가지고 왈가왈부하는 꼴이 된다. 99.9%는 묻혀서 안 보이는데…… 이것은 비극이고 어리석은 짓이다. 이제 어떻게 할 것인지 선택할 시점이 되었다.

불법행위는 자신의 이익(사익)이 타인의 이익이나 공익과 충돌될 때 법을 위반해서라도 자신의 이익을 추구하는 데서 비롯된다. 이는 대체로 돈, 명예, 권력욕과 연결되어 있다. 그 중 돈과 가장 많이 연결되어 있다. 이러한 탈법적 사익추구 행위는 건전한 시장경제를 교란시켜 부당한 빈부격차, 양극화를 심화시킨다.

법질서가 바로 서지 못하면, 능력대신 돈과 백이 기승을 부려 국가, 사회 발전을 저해한다. 엄한 법 규정을 적용해야 이런 악폐, 양극화와 부패를 막을 수 있다. 법 규정이 엄격하지 못하면, '유전무죄 무전유죄'가 되어 돈과 백으로 서민과 약자를 괴롭히는 못된 자들을 오히려 도와주는 꼴이 된다. 법은 도덕의 최소 핵심이므로 이 핵심이 지켜지지 않는 상태에서 범법자들로부터 고상한 도덕적 행위를 기대할 수는 없다. 현실적으로 엄벌이 순한 교육보다 도덕적 가치를 고양시키는 데 훨씬 효과적이다. 그 다음에 도덕교육이 필요하다.

(2) 법질서의 편익

법과 질서는 공동생활을 가능케 하는 중심 틀로서 국민에게 주는 편익은 이루 설명할 수 없이 많다. 법질서가 주는 여러 편익 중, 가장 큰 것은 국민의 절대 다수인 약자의 권익보호다. 법과 질서가 엄격하므로 강자들의 횡포는 줄어들고, 그에 따라 약자들의 권익은 보호된다. 권익이 보호되므로 자신감이 생기고 생활에 활력이 생긴다. 법적 처벌이 약하고 유전무죄 무전유죄가 되면 소수인 강자들이 금력과 권력으로 무소불위의 힘을 휘둘러 다수 국민의 인권이 짓밟히고 생존조차 어렵게 된다.

법이 제대로 작동하지 않으면 약자가 뺏기는 것은 당연하다. 양심과 준법정신이 박약한 자의 입장에서 뺏는다는 것은 뺏음으로써 생기는 이득과, 벌을 받음으로써 발생하는 손실과 노출될 확률 등을 비교하여 남는 장사가 되기 때문에 남의 것을 뺏는 것이다. 마찬가지로, 다른 불법행위도 그로부터 생기는 이득이 벌로부터 발생하는 손실과 벌을 받을 확률보다 크면 불법행위를 저지르는 것이다. 물론 법과 질서를 웬만큼 잘 지키는 보통 사람에게는 이와 같은 논리가 성립되지 않는다. 그러나 법이고 뭐고, 도덕이고 뭐고 개의치 않고 사익을 위해 무슨 짓이든 다하는 사람에게는 이와 같은 논리가 성립한다. 실제로 돈, 권력이 있는 자들의 불법행위는 노출 확률이 극히 낮다. 아마 100건 불법행위 중, 1-2건이나 노출되어 벌을 받게 되는지 모르겠다. 그래서 엄벌조치가 반드시 필요하다.

소크라테스(Socrates)에 의하면, 법질서가 주는 편익을 몰라서 불법이 생기는 것이 아니고, 무리하게 욕심을 채우는 데서 생긴다는 것이다. 과욕이 화근이다. 공자는 말하기를, 법이란 마음에도 통하고 뜻에도 간직되고 얼굴과 말소리에도 나타나는 것이어서, 이렇게 되면 몸도 편하고 명예도 얻어지고 백성들을 윽박지르지 않아도 모두 저절로 다스려진다는 것이다. 벼슬을 하면서 백성들을 다스리지 않으면 어지러워지며, 어지러워지면 서로 다투게 되고, 그렇게 되면 결국에는 마침내 큰 난리가 일어난다는 것이다.[11] 법질서가 확립되어 몸에 배면 불편한 것이 아니라, 오히려 몸과 마음이 편하고 국가사회가 순조롭게 굴러간다는 뜻이다. 인위적으로 권력자가 이러쿵저러쿵 간섭할 필요가 없게 된다는 의미다.

법질서를 사고와 행동의 준칙으로 삼는다는 것은 과욕의 절제다. 법질서는 사회적 약속이므로 약속을 지키는 것은(준법정신) 서로에게 신뢰의 편익이 된다. 준법은 자신과 타인, 자신과 직장, 자신과 국가, 자신과 사회 공동체와의 관계에서 자신의 과욕을 억제하고 이웃과 국가 · 사회의 공익, 공동선에 기여한다. 그러면 공익은 쌓이고 국가, 사회는 전체적으로 발전하게 되고 국민의 행복은 높아진다.

법질서가 정착되면, 사회 구성원들의 다양한 사고와 행동이 법질서의 테두리를 벗어나지 못하므로 이해관계가 큰 충돌 없이 조율된다. 서로 다른 사고방식과 행동양식은 인정되데, 큰 틀에서 자연스럽게 통합된다. 즉, 국민통합이라는 편익이 발생한다. 사고와 행동이 공동선을 목표로 그 안에서 통합되므로 소통도 원활하게 되고 서로를 이해하는 협조문화가 조성된다. 그러한 생활문화 속에서 국민들의 도덕적 품성이 도야된다. 소통, 협조문화 속에서는 서로의 장·단점 및 아이디어를 주고받을 수 있으므로, 서로를 배려하는 도덕적 품성이 자라난다. 그것이 바로 자기발전과 사회발전의 모멘텀이다. 살기 좋은 나라 건설에 법질서 확립이 이렇게 중요한 것이다. 최우선 과제가 다름 아닌 법질서 확립이다.

법질서가 문화로 정착된 나라에서는 일시 유약한 정부가 들어섰다 하더라도 그 법질서가 제 구실을 하기 때문에 국가, 사회 기강에 별 문제가 생기지 않는다. 국민들이 미래를 예측하고 안정된 생활을 할 수 있다. 그러나 우리의 현실은 아직까지 인치, 특히 대통령의 의중이 행정은 물론, 입법, 때로는 사법에까지 반영되고 있다.

이런 풍토를 금방 어떻게 바꿀 수 없다. 어쩔 수 없이 곧고 강력한 정부가 들어서야 국민의 권익이 보호된다. 대통령이 신중치 못하고, 좋은 게 좋다고 적당이 웃으면서 유약한 모습을 보인다면, 국가, 사회 기강이 해이해진다. 대통령 본인은 설사 그렇지 않더라도 그 휘하들이 단계적으로 청탁, 비리, 부정부패를 마구 저지르게 된다. 그래서 청와대에서부터 그 아래에 이르기까지 줄줄이 비리가 엮어져 나오고 있는 것이다.

(3) 공정한 법적용

법의 생명은 공정한 적용에 있다. 아무리 잘 제정된 법이라도 공정하게 적용되지 못하면 무용지물이다. 아니, 없는 것만도 못할 수가 있다. 불법행위는 강력한 그러나 일관성 있고 공정한 법적용을 통해서 줄일 수 있다. 정권마다, 적용 대상마다 법의 잣대가 달라져서도 안 되고(신뢰도), 판관에 따라 달라져서도 안 된다(객관도).

법 적용이 신뢰성과 객관성을 잃으면 그 적용이 보복으로 오해될 수 있다. '왜, 하필 나야!, 이건 정치 보복이잖아?' 라고 오해받을 수 있다. 그러면 법은 갈등을 조절하는 긍정적인 기능을 하는 것이 아니라, 오히려 부추기는 부정적 기능을 하게 되는 셈이다. 공정하고 빈틈없이 법이 적용, 집행되는 가운데 그 존재 가치가 있다. 그렇지 않으면 차라리 법 없이 적당히 알아서 생활하도록 하는 편이 나을지도 모른다.

몇 년 전에 중국 계림에 간 적이 있는데, 교통신호 없이 사람들이 알아서 차도 운전하고, 길도 건너가고 있었다. 우리나라 농촌의 도로에도 신호등이 없다. 알아서 건너가도록 되어 있다. 이곳에는 복잡한 교통법규가 의미 없다. 그런데 만일 교통신호등을 설치해 놓고 편파적으로 그 법규를 적용한다면 어떻게 될까? 위반하는 사람들 중에 미운 사람에게만 벌금을 많이 물리고, 고운 사람에 대해서는 뇌물 받고 적당히 봐 준다면, 차라리 전과 같이 교통 신호 없이 적당히 알아서 왕래하도록 하는 편이 훨씬 낫지 않을까? 따라서 법 규정의 불공정 적용은 도리어 악이 된다.

조금 다른 예이지만, 연봉제라는 것도 잘 운영하면 좋지만, 불공정하게 운영하면 엉망이 된다. 구성원의 업적을 타당성과 신뢰성 및 객관성 있게 평가하지 못한다면, 차라리 이 제도를 없애고, 호봉제를 채택하는 것이 훨씬 낫다. 구성원들의 직무, 사기, 인간관계, 직무윤리, 등 모든 면에서 낫다. 청탁, 봐주기, 뇌물도 덜 생길 수 있다. 이 연봉제라는 것이 제대로 운영되지 못하고, 잘못되면 지능적인 돈세탁으로 변질될 수 있다.

유전무죄, 무전유죄가 되면, 법과 질서를 지키면 손해, 안 지키면 이득이 된다. 그 결과 범법자들이 자연스럽게 득세하게 된다. 우리 사회가 이 꼴이 아닌지 반성해 볼 필요가 있다. 뭐가 죈지, 죄의식조차 없는 지경에 이르렀다. 소위 출세했다는 사람들의 인성과 자세를 살펴보면, 보통 시민들과 어떤 차이가 있는지 알 수 있다. 그들은 웬만한 법, 규정 위반은 우습게 본다. 겁이 없다. 유전무죄, 무전유죄이므로…….

2) 부정부패 척결

대통령이 천문학적인 비리, 부정부패를 뿌리 뽑지 않고 경제민주화를 구현하고 양극화를 해소하겠다고 말한다면, 죄송하지만 헛소리다.

지금까지 정치, 행정권이 경제, 사회의 각종 많은 조직의 한두 사람들로 하여금 그들 조직의 돈을 훑어 먹도록 방치했다. 그리고 앵무새처럼 '민주', '자유', '권리', '인권', '소통'하면서 좋은 말만 앞 다투어 쏟아냈다. 그 동안 권력을 담당하고 있었던 자들은 직접적으로 혹은 간접적으로, 알고 혹은 모르고 99.99% 국민의 삶을 고달프게 하는데 부정부패자들과 한통속 역할을 아니했다고 하기 어렵다. 최소한 간접적으로 혹은 모르고라도 그런 짓을 했다. 그렇지 않고 이렇게 엉망일 수는 없다.

정치계에서 터지는 비리는 다른 곳에 비하면 껌값 정도이며 잔인성은 그래도 없다. 이 정도는 괜찮다는 뜻이 아니라 다른 곳을 파헤쳐 보라는 것이다. 생각 좀 했으면 좋겠다. 할 일 없어서, 비난하고 싶어서 하는 소리가 아니다. 현실이기 때문에 하는 소리다.

세상의 모든 악은 탐욕에 있고 탐욕 충족의 매개는 비리와 부정부패다. 이것이 없어지면 다른 것도 잘 된다. 양심을 걸고 단언할 수 있다. 탐욕이 억제되면, 정의와 원칙이 바로 서고 일에만 열중한다. 일에 열중하므로 능률이 오른다. 탐욕이 없으므로 일한만큼 대우해 준다. 좋은 대우받으므로 근로자들이 잘 살 수 있다. 근로대중이 잘 살게 되므로 구매력도 높아진다. 그래야 식당도 잘 되고, 가게도 잘 된다. 기업도 잘 된다.

부정부패로 돈이 한쪽으로 몰리면 나머지 국민 99.99%는 돈이 없어 소비도 안 한다. 뇌물 들고 연줄, 백 찾아 헤매는 사회가 되면 사람들은 땀 흘려 일하려 하지 않는다. 일하는 사람이 어렵게 살고 뇌물, 청탁, 비리를 많이 저지를수록 부자 되고 출세하는 것이다.

영국 시민단체 조세정의 네트워크에 따르면 1970년대 후 거의 40년 동안 한국에서 조세피난처로 외국에 빠져 나간 자산이 무려 888조원 규모로 중국, 러시아에 이어 세계 3위라는 것이다. 실제로 관세청에 적발된 해외 자산도피 규모도 2007년 166억 원에서 2010년 1,528억 원으로 꾸준히 늘었다.

그리고 국내의 부정부패 액수가 연간 수십 혹은 수백 조에 이른다는 주장들이 많다. 이것들만 잡아도 거뜬히 복지를 해결할 수 있으며 빈부격차도 해결할 수 있다고 본다. 더욱이 액수도 액수지만 이를 잡음으로써 상당한 시너지 효과를 낼 수 있다. 정의로운 사회, 경제 질서가 잡히고, 그 결과 노력한 만큼 대접받는 공명정대한 문화가 정착된다. 그러면 빈부격차는 상당부분 자연스럽게 해소된다.

역대 대통령들의 임기 중에는 좀 조용하다가 임기 말이 되면 비리, 부정부패가 줄줄이 터져 나오고 있다. 이를 보면 대통령들의 도덕성과 정의감이 얼마나 엉망이었는지를 알 수 있다. 삼권을 거머쥐다시피 한 대통령이 이 지경이니 국민들이 얼마나 많은 피해를 보았겠는가! 대통령이 현명하고 도덕심과 불같은 정의감이 있었다면, 이런 악랄한 부패자들이 설치지 못했을 것이다.

대통령이 지혜롭고 정의로운 심성을 가지면 이런 부도덕적 행태에 분개하기 마련이다. 분개했다면 임기 중 어떤 조치를 취했을 것이다. '뭘? 솔직히 대통령 자신한테 직접적인 손해 없으니 그냥 교훈적인 이야기 몇 마디하고 적당히 넘기고 넘긴 것이지……. 정권 유지는 잘 하면서……' 이게 바로 사리사욕이다.

공직자들에게 가장 나쁜 것이 바로 사리사욕이다. 사리사욕이

극에 달하면 나라도 팔고 부모도 팔아먹는 것이다. '내 것 채우면 그만이요, 다른 것은 알 바 아니다.' 부정부패가 만연되면 국민들 특히 약자들은 단순한 손해 정도가 아니라 삶의 기력이 쭉 빠지는 것이다.

밖으로 노출된 비리, 부정부패가 말이 안 될 정도로 많은데, 노출되지 않은 것은 몇 백 배, 몇 천 배나 더 많을까? 부정부패자들의 약점 감추는 기술은 타의 추종을 불허한다. 이를 감안하면, 노출된 것이 빙산의 일각이라는 말이 맞다. 어떤 인사는 부정부패자들을 죽여 버리라고 하던데, 사형이 정 심하다면, 완전히 부정축재 재산(장물)을 몰수하고 평생 사회로부터 격리시킬 방안을 찾아야 한다.

부정부패자에 사형에 가까운 형벌을 가하면, 단기적으로 이런 자들이 몇몇 나올지 모르나, 장기적으로는 부정부패 성향을 가진 자들까지 포함, 전 국민이 모두 법, 질서 지키면서 도덕적으로 살게 된다. 이렇게 되면, 부정부패자들로부터 희생되는 다수를 구할 수 있다. 이것이 바로 국민이 주인이 되는 민주주의다.

그 동안 기업주, 정치인, 행정인들의 자살이 모두 부정부패와 연결되어 있다. 부정부패를 엄벌하면 모든 분야가 생산적으로 돌아간다. 이것이 행복으로 가는 길이다. 그게 바로 지혜이고 선과 정의이며 복지다.

부정부패 척결 없이 복지, 행복 어림없다. 연간 수십조, 수백조가 비리, 부정부패로 빠져나간다니 복지가 어떻게 되며, 행복이 어디 있겠는가! 돈도 돈이지만 이를 빼돌리기 위해 얼마나 많은 선량한 사람들을 속이고 괴롭혔겠는가!

가령, 국민 혈세로 산더미 같은 복지예산 편성해도 중간에 이리저리 빼 먹으면 뭐가 남는지? 공직사회에서 위 사람이 마구 해먹고, 그 아래 사람들이 해먹으면, 그 조직 구성원들은 뭐를 먹고 사는지? 상납하고 승진하면 구성원에게 뭐가 남는지? 뇌물 주고 허가받으면 무슨 돈으로 기업해야 하는지? '연봉'이란 구실로 가까이 있는 사람들에게 몰아주면, 다른 사람들에게 돌아가는 것은 얼마나 되겠는지? 복지는 고사하고 살기조차 어렵다. 이것이 우리 현실이다. 윗선 몇 사람은 잘 먹고 잘 살지 몰라도 사회 구성원들은 어렵게 살게 되어 있다. 무슨 수를 써서라도 바로잡아야 한다!

부정부패, 그냥 두어서는 안 된다. 이것을 유야무야 놔둔 상태에서 무슨 '경제 성장 몇 %', '소득 재분배', '복지', '교육 경쟁력 강화', '양극화 해소' 어쩌고저쩌고…… 다 쓸데없는 헛소리다. 자신도 모르고 속이는 소리다. 아무리 다른 분야를 성공시켜도 이 악습을 퇴치하지 않으면, 국민 복지와 행복은 요원하다. '이래가지고는 복지, 행복 절대 없다!'고 감히 단언한다.

한 조직의 연간 수익의 많은 부분이 부정부패로 빠져 나가면 그 구성원들이 행복하게 살 수 있겠는가? 물어 보나마나다. 따라서 대통령의 시급한 과제가 부정부패 척결이다. 대통령은 '나만 청렴하면 되겠지'하는 생각을 버려야 한다. 이것은 솔직히 방치하겠다는 소리다. 최고 공직자로서 현명한 발상은 아니다. 국정이 대통령 한 사람을 위한 것이 아니기 때문에 그렇다. '나만 청렴하면 되겠지'하는 생각조차도 사리사욕이다! 왜? '나만'이 들어갔으니까?

국가, 사회도 우리 몸과 같다. 한 곳이 썩으면 다른 곳도 같이 썩는다. 종국에는 모두 썩어 못쓰게 되고 만다. 악마들의 소굴이 되고 국민들은 헐벗는다. 하루 빨리 철저하고도 단호하게 부정하게 재물을 모은 부정부패자들을 색출, 준 극형에 처하고 모든 장물을 몰수해야 한다. 물론 법으로 해야 한다. 법에 따라 공정하게 하면 아무 탈 없다. 아무리 강해도 상관없다. 그렇게 하는 것이 살인마, 매국노와 같은 부정부패자들을 쫓아내고 국민의 희망과 행복을 창조하는 길이다. 그렇지 않으면, 자신도 모르게 결국 그 자들과 한통속이 되는 꼴이 되는 것이다. 대통령은 이제 선택을 해야 한다. '썩은 극소수의 악마 같은 자들의 쾌락을 도울 것인지?, 아니면 전 국민의 삶을 그들로부터 구할 것인지?'

(1) 부정부패의 실상

시도 때도 없이 터져 나오는 부정부패는 국민의 눈살을 찌푸리게 한다. 노출된 것이 이정도인데, 수면 아래에 숨겨져 노출되지 않은 것은 얼마나 될까? 상상하기 힘들다. 부정부패와 관련된 기사가 너무 많아 다 열거할 수 없다. 몇 가지만 골라보았다.

국민권익위원회는 지난 2011년 10월 26일부터 동년 11월 24일까지 일반국민 · 공무원 각 1400명을 비롯, 기업인 · 전문가 · 외국인 등, 총 4,530명을 대상으로 '2011년도 부패 인식 · 경험 조사'를 실시, 그 결과를 발표했다. 특히 일반국민 조사 대상자의 65.4%는 한국 사회가 전반적으로 부패했다고 인식하고 있었다. 이는 지난해(51.6%)보다 13.8%포인트 늘어난 수치다. 공직사회에 대해서는

56.7%가 부패했다는 응답이었다. 부패 주체로는 정치인(56.6%)과 고위 공직자(23.3%)가 가장 많이 지목됐다. 부패 유형으로는 직위를 이용한 알선 · 청탁(31.4%)을 꼽은 응답자가 가장 많았다. 정부의 부패 방지 노력에 대해서도 53.8%가 부정적으로 응답했다.[12]

국제투명성기구가 지난 2009년 10월 말 국가별 부패인식지수를 평가하여 점수를 매겼다. 우리나라는 10점 만점에 5.3점으로 39위를 기록했다. 178개국 평균 4.1은 넘었지만 OECD 평균 6.97에는 턱없이 부족했다. 9.3점으로 1위를 차지한 뉴질랜드, 덴마크, 싱가포르에 4점이나 처졌다. 가깝고도 먼 나라 일본은 7.8점으로 17위였다. 우리나라가 몇 년 동안 40위권에서 머무는 이유가 있다.[13]

한국투명성기구 1 청소년반부패네트워크 청린 2가 지난 2010년 10월 23일부터 동년 11월 20일까지 서울 시민을 대상으로 부정부패 의식을 조사했다. 한국 사회에서 가장 부패가 심한 곳이 정치분야(47.78%), 다음으로 정부, 공공분야(24.49%), 그 다음으로 법원, 검찰 등 법조계 분야(12.94%), 신문사, 방송국 등 언론분야(7.69%), 대기업 등 경제 분야(5.87%) 순으로 나타났다.[14]

2002년 12월 경향신문과 NHN이 네티즌 11,143명을 대상으로 한 '부패의식 설문조사'에서 '부패 5적'의 불명예는 정치권(97%), 법조계(64.4%), 기업(62.1%), 경찰(59.8%), 공무원(58.7%)에게 돌아갔다.[15]

그러면 부정부패로 낭비되는 액수가 연간 얼마나 될까? 노출된 것이 빙산의 일각이기 때문에 얼마인지 정확히 알 수 없으나, 천문학적 숫자임에는 틀림없다. 문국현 창조한국당 대통령 후보(2007)는 건설부패로 낭비되는 액수만도 200조원 정도로 보고, 온 국민이 부정부패를 척결해야 한다고 주장했다. 그는 부정부패야말로 약자의 적이고, 대학의 적이고, 취업의 적이라는 인식을 가져야 한다고 강조했다.[16]

미래경영연구소 소장 황장수는 '총선에서 전 · 현 모든 권력형 비리 다 밝히고 가라'라는 제하에서 325조원 안팎의 국가 예산 중 최소 30% 가량이 권력형 비리에 의해 지출되며, 결국은 이중 상당액이 정치인들이나 지자체 단체장, 고위 관료의 뒷주머니로 들어간다고 주장했다. 그는 과거 정치권 이면에서 예산의 기획과 집행, 지출, 감사 과정에서 어떠한 일들이 벌어지고 있는지 목격한 바 있다고 했다.[17]

부정부패 의혹 및 고발 사례를 보면, 2007년에는 김모 변호사가 자신이 직접 '떡값'을 검사들에게 전달했다는 양심선언을 했다.[18] 참여연대 사법감시센터는 2010년 4월 22일 'MBC PD수첩'이 보도한 부패비리 검사 57명을 건설업자로부터 받은 뇌물수수 등의 혐의로 대검찰청에 고발했다.[19] 2010년 '공정택 비리' 연루 교육장 2명 파면, 교육청 인사비리 관련자 총 26명 퇴출 조치, 5명 정직, 5명을 감봉 처분했다.[20]

모 시의 교육청에서 적발, 처벌된 부정부패 사례는 다음과 같다. 교육기자재 납품 비리 교장 등 40명 파면, 해임; 수의계약 후 거액 사례비조로 교육기자재 생산업체들로부터 뇌물을 받고 저질 기자재를 구매한 40개 초등학교장, 서무과장 등 중징계; 고액과외 학원 수강위장; 단속을 피해 교재비 등 각종 명목 "수강료 뻥튀기"; 현직 교사의 학생 소개 수수료 입수 적발; 초등학교 교육기자재 비리 교장 1명 파면, 10명 해임, 모두 32

명 중징계…… 교육기자재 관련업자로부터 금품을 받은 초등학교 교장 등이다.[21]

하남경찰청은 학교급식 납품업자로부터 돈 받은 학교장 · 행정실장 등, 교육비리 관련자 22명을 적발했다. 그 중, 구속영장 신청 2명, 불구속 2명, 기관통보 18명이다.[22]

대학 등록금을 가로채고 교수 채용 대가로 수십억 원의 금품을 상습적으로 받아 온 '비리 사학' 관계자들이 경찰에 적발됐다. 전남지방경찰청은 수년 간 33억 원의 학교 예산을 가로채고 금품수수 등 온갖 비리를 자행해 온 모 대학교 총장과 총무처장 등 3명에 대해 구속영장을 신청하고 부총장 등 27명을 같은 혐의로 불구속 입건했다.

위 대학의 전횡은 대한민국 '비리사학'의 현주소를 고스란히 보여준 것이었다. 학교의 주요 보직을 친 · 인척이 장악한 뒤 각종 비리를 저지르는 부패한 사학의 실체가 만천하에 드러난 것이다. 실제로 이 대학 총장은 이사장과 부부지간이고, 부총장은 아들이며 기획실장 겸 대학원장은 딸이다. 그 외에 총무처장과 총무계장도 모두 친척이다.[23]

모 교육감 당선자는 자신에게 "수명이 돈 봉투 전달을 시도했다"고 공개하면서, 이들은 관례라고 생각하는 듯했다고 주장했다. 그 당선자는 "선거기간 만난 도민들이 교육청의 문제를 제기하며, 80%는 부패를, 20%는 무능을 지적했다"고 말했다.[24]

이 밖에 최근 몇 년 동안 교육감 선거관련 비리 혹은 횡령, 배임과 관련된 비리로 교육감들이 중도 하차하거나 구속 또는 조사를 받은 사례가 적지 않았으며, 사학비리 또한 밝혀진 것만도 수없이 많았다. 숨겨져 노출되지 않은 사학비리는 몇십 배, 몇백 배, 몇천 배나 될까? 이들에게 국가 백년지대계인 교육을 맡기는 것과, 도둑에게 금고를 맡기는 것이 무슨 차이가 있는지…… 완전 엉터리다!

(2) 부정부패의 원인

우리사회에 만연된 비리, 부정부패는 왜 생기는 것일까? 그 원인은 한두 가지가 아닐 것이다. 한 원인이 어떤 결과를 낳으면, 그 결과는 또 다른 결과의 원인이 된다. 일파만파로 부정부패의 원인과 결과들이 연쇄적으로 독버섯처럼 생겨나 사회가 비정상적으로 돌아가게 된다.

여기서는 부정부패의 많은 요인을 세 범주로 나누어 검토했다. 과욕, 제도적 허점, 불안 요인, 그리고 연고, 온정 문화다.

① 과욕

심리적으로 보면, 인간에게는 여러 단계의 욕구가 있다고 한다. 매슬로(Maslow)의 욕구계층이론, 포터(Porter)의 욕구계층이론, 앨더퍼(Alderfer)의 ERG, 맥클런(McClelland)의 세 욕구이론, 허즈벅(Herzberg)의 동기-위생이론에서 볼 수 있듯이 여러 단계의 욕구가 있다.[25]

그런데 상위의 욕구에 이를수록 사람의 욕구는 좀처럼 만족되기 어렵다. 예컨대, 하위 욕구인 식욕이나 안전욕구는 한계가 있어 상대적으로 쉽게 만족된다. 반면에 상위 욕구인 존경욕구나 자아실현욕구는 쉽게 만족되기 어렵다. 더욱이 하나의 욕구가 만족되면 또 다른 욕구가 생긴다. 이것이 사람의 욕심이다. 이것을 가지면, 저것도 갖고 싶은 것이 사람 심리다.

재물욕, 명예욕만 하더라도 한이 없다. 1억 재산을 가진 사람은 2억, 3억에 욕심을 낸다. 10억 가진 사람은 20억, 30억, 그 이상의 재산을 모으려고 한다. 100억 가진 사람은 200억, 300억, 400억 가지려고 안간 힘을 쓴다. 10조를 가졌다한들 흡족해하지 않는다. 마찬가지로, 동네 이장을 오래하다 보면, 면장이나 군수가 되고 싶어한다. 면장이나 군수를 오래하다 보면 시장이나 도지사도 하고 싶어한다. 본능적이다. 이 욕심과 욕구 자체를 나쁘다고 할 수는 없다. 이 욕구가 삶의 동력이 되기도 한다. 욕구가 없는 사람은 죽은 사람이나 마찬가지다. 문제는 비정상적으로 탐욕을 채우려는 데서 탈법하게 되고 부정부패에 휘말리게 된다.

요약하면, 우리에게는 원초적으로 쉽게 만족할 줄 모르는 과욕이 있다. 그래서 우리 마음 안에 부정부패를 일으킬 소지가 다분히 있다. 뤠이쓰(Wraith)도 부패의 근본 원인은 사회적 · 경제적 요인에 있는 것이 아니고, 인간의 만족할 줄 모르는 탐욕에 있다고 했다.[26] 그런데 부정부패로 인한 피해는 고스란히 올곧게 살아가는 사람들의 몫이 된다는 사실이다. 참으로 기가 막힐 일이다. 왜, 이를 선량한 사람들이 떠맡아야 하는지?

부정부패는 청렴한 사람들까지 버려 놓는다. 주변이 썩고, 조직이 썩으면 그 속에 있으면서 독야청청하기란 보통 어려운 일이 아니다. 썩은 조직에서 깨끗한 자기를 꿋꿋하게 지켜낸 사람의 고통은 이루 형언할 수 없다. 불이익, 왕따, 소통부족, 고집쟁이,

온갖 나쁜 것을 다 뒤집어쓰게 되어 있다. 심지어는 무엇이든 조작하여 올바른 그를 쫓아내려고까지 한다. 올바르지 못한 일에 합세하지 않으므로 부담스러운 것이다.

올바른 사람은 우리 풍토에서 살아가기 힘들게 되어 있다. 특히 정치풍토에서 더 그렇지 않나 생각된다. 부패한 사회와 조직에 적응하기 위해서는 적당이 썩어야 편한데…… 만사에 우선하여 이를 바로잡아야 한다. 엄격한 법과 제도를 통해서 바로잡아야 5천만 국민이 모두 인간답게 살 수 있다.

주위 사람이 편법으로 지위에 오르거나 많은 재물을 모았고, 자신은 열심히 일했는데도 늘 쪼들리며 산다고 하면, 자신도 '양심이 밥 먹여 주나' 하고 편법, 불법의 유혹에 빠지기 쉽다. 욕심 없는 사람은 세상에 극히 드물기 때문이다. 유혹, 충동으로 편법, 불법으로 돈을 모은다든지, 뇌물 주고 자리에 오른다든지, 승급하게 되는 경우가 허다하다. 뇌물 주는 방법도 아주 지능적이다. '빌렸다', '보관 중이다', '단지 부조금이다', '상조금이다', '촌지다' 등등, 별별 형태를 다 띠고 있다.

약빠른 사람들은 먼 장래의 어떤 일을 도모하기 위해 미리미리 여러 형태로 뇌물을 바치기도 한다. 이렇게 은밀히 건네주는 뇌물은 알 수가 없다. 다 묻히고 마는 것이다. 이것이 결국, 뇌물 안 바치는 사람들의 손실로 귀결되는 것이다. 사회가 이렇게 되면, 재물이나 자리에 마음이 붕 떠서 일에는 집중이 안 된다. 이것은 인간성의 타락뿐만 아니라 국가, 사회 발전을 가로 막는다. 악 중의 악이다.

② 제도적 허점

현재 우리나라는 부정부패에 대한 법과 제도가 유약할 뿐만 아니라 일관성, 공정성까지 부족하다. 이러니 부정부패가 줄어들 기미를 보이지 않고 있다.

법이 약하므로 할 수만 있다면 부정부패를 저지를 만하다고 할 수 있다. 몇 억 먹고 재수 지독히 나빠 걸리면 적당히 벌 받고 나오면 되니까? 또, 걸려도 이리저리 청탁이다 뭐다해서 잘도 빠져 나온다. 정말 '유전무죄 무전유죄'가 틀린 말은 아니다.

제도적 허점의 한 예를 들어 보면, 투명하다는 미국은 '징벌적 보상'이 엄격하다고 한다. 하물며 불투명하고 노출이 잘 안 되는 우리나라에는 무슨 이유로 이 제도가 부실한지 모르겠다. 이 제도는 투명성이 낮고, 권위적이며, 불법행위의 노출 확률이 극히 낮은 우리나라에서 오히려 더 엄격하게 적용돼야 하지 않겠는가?

정부 따라 법 적용의 강도가 다르고, 같은 정부라도 대통령의 임기 초와 말에 따라 다르다. 임기 초에는 권력형 비리가 뜸하다가 임기 말이 되면 쏟아져 나오는 것만 보더라도 법 적용의 일관성에 문제가 있다. 이와 같은 신뢰롭지 못한 법 적용은 부정부패를 오히려 부추기는 결과를 가져온다. 왜? 시기를 잘 맞춰 저지르면 되기 때문에…….

우리 사회는 연고나 금품에 의한 청탁에 대해 지나치게 온정적이다. 통제 장치도 정교하지 못하고 허술하다. 입체적으로 철저히 감시, 감독할 수 있는 제도적 장치가 마련되어야 한다. 제도가 허점을 보이면 부정부패는 늘어나기 마련이다. 부정부패자들을 엄중 처벌하는 법적, 제도적 보완책 마련에 집중해야 한다.

③ 불안요인

우리나라에는 여러 불안 요인이 도사리고 있다. 그 중 안보위협이 대표적이고, 다음은 자연자원의 부족이다.

반만 년 역사를 가진 우리민족은 지정학적으로 강대국의 틈바구니에 끼어 숫한 침략을 받아왔다. 9백 여회 이상 침략을 받았다는 기록도 있다. 국지적인 침략까지 합치면 그 보다 훨씬 많다는 것이다. 거의 평균 5년마다 한 번씩 침략을 받았다는 계산이 나온다. 우리민족은 쫓김과 피난을 밥 먹듯이 반복했던 것이다. 이러니 맘 놓고 편히 산 적이 일생동안 몇 년이 되었겠는가?

오늘날까지도 안보불안이 세계에서 둘째가라면 서러울(?) 정도다. 아직도 세계 유일의 분단국가로 남아 같은 민족끼리 싸우고 있으니 기막힌 일이다. 국민을 몇 백만씩 굶기면서까지 식량대신 무기를 만드는 집단이 바로 우리 머리 위에 있다.

북한 권력 집단은 한 손엔 포악한 권력을, 다른 한 손엔 핵무기를 들고 처참하게 국민을 굶겨 죽이고 인권을 짓밟고 있다. 그자들은 수틀리면 한반도를 불바다로 만들겠다고 협박하고 있다. 이것은 금쪽같은 자기네 권력을 건드리면 그렇게 하겠다는 소리다. 이들에겐 이념이 없다. 왜곡된 이념까지도 없다. 오직 0% 도덕성과 100% 탐욕만 있다. 이런 자들은 협력의 대상은 될 수 없고 오직 전략, 관리의 대상일 뿐이다. 협력과 믿음의 대상으로 이들을 보면 후회한다. 협력과 믿음의 대상이 되려면 최소한 자기 것을 다소라도 내려놓는 양보 정신이 있을 때 가능하다. 이를 그들에게 기대할 수 없다.

아무튼 북한 권력 집단의 위협은 국민들의 불안 심리를 자극하고, 그 불안 심리는 과도한 보호 본능을 일으켰다. 보호 본능은 경쟁적으로 높은 자리에 기어올라 자기 것 챙기는 데 급급하게 만들었다. 캐나다나 호주 같이 안보불안이 거의 없는 국가에서는 이런 불안이 없기 때문에 무조건 자기 것 챙기고 보려는 사리사욕이 덜한 것이 아닌지 모르겠다.

어떻게든 재산을 모아야 위급할 때 유리하다는 것을 우리는 역사적인 불안 체험을 통하여 자연스럽게 터득하게 되었다. 그래서 우리나라 사람들의 생활력이 강한지도 모른다. 이민 간 한국사람들이 이스라엘 사람들보다 오히려 더 열심히 산다는 소리를 듣게 된다. 우리의 고달픈 역사가 긍정적으로 작용한 한 측면이다. 또, 지금 우리 산업이 외국에서 큰 활약상을 보이고 있는 것도 불안심리가 경쟁심을 유발시켜 이것이 일정 부분 긍정적으로 작용한 결과로 보인다. 이런 긍정적인 측면이 있지만, 이것이 과도한 경쟁으로 이어져 국내적으로 살벌하고 부정부패를 자극하는 요인으로 작용한 것이 사실이다.

유구한 역사에서 2차, 3차, 4차 산업이 등장한 것은 근대 후의 일이다. 거의 전 역사가 농경사회이었다. 땅을 파서 먹고 사는 사회이다 보니 땅이 넓고 자연 자원이 풍부한 나라가 더 윤택할 수밖에 없었다. 우리는 땅은 좁고 자원이 부족하다. 거기에다 강대국의 틈에 끼었다. 그러니 국민들의 마음이 각박해질 수밖에 없다. 그 지리적 역사성이 오늘날 우리의 마음을 각박하고 불안하게 만들었을지도 모른다.

다른 큰 나라도 그렇겠지만, 드넓은 나라, 캐나다 농촌을 보면,

농민들은 다른 사람들과 만나서 부딪치고 다툴 일이 없을 것 같다. 한참 가다가 가끔씩 집 한 채와 농장이 보이니 누구와 자주 만날 기회도 없다. 욕심은 많은 사람들과 뒤섞여 부대끼며 생활해야 생기게 되는데, 그들은 농장에서 일한 후 가족들과 주로 생활하니 과욕이 생길 소지가 없다. 가족하고만 주로 생활하니 조급하지 않고 불안할 일이 없게 된다. 과욕이 생길 수 없으며 비리, 부정을 저지를 근거도 없게 된다. 도시 생활도 땅은 좁고 인구가 많은 나라보다 상대적으로 더 여유로울 수밖에 없다.

드넓은 나라의 국민들은 자원이 풍부하니 자연자원이 부족한 좁은 땅에 사는 우리와는 비교할 수 없을 정도로 여유로울 수밖에 없다. 우리는 불리한 자연조건 속에서 생존하려니 내 몫 챙기는 일에 소홀할 수 없다. 한시라도 소홀했다가는 굶어 죽기 십상이다. 이와 같은 불리한 자연환경, 각박한 사회 환경은 협력보다는 '네가 실패해야 내가 성공한다'는 제로섬 게임을 부추겼다. 그러니 극소수의 강자가 수단과 방법을 가리지 않고 다수의 약자들을 갈취하는 사태가 비일비재하고, 일이 터지면 뇌물 주고 빠져 나오는 것이 일상화된 것이다.

요새 터지는 비리는 빙산의 일각이다. 눈을 몇 푼 안 되는 돈이 왔다 갔다 하는 정치계에만 고정시키지 말고 수십억, 수백억, 수천억이 왔다 갔다 하는 재계, 사학계에 돌렸으면 좋겠다. 한 곳만 보지 말아야 한다. 여기저기 가려진 곳도 보아야 한다. 전체를 보아야 한다.

심리적, 사회적 불안은 절박한 출세 지향주의와 금전만능주의를 부추겼다. '억울하면 출세하라', '지갑이 가벼우면 마음이 무거워진다', '여자는 돈 없는 남자보다 남자 없는 돈을 더 좋아한다', '돈이 양반이다' 등 많은 속담에서 볼 수 있듯이, 재물과 출세에 대한 절박한 심정이 잘 나타나 있다. 이러다 보니 도덕 불감증에 걸려 양심은 사라지고 아예 도덕적 가치 판단을 하지 않으려 한다.

도덕률이 외면당하면 정도를 걷는 사람이 숙맥이요, 못 먹는 사람이 바보가 되는 것이다. 반듯한 사람이 꼭 막혀 소통이 안 되는 사람처럼 보이게 되는 것이다. 그렇게 되니 사회의 각 조직들은 모두 요령과 거짓이 판치게 되고, 또 그렇게 해야 견뎌 낼 수 있게 되어 있다. 이것이 소위 '적응'이라면 적응인 것이다. '줄' 잘 서는 사람이 앞서 가고, 법과 원칙을 지키고 도덕을 중시하는 사람은 늘 손해 보게 된다. 말이 좋이지, 깊이 들어가면 돈, 백, 권력을 매개로 약자의 피를 빠는 비리, 부정부패다.

④ 연고, 온정 문화

우리나라는 정치, 사회, 문화적으로 부정부패가 생길 소지가 많다. 부정부패를 야기하는 요인들을 다수 안고 있다.

우리의 연고주의, 온정주의 등과 같은 비합리적 요소들이 부정부패를 숙성시키는 변인으로 작용하고 있다. '이웃사촌인데 안 봐줄 수 있어?', '동기동창인데 어떻게 그럴 수 있어?', '친구의 자식인데 어떻게 안 봐줄 수 있어?', '너무 모질게 그러지마! 좀 봐줘, 너와 나 사이에?', '보기 안 돼서 그냥 봐줬어?' 등과 같이 봐주기, 연고주의, 온정주의는 우리사회의 인간관계 문화를 대변하는 익숙한 말들이다.

온정적이고 인연을 중시하는 문화는 어떻게 보면, 아름답고, 사람 사는 맛도 있어 보이기도 한다. 그러나 이런 연고주의, 온정주의 문화는 그 문화 자체의 가치 여하를 떠나서 일단 비리, 부정부패와 연결될 소지가 있다.

공정성을 요하는 공적인 일을 함에 있어서 잘 안다고 봐주고 모른다고 소원시하고, 연고가 있다고 도와주고, 없다고 차별한다면, 그것이 결국 불공정이요, 비리요, 부정이 되는 것이다. 비리, 부정, 부패가 꼭 볼썽사나운 행위에서만 생기는 것이 아니고 이와 같이 체질화된 문화 속에서 싹터 나온다. 이와 같은 문화적 현실에서 '옳게 산다', '정의롭게 산다'는 것은 극히 어렵다.

(3) 부정부패의 폐해

우리는 부정부패의 액수만을 가지고 비난하는 경우가 많다. 이는 큰 잘 못이다. 가령 '누가 1억 원 뇌물을 주었다, 받았다' 하면서 비난한다. 이 '1억' 원만이 문제인 것은 아니다. 그 뇌물 1억 원이 10억, 100억, 1000억 원 이상의 부정부패를 새끼 친다는 숨어 있는 사실을 읽어야 한다. 더 나쁜 것은 그 뇌물 제공자는 그 수십 배, 수백 배, 또는 수천 배의 돈을 뽑기 위해 별짓을 다하게 되는 것이다. 그 과정에서 사회, 조직 구성원들의 인권이 짓밟히고 호주머니가 털리는 것이다. 단순한 액수 문제가 아니며, 단순한 청탁, 뇌물이 아닌 것이다. 매국적 행위인 것이다.

권력에 달라붙어 청탁, 뇌물을 매개로 조직을 운영하는 자가 청탁, 뇌물 바칠 때는 뭔가 이득이 되니까 바치지, 손해 보려고 바치지는 않는다. 다른 데서 그 이상 뽑을 것을 계산해 놓았을 것이다. 이들은 조직 밖에서는 탈법, 편법을 밥 먹듯이 저지르고 안에서는 구성원들을 겁박하여 돈을 뜯어내는 것이다. 돈 안 갖다 바치면 이리저리 핑계를 걸어 자른다고 간접적으로 겁박한다. 결국 다 털어가는 것이다. 이 정도면 민주주의는 허울뿐이다.

만일 A라는 조직의 소유주(장)가 여기저기 고위직 정부 인사들에게 뇌물 1억 원씩 5명에 제공했다면, 그 5억 문제가 아니라는 이야기다. 뇌물 먹은 그 인사들은 이제 발목이 잡히어 안 봐줄 수 없는 입장에 놓이게 된다. 죄인이 되는 것이다. 그 5억 뇌물 준 자는 그의 조직 구성원들로부터 혹은 다른 곳에서 그 이상 몇 10배, 몇 100배를 뜯어내는 것이다. 심하게 이야기해서 약한 구성원들, 국민들의 피를 빠는 것이다. 사람이 아니라, 흡혈귀(吸血鬼)다.

구성원들에게 줄 것 안주고 거둬들여 조금은 뇌물로 바치고 나머지는 먹어치우는 것이다. 이렇게 된 사회를 선진국이라 할 수 있을까? 이들을 처단하지 않고 선진국으로 갈 수는 없다. 결과적으로 먹고 싶은 대로 먹으라고 부추기는 풍토 속에서 일한대로 대접받는 선진국으로 갈 수는 없다! 마치 강간을 방조하면서 순결을 바라는 것과 같다.

수백, 수천 명의 피를 뽑아 먹도록 부추기는 매개물이 뇌물인 것이다. 부정부패자들을 그냥 놔둬서는 안 된다. 놔둔다는 것은 방조하는 것이고 결국 한통속인 것이다. 이자들을 청소해야 국민 5천만이 잘 살고 복된 사회가 될 수 있다. '청소한다' 하면 실은 장기적으로 부정부패자들까지 모두 올바르고 깨끗한 사람으로 변하는 것이다. 청소당하기를 원하는 사람은 없기 때문에 그렇다.

그런데, 정치권력은 이렇게 남는 장사를 왜 안 하는가?, 혹시 찔리는 곳이 있어서 안 하는가?

역사적으로 혁명도 통치자와 행정관료들 사이의 부정부패가 심했을 때 일어났다는 사실이다. 프랑스 혁명, 러시아의 10월 혁명, 중국 본토의 장개석 정부의 패망 등은 부정부패가 관료사회에 만연되었을 때 일어났다. 1950년대 이후 아시아, 유럽, 아프리카, 라틴 아메리카에 등장한 군부정권들도 정권장악의 명분을 당시 정부의 부정부패 척결에 두고 있다.[27] 부정부패 척결에 정권 장악의 명분을 두는 것이 호응을 얻는데 효과적이기 때문이다. 이를 뒤집어 보면, 국민들이 부정부패로부터 엄청난 피해를 당하고 있다는 말이다. 부정부패가 우리 생활에 주는 몇 가지 폐해를 간단히 토론해 보았다.

① 도덕적 삶 박탈

부정부패가 만연되면 인격과 능력은 필요 없고 아름아름 실권 있는 자들에게 붙어 청탁, 뇌물로 출세하는 사회 악풍이 조성된다. 이렇게 되면, 바르게 사는 사람까지도 살기 위해 물들게 되고 요령만 생기게 된다. 어쩔 수 없이 사회에 적응하기 위해 자신의 본 모습을 바꿔야 한다. 그래서 학교의 우등생이 사회의 열등생이 되는 것이다. 배운 것과 달리 현실이 엉뚱하게 돌아가기 때문이다.

학교에서 준법정신과 원리원칙을 아무리 강조하여 교육해도, 그 배운 것이 사회에 나가면 쓸모없게 되는 때가 많다. 오히려 그것 때문에 사람만 뒤쳐질 수도 있다. 요령 부족으로 바보가 되기도 하고 먹통으로 몰리기도 한다. 특히 인사에서 그렇다. 우리 사회는 아직까지 인사원리가 통하지 않는다.

선거도 인사 선발이므로 인사행위다. 나아진 것은 사실이지만, 아직까지 우리의 선거풍토에서 인사원리가 통하지 않고 이기주의, 청탁, 부정부패가 통한다. 유권자가 감정에 치우치지 않고 공정하게 공직 담당자를 선발해야 하는데 그렇지 못했다. 지역에 편중된 득표만 보아도 알 수 있다. 이러한 몰 원칙적인 인사 행태는 악화가 양화를 구축하고, 선하고 올바른 사람들의 건전한 가치관과 양심까지도 포기하도록 한다. 그들을 자괴감, 실망감에 빠뜨린다. 이는 분명 죄악이다!

악풍(惡風)에 흔들이지 않고 자신의 올바른 국가관, 정치관을 지켜낸 사람들은 존경을 받을 자격이 있다. 이런 사람들을 키워야 한다. 그래야 나라가 발전하고, 국민생활이 나아진다!

② 고비용, 저효율

부정부패가 만연되면 공적인 일이 잘되거나 말거나 관심을 가질 필요가 없게 된다. 자기 이득만 챙기면 되는 것이므로 직무에 충실하지 않는다. 사리사욕을 채우기 위해 수단방법을 가리지 않고 이전투구한다. 공직자들이 이해득실에 매몰되어 공적 책무감이 떨어지고, 공적 과업을 자기중심적으로, 자신이 손해 보지 않고 이득이 되는 쪽으로 처리하게 된다. 비용이 많이 들거나 말거나 관심 없다. 자기 욕심대로 하면 되는 것이다. 그 결과 조직 구성원들의 관심이 주로 '누가 승진할 것 같다던데', '누가 먹다가 걸렸다지', '나는 청탁한 적 없어', '누구는 누구와 가까워' 등이 공직 사회의 큰 관심거리가 된다. 일은 둘째가 되는 것이다. 그러니 일의 능률이 오를 리 없다.

③ 합리적, 창조적 사고 저해

부정부패는 인간성, 이성의 타락을 의미하므로 과업수행에 합리적, 과학적 사고가 일어나지 않는다. 해먹을 생각만 하기 때문에 사리사욕 쪽에 관심이 집중된다. 매사를 자기에게 맞추게 되니 과업에 필요한 아이디어가 나올 수가 없다. 그렇게 되면 이기적이고 비과학적인 사고가 머리를 지배하고, 합리적이고 과학적인 사고는 마취된다. 뭐든지 자신의 이익만 따지게 되므로 머리 아프게 아이디어를 내려고 애쓸 필요가 없게 된다.

일할 때는 마을을 비우고 일에만 신경 쓸 때 좋은 생각이 떠오르는 법이다. 마치 장기판이나 화투판을 회상하면서 깊은 철학적 사고나 화학 실험을 할 수 없는 것과 같다.

④ 근면, 성실의 무용화

비리, 부정부패가 판치면 악화가 양화를 구축하듯이 성실하고 능력 있는 사람이 설 자리가 없게 된다. 줄서기와 요령, 뇌물이 판치고 노력의 대가는 없게 된다. 아무리 열심히 해 봐야 허사가 되기 때문에 일은 대충하고 힘 있는 사람에게 줄을 대거나, 뇌물이나 바쳐 출세하려는 풍조가 조성된다. 성실하고 반듯한 사람은 자연히 도태되기 마련이다. 정상적으로 살아가는 사람이 따돌림을 받게 되고, 결국은 생업을 잃게 되는 불운을 겪게 되기도 한다.

못살겠다고 외국으로 떠나는 인재들이 종종 있는데, 그들이 보수 때문이 아니고 이런 악폐에 견디지 못하여 떠나는 경우가 많다고 한다. 국가적 손실일 뿐만 아니라, 우리를 남의 나라 해악을 욕할 수 없는 처지로 만드는 악이다.

⑤ 양극화 심화

부정부패는 건전한 시장경제를 교란시키고, 돈이 부도덕하게 한쪽으로 쏠리는 악적인 양극화를 부추긴다. 한 마디로 해먹는 자가 힘 안 들이고 많은 돈을 긁어가는 것이다. 연간 몇십조, 몇백여조씩이나 말이다. 이렇게 되니, 못 먹는 자는 바보요, 돈 없으면 돈 못 써 출세 길이 막히는 것이다. 그 결과, 양극화는 필연적이다.

시장경제원리에 따라 가진 자와 덜 가진 자가 결정되는 것은 이해할 수 있다. 과학문명의 발달로 산업의 자동화가 노동을 대체함으로써, 일자리가 줄어들어 중산층이 줄어드는 것은 인위적인 것은 아니다. 물론 고칠 점은 있지만 충분히 이해되는 사회현상이다. 그러나 법이 느슨하고 잘 지켜지지 않아 국가, 사회의 기강이 망가지고, 그로부터 생기는 부정부패, 양극화를 용인해서는 안 된다.

정치, 행정, 경제계의 유착과 그로 인한 부정부패, 양극화는 의도적인 악(근본 악)이다. 극소수의 힘 있는 자들이 교묘한 방법으로 각종 비리와 부정부패를 통하여 부(富)를 독식해 버리는 것이다.

(4) 부정부패 억제의 곤란성

① 연고, 온정 문화

윌슨(Wilson)과 기어츠(Geertz)는 인간은 문화의 산물로, 문화는 개인의 세계관을 결정하고, 이를 습득하는 이외의 인간 본성은 없다고 하였다.[28] 이와 같이 인간은 소속된 사회의 문화를 등지고 살 수 없다.

우리 사회의 부정부패는 오랜 세월 동안 독특한 정서에 기반을 둔 온정문화, 연고문화와 어우러져 하나의 잘못된 문화로 자리 잡다시피 했다. 이를 대변하듯, 심상근은 부정부패가 단순한 사건이 아니라 우리의 정서문화와 연계되어 있다고 주장했다.

심상근은 "박근혜의 시대적 소명은 박정희의 과업보다 만 배 힘들다"라는 제하에서 예측하기를 '내버려 두면' 우리의 부정부패는 지난 수백 년 동안 지속되었듯이, 앞으로도 수백 년, 수천 년 더 지속될지 모른다고 했다. 이를 뜯어고칠 가능성은 낙타가 바늘 귀로 들어가는 것과 같이 희박하다고 단정지었다. 박근혜가 할 일은 그의 아버지가 해결했던 일보다 만 배, 백만 배 더 힘들다는 것이다.[29] 그 대표적인 이유를 사회 정의보다는 서로 봐주는 연고주의, 정서적인 온정주의에서 찾고 있다. 우리 사회의 부정부패 단절이 얼마나 어려운지를 말해 주고 있는 대목이다. 부정부패가 우리의 독특한 인간관계, 정서문화 등과 연계되어 있어서 이를 억제하기가 보통 어려운 일이 아니라는 의미이다.

② 은폐의 용이성

사회 구석구석이 썩은 냄새가 나도 어디서 어떻게 나는지 정확히 집어 내기가 무척 어렵다. 노출된 부정부패는 빙산의 일각이다. 비리와 부정을 저지른 자가 '내가 비리, 부정을 저질렀다'고 고백하는 사람이 없어서 그렇다. 모두 감추려고 한다. 뇌물을 준 사람이나 받은 사람 모두 들키지 않으려고 애쓴다. 따라서 입증자료 확보가 극히 어렵다. 은폐된 부정부패를 소문만 듣고 들추기도 어렵기 때문에 많은 부정부패는 수면 아래에 묻혀 버린다. 또, 일정한 기간이 지나면 유야무야 되어 버린다. 그 결과 장물을 가지고 거부가 되어 떵떵거리고 사는 것이다.

김해동은 부정부패 행위는 외부에 잘 노출되지 않는, 당사자 이외에는 발견하기 어려운 지하 문화적 속성을 가지고 있다고 했다. 부정부패가 지능적이고 직무처리 과정에서 생기기 때문이다. 그리고 이러한 행위가 유력 인사의 비호를 받고 있으며, 소속 기관의 위신을 생각해서 암암리에 처리된다는 것이다.

또, 이것이 '있을 수 있는' 일로 생각하는 준 문화적인 성격을 띠고 있다는 것이다.[30] 따라서 우리 사회의 많은 비리, 부정부패가 거의 숨겨진 채로 아무 탈 없이 넘어 가고 있는 것이다. 보통 문제가 아니다. 전 국민, 특히 대다수인 약자들이 그만큼 당하고 사는 것이다.

③ 전염성

비리, 부정부패는 전염성이 높아 퇴치가 어렵다. 비리, 부정으로 얼룩진 사회에서는 바르게 사는 것이 현실적으로 어려울 뿐만 아니라 손해가 된다. 사람들은 손해나는 행동을 하려하지 않는다. 주의 사람들이 부정부패로 잘 살고 출세하게 되면, 자신들도 그렇게 하고 싶은 유혹을 뿌리치기 어렵다.

비리, 부정은 많은 노력을 하는 것이 아니고 속이고 감추는 방법만 알면 되기 때문에 매력적이다. 특별히 노력할 필요가 없다. 힘 있는 사람을 잘 찾아 돈 주고 청탁하면 된다. 큰 힘 쓸 필요 없다. 돈 주면 일거에 문제를 해결할 수 있고, 준 돈 이상을 거둬들일 수 있다. 뇌물 받은 자는 발목이 잡히어 문제가 생길 때마다 알아서 잘 봐주게 되어 있다. 따라서 힘 있는 자를 잘 물색하여 평소에 미끼를 던져 주는 짓을 하게 된다.

더욱이, 부정부패를 싫어한다 할지라도 상관이나 주변 사람들의 이런 행위를 거절하기 어려운 경우가 꾀 있을 것이다. 또 뜻하지 않게 말려드는 경우도 있을 수 있다. 가령, A라는 사람이 어느 집단에 취업되었다고 하자. 그 집단이 부정부패를 식은 죽 먹기로 저지른다면 A 자신도 그 속에 빠져든다. 어쩔 수 없다. 직장을 이탈하기도 현실적으로 어렵기 때문이다.

예로서, 한 조직에서 B라는 사람을 신규 임용키로 불공정 담함이 이루어졌을 경우, 조직구성원으로서 자기 혼자 반대하기도 어렵다. 자신도 물들기 마련이다. 과거 우리 정치를 보면, 당 지도층에서 돈을 받고 전국구를 배정한 때가 있었다. 익히 알고 있는 일이다. 물론 나름의 사정은 있었다. 당직이라도 맡게 되면 당 지도부의 이런 행태가 맘에 들지 않는다고 자꾸 이의를 제기하기도 어렵다. 어쩔 수 없이 자신도 그러한 일에 가담하게 된다. 나중에는 습관적으로 당연한 일로 받아들인다. 사람이 본래 나쁜 사람이라서 그런 것이 아니고, 어쩔 수 없이 전염된 결과이다. 따라서 비리, 부정부패의 결과만 가지고 따질 일이 아니라 그 원인을 찾아 미연에 방지하는 지혜가 필요하다.

옳지 못한 일에는 한번 빠지면 헤어 나오기 어려우나, 옳은 일에서는 헤어 나오기 쉽다. 마치 선로 위에 있는 차를 탈선시키기는 쉽지만, 이미 탈선된 차를 선로 위에 올려놓기는 어려운 것과 같다. 깨끗한 옷을 더럽히기는 쉬우나, 더러운 옷을 깨끗하게 하기는 어려운 것과도 같다. 그것은 비용(돈, 노력, 시간 등)의 차이에서 생기기 때문이다. 좋은 일, 바람직한 일은 노력, 시간, 돈 등 비용이 많이 들어 하기 어려우나, 비리, 부정은 이런 비용이 적게 들고 순식간에 재물이 생기기 때문에, 후자가 훨씬 전염성이 높다.

부정부패가 판치는 풍토에서는 오히려 성실한 사람이 일만하는 바보로 몰린다. '앞뒤가 꽉 막히고 고지식한 사람', '융통성 없는 사람', '소통이 아니라 먹통인 사람'으로 치부된다. 이러니 '독야청청'할 수도 없는 노릇이다. 적당히 부패해야 살아남는다. 이러한 몰가치 풍조에서 부정부패는 억제되기 어렵다.

콩트, 스펜서가 말했듯이, 사회는 유기체인 우리 몸과 같다.[31] 우리 몸의 여러 기관, 뇌, 간, 폐, 심장 등의 어느 기관 하나가 못쓰게 되면 다른 기관들도 나빠지듯, 사회 혹은 조직의 어느 한 곳이 썩으면 건강한 다른 사회, 조직 및 개인들까지 썩게 만든다. 썩은 곳을 도려 내지 않고 건강한 국가와 국민을 기대할 수는 없다.

④ 고소, 고발의 곤란성

당사자에게 이득이 되기 때문에 위험을 무릅쓰고 비리와 부정을 저지른다. 아무 이득도 없는데 벌 받을 것을 각오하고 범하는 사람은 없다. 그런데 이러한 비행은 아무나 저지르지 못한다. 그럴만한 위치에 있는 사람들이 저지른다. 예컨대 인사 부정은 조직 상층부의 인사권자가 저지르지, 아래 직원이 저지르기는 어렵다. 무슨 청탁도 할 만한 위치에 있거나 영향을 줄 수 있는 사람이 하지, 아무나 하지 못한다.

비리, 부정을 범하는 사람은 조직 내 자료를 많이 가지고 있다. 그러나 고발자는 자료 접근이 극히 제한되어 있다. 따라서 섣불리 고발하기도 어렵다. 고발 내용을 증빙할 만한 정보와 자료가 사실상 전무한 것이다. 설사 내부 고발자의 고발 내용이 사실로 밝혀져 법적으로 보호를 받는다 하더라도, 어떻게 그 직장에 다니나? 결코 쉬운 일이 아니다. 따라서 부정부패는 늘어날 수밖에 없다. 그 결과, 빈부격차, 양극화는 심화된다. 보통 일이 아니다.

부정부패를 막으려면, 엄격하고 강한 법적 장치를 마련, 철저히 집행하는 수밖에 없다. 예로서, 극형에 가까운 형벌을 가한다든지, 손해 배상액을 실 손해액에 노출 확률을 역(비노출 확률)으로 곱하여 산정한다든지, 내부 고발자를 그 직책, 지위에 상응하는 다른 곳에 발령한다든지 등과 같은 구상이 필요하다. 이렇게 하면 법이 무서워 부정부패가 잦아들고, 일정 기간이 지나면 청렴문화가 정착된다. 무엇인가 대안을 마련, 실천에 옮겨야 한다. 그래야 일한만큼 대접받으면서 편안한 마음으로 즐겁게 일할 수 있다. 다른 방법이 없다!

⑤ 정경유착

정경유착은 어제 오늘 일이 아니다. 정권마다 돈, 권력을 가진 자들이 무소불위의 힘을 과시하고 약자들을 무차별적으로 괴롭히고 있다. 돈과 백이 통하면 부정부패가 드러나도 '좋은 게 좋다'고 한통속이 되어 서로 봐줘 유야무야되고 만다. 요즘 유행하는 '소통'을 통하여 청탁하여 미꾸라지 같이 빠져 나간다. 그러니 조사, 수사하는 검 · 경, 감독, 감사하는 상급기관을 믿으려 하지 않는다. 모두 한통속이라는 것이다. 이건 괜한 예기가 아니다.

눈에 보이는 돌발적인 사건, 강간 사건, 좀도둑, 뻥소니 차령, 남치사건 등은 잘도 조사, 수사한다. 물론 이런 사건들을 그냥 두라는 말이 아니다. 돈과 권력으로 부정부패를 저지르는 인간들을 철저히 조사하고 수사해야 한다는 말이다.

돈과 권력이 유착되면 부정부패를 잡을 수 없고 힘없는 약자들은 눈뜨고 당하고 만다. 돈께나 있는 자들은 돈 믿고, 권력 믿고 약자들로부터 알게 모르게 뜯어 간다. 대신 약자들은 아무리 억울해도 하소연할 데가 변변치 않다. 모두 한통속이므로 낙도의 메아리일 뿐이다. 역시 엄격한 법질서 확립밖에 별 도리가 없다.

(5) 부정부패 극복 대안

부정부패 행태는 일회성이 아닌 지속적인 현상으로 매우 복잡하고 다루기 힘든 여러 요인에 의해서 생긴다. 간단한 방법으로 치유될 수 있는 문제가 아니다. 그러나 부정부패는 선량한 국민들의 본성을 타락시켜 공동체 생활을 어지럽히므로 무슨 수를 써서라도 반드시 척결되어야 한다. 부정부패 척결을 위한 몇 가지 현실적인 대안을 탐색해 보았다.

① 대통령의 의지

무엇보다, 만연된 부정부패 단절의 핵심 역할은 대통령에 있다. 그 누구도 할 수 없다. 막강한 권력을 가진 대통령만이 할 수 있다. 그가 유야무야하면 현실적으로 아무 소용없다. 대통령의 의지가 약하면 백약이 무효이다.

아무 대통령이나 부정부패를 척결할 수 있는 것은 아니다. 현재까지 사회생활, 정치생활을 하면서 비리, 부정부패에 연루된 적이 없는 깨끗한 대통령만이 할 수 있다. 부정부패에 연루된 적이 있는 대통령은 이를 단절시키지 못한다. 그런 대통령은 단절 의지조차 가지기 어렵다. 이미 자신 안에 이런 경험들이 있어서 이를 완전히 거부한다는 것은 곧 자기 부정이 되기 때문이다.

소크라테스(Socrates)가 한 말이 떠오른다. 사람은 자기 안에 있는 것과 닮은 것에 관심을 두기 마련이다. 마음에 청렴한 것들이 들어 있으면, 밖의 청렴한 것과 관계를 맺으려 하지, 부정한 것들과 관계를 맺으려 하지 않는다. 반대로, 마음 안에 더러운 것들이 들어 있으면, 밖의 더러운 것과 손잡으려 한다.[32] 학습이론가 아우스벨(Ausubel)의 유의미 학습에서도 시사되듯, 자신의 인지구조 속에 이미 존재하는 것들(부정부패 관련 요소들)이 밖에 있는 유사한 것(부정부패 관련 요소)과 서로 유의미하게 연결(포섭)되기 쉽지, 아주 딴판인 것(청렴)과 연결되기는 어렵다.[33] 자기 안에 있는 거짓 구조는 밖에 있는 진실보다는 새로운 거짓을 포섭하여 더함으로써 거짓구조가 더 커지는 것이다.

부정한 대통령이 자기와 비슷한 부정부패자들을 엄히 다스리면, 그들이나 국민들이 어떻게 보겠는가? '그러면 당신은?' 하지 않겠는가? 그래서 청렴한 대통령만이 할 수 있다. 그렇지 못하면 척결의지도 없거니와 다소 있다 해도 믿기지도 않고 오히려 부정부패 척결이 정치보복 또는 배신으로 비칠 가능성까지 있다.

다음으로, 우리나라는 청렴한 대통령, 부정부패에 분개하는 대통령이 몇 번은 연속적으로 출현해야 과욕이 절제된 청렴문화가 착근될 수 있다. 사회 구석구석에 스며든 부정부패 문화가 단임 5년 동안 청산될 수 없다. 제도도 바꾸고 행동도 바꾸며 나아가 정신도 바꿔 청렴문화를 정착시켜야 하기 때문이다. 오래 걸린다.

행동주의 심리학적 관점에서 볼 때, 법질서를 바로 세워 부정부패를 엄히 다스리면, 사람들은 법질서에 따라 반복적으로 행동하게 되고, 그 결과 마음도 변한다. 절제하는 의지도 생기고 유혹에 빠지지 않으며 근면하고 청렴한 생활 자세를 갖추게 된다.

마지막으로, 부정부패 척결 의지를 일으키는 요인이라고 볼 수 있는데, 청렴한 대통령이 부정부패에 공분(公憤)을 느껴야 한다. 공적으로 분개해야 한다. 그래야 강한 의지도 생긴다. 픽픽 웃으면서 입 안에서 우물거리면서 반농담조로 한 마디씩 '부정부패 척결'을 말해 봤자 소용없다. 어떻게 수백 년 묵은 병 중에 고질병, 부정부패를 그런 식으로 단절할 수 있겠는가? 부정부패에 대한 공분이 가슴을 뜨겁게 달궜을 때, 강한 의지와 행동이 동력을 받게 된다.

부정부패에 대한 공분은 나라사랑, 국민사랑, 정의감에서 나온다. '그것 때문에 내가 당했어', '누구한테 당했어' 하는 사적 분노는 공분과 다르다. 공분은 단순한 사적 감정의 표출이 아니라 이성과 결합한 공익을 위한 분개이다.

부정부패를 잡지 못하면 불량자들만 먹여 살리고, 선량한 국민은 골병든다. 강하고 엄격한 정부를 만들어 전염병 같은 부정부패 자들을 사회로부터 추방시켜 버리겠다는 강한 의지가 필요하다. 그래야 99.99%, 결국 100% 국민들이 깨끗한 사회에서 법과 질서, 도덕을 존중하면서 자기 소신대로 화목하게 살 수 있다.

결론적으로, 비리, 부정부패에 연루된 적이 없고, 이를 척결하겠다는 강한 의지를 가진 깨끗한 대통령이 몇 번은 선출되어야 우리 사회가 맑아진다. 어쩌다 이런 대통령 한두 번 나와서는 턱없이 부족하다. 그러나 국민들이 지금까지 권력 창출에 대한 시행착오를 거듭하면서 점점 긍정적인 방향으로 학습되어 가고 있다. 제한적이나마 앞으로 좋은 대통령 나올 확률이 전보다 높아지고 있다.

② 불안요인 제거

우리가 안고 있는 여러 가지 불안을 완전히 해소하는 데는 한계가 있지만, 이를 어느 정도 해소할 수 있다면 부정부패를 경감할 수 있다. 사람은 불안하면 억지로 재물을 모으려 한다. 안보 위기가 있을 때 많은 사람들이 사재기하는 것을 보면 알 수 있다. 불안하면 보호 본능이 작동하여 재물을 쌓으려 한다.

우리에게는 여러 가지 불안이 있다. 지구상에서 유일하게 남북으로 분단된 우리 현실에서 높은 안보불안은 필연적이다. 또 자연자원의 희소성으로 인하여 부족한 것이 많다. 넓은 땅과 풍부한 자연자원을 가진 미국이나 캐나다는 그 만큼 여유가 있다. 우리는 그만한 여유가 없다. 그래서 우리는 각박해지기 쉽다. 불안을 해소하기 위한 대안을 다양하게 제시할 수 있지만, 여기서는 몇 가지만 제시, 토론해 보았다.

먼저, 안보불안 경감이다. 이 불안을 줄일 수만 있다면, 부정부패를 어느 정도 줄일 수 있다고 본다. 높은 안보불안 상태에서는 '안전욕구' 상승으로 사람들이 무조건 쌓으려고 수단 방법을 가리지 않는다. 이러한 상황 속에서는 부정부패를 정상적으로 막아내기 어렵다. 결론은 부정부패를 줄이기 위해 불안을 제거하고 평화를 어떻게 정착시킬 수 있느냐 하는 문제이다. 물론, 국력신장이 전제되어야 이것도 가능하다.

기초생활 보장이다. 사람이 너무 가난하면 먹고 살 수 없어 비리, 부정부패에 연루되기 쉽다. 굶주림에 장사 없다. 도덕은 둘째 문제다. 기초생활을 보장하면 불안 심리를 경감시키고 부정부패를 다소나마 줄일 수 있다고 본다.

후생복지에 대한 정부의 높은 관심이 필요하다. 물론 일자리와 연계된 복지가 좋은 것은 두 말할 필요 없다. 무엇보다 후생복지 정책을 체계화시키는 노력이 중요하다. 간헐적으로 얼마 얼마를 나누어 주는 식은 안 좋다. 서민들이 최소한도의 기초생활을 유지할 수 있도록 정부가 근본적인 대책을 세워서 실천해야 한다. 즉 장기적인 복지정책을 체계적으로 수립하여 모든 국민이 경제생활로부터 오는 불안을 갖지 않도록 해야 한다.

노약자, 장애우야 어쩔 수 없지만, 멀쩡한 사람이 놀면서 정부로부터 복지혜택을 받는 것은 문제가 있다. 무조건 나눠 주는 것은 한계가 있다. 이렇게 되면 사람 사는 맛도 없게 된다. 복지를 일자리와 연계되도록 해야 한다. 그런데 일자리란 높은 일자리만 일자리인 것은 아니다. 노인들의 가로수 심기, 환경미화 등도 일자리는 일자리이다.

직업의 귀천의식, 직업차별 의식을 버려야 한다. 모든 직업은 사회에 다 필요한 것이고, 귀중한 것으로 생각하는 의식의 전환이 필요하다. 다만 일의 종류가 다를 뿐이다. 마음과 몸을 움직여서 뭐든지 가치를 창조하면 일이 되는 것이다.

③ 법제도 개혁

부정부패를 억제하는 데는 여러 방법이 있을 수 있으나 여기서는 법과 제도를 통한 몇 가지 대안을 논의해 보았다.

첫째, 엄벌주의가 좋다. 엄벌 이상 약이 없다. 부정부패 행위에 강한 법적 제재가 이를 줄이는데 효과적이다. 부정부패로 얻을 수 있는 이득이 법적 제재로 생길 수 있는 손실을 만회하고도 남는다면 부정부패는 늘어난다. 물론 모든 것을 손익으로만 계산할 수 없지만, 사람은 대체로 순익이 되는 쪽으로 행동하게 되어 있다. 법적 제재가 솜방망이 구실밖에 못하면 너도 나도 덩달아 부정부패에 가담하게 된다.

우리 현실에서 법이 엄격하지 못하면 준법정신도 박약해지고 윤리의식도 박약해진다. 결국 이것은 부정부패를 키우는 결과를 낳는다. 일벌백계한다는 기조 아래 엄벌로 다스려야 한다. 그래야 예방효과도 있고 국민이 살 수 있다. 강한 법질서는 성격까지도 변화시킬 수 있다. 불법자들이 준동할 수 있는 여지를 줄이기 때문에 성격이 변화된다.[34]

양형과 범죄 발생 빈도가 어떤 상관관계가 있는지는 모르겠지만 비리, 부정부패는 엄연히 반사회적 행위 또는 범죄행위이다. 범죄를 다스리는 데 약하면 안 된다. 예로서, 한 공무원이 세무조작을 조건으로 어느 회사로부터 몇 천, 혹은 몇 억의 뇌물을 받았다고 하자. 이것이 노출될 확률은 매우 낮다. 또, 경찰이나 검찰이 피의자로부터 뇌물을 받았을 때는 노출되기 더욱 어렵다. 임용이나 승진시 평가 책임자가 뇌물을 받았다고 해도 당사자 이외에는 알 도리가 없다. 은폐될 확률이 노출될 확률보다 수백 배 더 높은지, 수천 배 더 높은지 아무도 모른다. 이 경우 부정부패를 줄이기 위해서는 은폐될 확률을 역으로 적용하여 엄벌해야 된다.

노출될 확률도 극히 낮고, 벌도 약하면 많은 사람들이 '한 건' 한다는 식이 된다. 걸리기도 어렵지만 걸려 봤자 별것 아니므로 모험심이 부풀어 부정부패는 늘어난다. 이것이 현실이다. 따라서 부정부패자들을 우리 사회에서 격리시킨다는 의지를 가지고 엄하게 다스려야 한다. 그래야 그 혜택이 온 국민에게 돌아간다.

부정축재 재산 몰수법과 같은 강력한 법을 제정한다든지, 다른 공직자들보다 대통령과 가족 및 보좌진에게 엄격한 윤리강령을 만들어 시행해야 한다. 부패 고발자 특별보호를 위한 제도적 장치 보완도 필요하다. 그리고 검 · 경찰, 교육, 국방, 조세 분야 공직자의 부정부패는 그 성격이 독특하고 국민생활에 주는 피해가 매우 크다. 따라서 이들의 부정부패에 대해서는 강력한 법 규정을 만들어 가중처벌 해야 한다.

둘째, 징벌적 손해배상제도이다. 약자들의 부정부패는 노출될 확률이 높지만, 강자들의 부정부패는 노출 확률이 낮은 것이 사실이다. 그리고 그 크기도 다르다. 특히, 직장에서는 이를 노출시켜 공론화하기란 하늘의 별따기다. 약자들은 손해를 입어도 왜 입었는지, 입증자료를 확보할 길이 없다(특히 평가에서). 또, 웬만한 손해면 알면서도 그냥 참는다. 법적인 절차를 밟아서 손해배상을 청구해 봤자 손해를 입은 실액(정신적 손해 포함)도 제대로 건지기 어렵다. 또, 고소하기도 어렵다. 이러니 힘 있는 자들, 오너들(강자들)이 부정을 부담 없이 저지르고, 직원들(약자)에게 손해 끼치는 일을 밥 먹듯이 한다. 약자를 막 함부로 대한다. 줄 것도 안 주고, 무슨 동물처럼 얕잡아 본다. 그래도 끽소리 못한다. 상급기관에 하소연해 봤자 누구하나 눈도 깜작해 주지 않는다. 서로 무슨 관계인지 모르지만…… 한통속임에 틀림없다. 국민으로부터 나온 정치권력들은 왜 이런 것을 두고만 보고 있는지? 아는지, 모르는지…… 이게 무슨 민주며 자유이고, 인권인가? 법 없는 자유, 민주는 최소한 약자에게는 허상, 그 자체다!

국민 권익의 침탈은 실제로 정치권력보다 소속된 조직에서 당하는 것이 수십, 아니 수백 배 더 될지 모른다. 이를 예방하기 위해, 미국을 비롯한 선진국처럼 징벌적 손해배상(구상) 제도를 마련해야 한다. 수십, 수백 배의 손해를 배상하도록 해야 한다.

현대 미국 정치철학자 로울스(Rawles)의 견해를 일부 원용해 보면, 강자와 약자는 원초적으로 불평등한 위치에 있다는 것이다.[35] 이를 고려하여, 강자가 약자에게 끼친 손해액에 손해 끼침의 용이

함의 상대적 비율(예, 강자 100/약자 2)을 곱하고, 아울러 그 비행의 노출 개연성(1/100)을 역으로 곱하여 소해배상액을 산정해야 공정하다. 이렇게 해야 부정부패를 단절할 수 있고 약자의 인권을 현실적으로 보장할 수 있으며, 공정성을 확보할 수 있게 된다. 이것이 약자인 대다수 국민의 제일 큰 복지이며, 행복이 여기에 있다.

셋째, 현재의 경찰, 검찰 제도로는 비리와 부정부패를 줄이는데 한계가 있다. 그들 자체도 신뢰롭지 못하다. 부정부패 전담 특별 감찰기관을 두어 이들이 독립적으로 공공기관(검찰 및 사법부 포함), 준공공기관(예, 사학)을 상시 감사, 수사할 수 있도록 해야 한다. 그 기관은 법 지식과 사회 각층의 덕망 있는 사람들로 구성되어야 한다. 그리고 부정부패에 대한 시민의 감시체제를 제도적으로 강화할 필요도 있다.

끝으로, 부정부패에 대한 민·형사상 시효를 무기한으로 했으면 좋을 듯하다. 몇 년만 탈 없이 지나가면 유야무야되므로 이것은 늘어날 수밖에 없다. 범행 당시만 뇌물과 백으로 적당히 넘기면 되므로 권력과 손잡고 한탕하려 할 것이다. 막말로 실컷 먹고 잡을 끈 떨어지면 외국으로 떠나면 되지 않겠는가? 시효기간 지난 다음에 돌아와서 부자로 살면 되겠지…….

④ 연고주의 타파

연고주의의 폐해가 한두 가지가 아니다. 그 원인 또한 간단치가 않다. 연고주의를 해결할 수 있는 구체적인 수단, 방법으로 인정받을 만한 것이 우리 앞에 있는 것도 아니다. '바로 이렇게 하면 연고주의의 폐해를 줄일 수 있다' 하고 장담하기 어렵다.

문제인줄은 알지만, 오늘날까지 속 시원하게 풀지 못하고 있는 것이 사실이다. 한 예로, 선거에서 지역에 편중된 득표가 그것이다. 연고주의 폐해를 간단히 토론하였다.

연고주의 문화의 문제점은 어제 오늘 일이 아니고, 특정 분야에서 잠깐 일어났다 없어지는 것도 아니다. 예나 지금이나 혈연, 지연, 학연 등을 배경으로 하는 우리의 연고문화는 의사결정의 합리성과 공정성의 장애물이 되어 왔다. 특히 인사에 있어 혈연, 지연, 혹은 학연으로 연결되기만 하면, 능력은 뒷전이다. 정당의 이념이나 능력, 후보자의 자질이나 능력보다 그 지역적 배경에 따라 지지를 보냈다.

이미 다 아는 사실이다. 교수임용에서 어느 대학 출신이냐에 따라 평가가 달라진다. 얼마 전까지만 해도 몇몇 대학들의 교수집단이 80% 이상이 본교 출신자들로 채워졌다는 것은 공지의 사실이다. 너무 심하여 현재는 본교 출신이 2/3를 초과하여 점유하지 못하도록 제도화하고 있다. 너무 수치스러운 일이다.

연고문화 속에서 '봐 주기', 청탁이 생기고 불공정, 부정부패가 싹터 나온다. 이는 분명 사회적 비용이며, 국가적 손실이다. 능력은 있어도 연줄이 없으면 일자리도 얻기 어려운 경우가 허다하다. 오죽하면 선진국에서 유수한 대학에서 공부하여 실력을 쌓았으나, 연줄에 밀려 취직을 못하거나, 이것 때문에 다니던 직장을 그만두고 다시 외국으로 나가는 비참한 일도 있다고 한다. 우리 사회 연고문화의 심각성에 대하여 심상근은 다음과 같은 기사를 소개했다.

"미국 회사가 한국에 들어오기 전에 주요 직원들을 훈련시키는

데, 맨 처음 나누어 주는 시험지에는 이런 내용이 있다. '친구가 모는 차의 조수석에서 타고 가다가 과속으로 경찰에 잡혀 증언을 하게 되었다. ① 친구가 과속했다고 진실을 이야기한다, ② 친구를 위하여 과속을 하지 않았다고 위증한다'에 답하게 되어 있다. 캐나다 및 미국 백인들의 경우 95%, 일본의 경우 60% 정도가 ①을 택한다. 한국인 혹은 미국에 사는 1세 한국계의 경우 5% 이하가 ①을 택한다. 단, 2세, 3세 한국계의 경우, 백인들과 비슷하다."라는 것이다.[36]

심상근은 또, 미국식 민주주의는 95% 이상이 사회정의를 위하여 친구의 이익조차 무시하는 경우에만 비로소 성립되는 것이며, 한국으로 수출한 경우 완전히 먹통이 된다고까지 했다. 우리의 연고주의 문화가 민주주의 기본 질서에 얼마나 배치되는지를 단적으로 보여주는 예다. 아무리 현실이 그렇더라도 우리가 인간의 존엄성과 인권을 소중히 하는 자유민주주의를 택하고 있는 이상, 어떤 묘책을 써서라도 이 고질적 연고문화, 면식(面識)문화를 타파해야 한다.

3) 양극화(빈부차) 해소

지금 우리 사회는 양극화 문제로 골머리를 앓고 있다. 특히 빈부격차로 인한 양극화가 현안 문제로 떠오르고 있다. 그러나 이를 해결하기 위한 결정적인 묘안이 없다. 실효적이며, 부작용을 최소화할 수 있는 수단, 방법을 찾아, 적용한다는 것이 쉬운 일이 아니다. 여기서는 시장경제원리와 부정부패의 관점에서 양극화를 간단히 알아보았다.

우리나라 경제력이 세계 10위권, 참으로 감동적이다. 그러나 아무리 경제가 성장, 발전되었다 하더라도 그 과실이 극소수 특권층에게 돌아간다면 그 의미는 반감된다. 국가경제의 성장, 발전은 국민 전체의 삶의 질에 연결되었을 때 그 의미가 크다. 그 성장, 발전이 특권층 몇 명에게만 돌아간다면 심각한 문제다. 이 심각한 양극화를 해결할 때 우리가 바라는 경제민주화도 이룰 수 있고 삶의 질도 높일 수 있다.

경제 볼륨은 커졌지만, 그 혜택이 국민 모두에게 골고루 돌아가지 못하고 있다. 이러한 기형적인 과실 분배로 인하여 빈부격차, 양극화는 더 심화되고 있다. 이것은 정부의 경제정책에도 문제가 있을 수 있지만, 그보다는 자본주의 경제체제로부터 파생되는 구조적인 현상이다. 그러므로 역대 정부가 고용확대와 양극화 해소를 위해 많은 관심을 가지고 노력했지만 항상 미결 과제로 남게 되었다. 정부는 국부창출의 원동력인 자본주의 경제체제를 유지, 발전시키면서 그 과실이 국민에게 골고루 배분될 수 있는 묘책개발에 집중할 때가 되었다.

그 동안 경제위기 속에서도 재벌은 시장을 더욱 확대한 반면, 중소기업과 가계는 죽을 맛이었다. 영국 파이낸셜타임스(FT)가 최근 '한국의 양분화된 경제' 제하의 특집기사를 통해 한국경제의 현주소를 진단했다. 삼성, 현대 등 10대 재벌의 경제 자산 규모가 총 한국 자산의 75.6%에 이른다는 것이다. 이들은 가리지 않고 중소기업, 상인들의 고유 품목까지 진출, 몸집을 불리고 있다. 그 성장의 과실은 공유되지 않고 있다. 국민소득에서 노동소득 배분

율은 50%대로 하락했다.

대기업들은 중소기업과 중소 상공인들의 업종까지 진출, 국민경제를 좌지우지하고 있다. 심지어 골목상권까지 장악하여 중소상인들이 경제적 어려움을 겪고 있다. 이것이 경제민주화를 가로막고 양극화를 부추긴 것이다.

공정거래위원회는 상호출자 · 지급보증제한 55개 대기업 집단의 소속회사 수가 1667개로 10개월째 증가했다고 2012년 3월 7일 밝혔다. 이들 그룹 계열사는 작년 4월 상호출자제한 기업집단으로 지정될 당시 1554개였으나, 5월 이후 매달 쉬지 않고 계열사 수가 늘어났다는 것이다. 월 평균 계열사 증가치는 11.3개라는 것이다. 지난 달 그룹사의 편입 내용을 보면 현대백화점이 의류제조 업체인 한섬을 인수하면서 새롭게 6개사를 계열사로 편입했다는 것이다. 동부그룹은 농산물 유통업체인 팜슨을 인수해 5개 자회사를 편입하는 등 총 29개사나 기업집단에 신규 편입시켰다는 것이다.

그 외 대기업이 몸집을 불려 소모성 자재 대행업, 전산, 물류, 식료품 산업 등을 운영하는 서비스업체와 중소상공인들의 생존권을 위협하고 있다는 것이다. 동반성장위가 2011년 5월 말까지 신청 받은 중소기업 적합 업종은 제조업 분야 129개 업종, 234개 품목 등이다. 이들 중 130여 개 품목은 이미 대기업이 진출한 상태이다. 나머지도 대기업의 진출 가능성이 크다고 동반성장위는 판단하고 있다. 접수 품목을 보면, 간장, 고추장, 된장 등 장류와 김치, 두부, 막걸리, 콩나물 등 식료품 분야가 46건으로 가장 많았다. 이들 품목은 CJ, 제일제당, 대상 등 대기업들이 시장을 주도하고 있다. 한 중견기업 임원은 "브랜드의 힘이 어느 때보다 커진 시장 상황에서 대기업이 중소기업 고유품목의 생산에 나서면 중소기업자들은 줄도산이 불가피하다고 호소했다.[37]

양극화를 심화시키는 위와 같은 요인들을 통제하기 위해 정부의 역할이 가장 중요하다고 본다. 대기업의 과도한 시장진출로 중소기업이 도산하고 그에 따라 일자리가 상실되어 부익부 빈익빈이 심화되고 있다. 정부가 한가하게 시장의 경쟁원리만을 고집할 수 없게 되었으며, 대기업의 자비만 기다릴 수도 없게 되었다. 대기업의 횡포를 막아낼 법적, 제도적 장치를 보다 체계적으로 정립하여 약자인 중소기업, 중소상인, 근로자들을 보호해야 한다.

아무리 좋은 제도라도 부작용과 그에 따른 부산물은 나오기 마련이다. 뭐든지 다 그렇다. 강점이 있는가 하면 뜻하지 않게 약점이 나오기 마련이다. 자본주의 시장경쟁원리도 이윤, 소득 창출 및 자기 발전의 동력이 되지만, 경쟁에서 낙오되는 다수가 나오기 마련이다. 이러한 부작용을 통제하는 것이 정부의 역할이다. 정부에는 이러한 부작용으로 생기는 절대 다수의 약자를 법과 원칙에 따라 보호할 의무가 있다. 0.01% 소수를 위해 99.99% 국민의 희생을 전제로 한 어떠한 명분도 정당화될 수는 없기 때문이다.

과도한 시장경쟁 원리에서 파생되는 양극화는 그 자체가 불법적인 것은 아니지만, 부정과 비리 등과 같은 부정부패로 생기는 양극화는 악 중의 악이다. 부정부패는 부정한 방법으로 돈을 뜯어내는 것으로, 도덕성의 타락으로 생긴 극악무도한 양극화 주범이다. 그 성격이 시장경제원리 속에서 능력 간 차이에서 생기는 양극화와 본질적으로 다르다.

경우에 따라서는, 아니 대체로, 부정부패를 방치함으로써 생기는 양극화가 시장경쟁원리에 따른 양극화보다 훨씬 더 심각하다는 것을 잊어서는 안 된다. 한 공적 조직에서 일어날 수 있는 예를 들어 본다. 뇌물로 승진, 재임용된다면, 뇌물 받고 업적 평가한다면, 이런 조직에서는 주는 사람과 받는 사람 간의 양극화가 시장경쟁원리에서 오는 양극화보다 엄청나게 큰 것이다. 한두 사람이 모든 구성원들에 돌아갈 정당한 혜택을 가로챈다면 시장경쟁에서 파생되는 양극화는 글자 그래도 조족지혈이다. 그래서 부정부패가 양극화의 가장 악독한 독소인 것이다. 우리는 미련하여 이 현실을 잘 모르고 있다.

법질서 해이로 부정부패가 생기고, 그 결과 악질적인 양극화가 되었다는 사실을 우리는 눈치 채지 못하고 있다. 관심이 없으니 머릿속이 딴 생각들로 채워져서 그런지도 모른다. 요새 정치인들 중에 하루가 멀다 하고 터지는 부정부패를 보면서도 누구 하나 그 잘못된 맥을 집어내는 사람이 없는 것 같다.

만악(萬惡)의 근원은 탐욕과 그에 따른 부정부패에 있는 것이다. 이것을 먼저 막아야 한다. 그런데 이를 어떻게 근절하겠다는 그 흔한 말 한 마디 정계에서 나오지 않고 있으니 참 이상하다. 혹시 모두들 화성에서 오셨나? 아마 부정과 비리가 수용되는 문화, 풍토로까지 되어서 혹시 자신들도 습관화되지 않았나 싶다. 비판하고 싶어서 하는 예기가 아니다. 결과만 가지고 '네 탓이다', '아니다' 하고 서로 다투기만 하면 전혀 나아지지 않는다.

징벌적 보상제도, 공직비리와 교육비리 가중처벌법, 부정부패

시효 무기한, 부정부패자 재산 몰수와 사회격리, 선거 때처럼 내부 고발자에게 포상 및 타 직장 알선 보장 등 대안이 수두룩하다. 구체적 대안을 마련, 내놔야 하는데…… 아무 말이 없다. 무슨 뜬구름 잡는 '소통이 어떠니 저떠니' 하고, '받았다, 안 받았다' 하며 검찰과 다투고, '부정선거했다, 안 했다' 등 전부 자기들 행태와 처신에 관련된 것이 주종을 이루고 있다. 자신들의 앞갈무리에 바쁜 모양이다. 참 이상하다.

4) 복지, 고용

먼저, 복지는 요새 모든 정당들의 중요한 정책 화두로 되어 있는데, 이와 관련된 성현들의 교훈을 살펴볼 수 있다. 그들은 복지가 국민의 삶에 얼마나 중요한지를 시사해 주고 있다.

소크라테스(Socrates)에 의하면, '올바름'이란 '편익'의 제공이라는 것이다. 훌륭한 가르침이다. 마치 의사의 치술이 환자의 편익이듯, 올바름은 강자의 편익이 아니라 피지배자의 편익이라는 것이다. 요샛말로, 약자를 배려하는 복지가 올바름에 해당된다. 또, 행복한 나라란 소수를 위한 행복이 아니라, 온 국민의 행복을 위한 나라란 것이다. 결국 나라 안의 모든 국민을 위한 행복이야말로 나라 건설의 목적이 된다는 당위성을 말해 주고 있다.[38] 복지는 약자 쪽에, 행복은 모든 국민 쪽에 무게를 둔 대목이라고 해석할 수 있다. 결국 약자가 행복하면 자연적으로 강자를 포함, 모든 국민이 행복해지는 것은 당연하다.

공자는 ≪논어≫에서 자공의 질문을 받고, 백성을 빈궁으로부터 구제하고 생활을 안정시키는 것은 인(仁)을 넘어 성(聖)에 이른다고 역설했다. 성천자(聖天子)인 요(堯)와 순(舜)조차 그런 일을 못해서 번민했다고 했다. '가난은 나라님도 구제 못 한다'는 우리 속담이 틀리지 않다는 것을 일깨워 주는 대목이다.[39] 그만큼 국민들, 특히 어려운 처지에 있는 국민들을 보듬는다는 것은 정부의 할 일 중, 가장 올바르고 중요하나, 이를 실천한다는 것이 얼마나 어려운지를 짐작해 한다. 이와 같은 관점에서 본다면, 가난을 극복한 박정희 대통령, 이광요 싱가포르 수상, 대공황을 극복한 미국 루스벨트 대통령 등은 나라의 지도자로서, 올바르고 성스러운 역할을 감당해 냈다는 결론에 도달한다.

다음은, 현실적인 문제로, 지금까지 우리나라 복지예산은 선진국은 물론, OECD 국가, 우리와 수준이 비슷한 국가의 복지예산에 비해 턱없이 적다. 전문가들에 의하면, 한국은 작은 정부를 유지, 재정균형 유지에 집착해 왔다. 이제 정부는 재정지출의 우선순위를 교육과 복지에 두어야 한다는 것이다. 예산규모가 작은데다 경제 분야에 그 예산이 편중되다 보니 복지예산이 후 순위로 밀렸다는 것이다.

총생산(GDP) 중, 정부지출 비중은 30%(2008년)로 OECD 29개국 중 꼴찌이고, 세수는 적고 감면제도가 있으니 나라 살림 규모가 작다는 것이다. GDP대비 국민 부담률(조세 및 사회보장 부담률)은 26.6%로, 북유럽 복지국가인 덴마크(49.3%)와 20% 이상 차이가 나고, OECD 30개국 중 꼴찌에서 3번째라는 것이다. 반면에, 비과세, 세금 감면 비율은 2007년에 12.5%에서 2011년에는 14.3%로 높아졌다.

대기업, 고소득층으로 돌아가는 감세, 감면 정책은 김대중 정부부터 시작해 이명박 정부 들어 가속화됐다는 것이다. 저 출산 고령화 등으로 복지수요는 늘어났지만 적은 세입과 취약한 복지정책으로 이를 감당해 내지 못하고 있다. 작은 살림에서 큰 덩어리가 경제에 가는데, 정부의 전체 지출 중 경제 부문이 22.1%로, OECD 국가 중 유일하게 20%를 넘고, OECD 국가의 평균 정부지출 중 경제지출 비중은 10%로 우리의 절반 정도이다. 반면, OECD 국가들의 정부 총지출 중, 복지예산 평균은 55%인데, 한국은 27.7%며, GDP가 우리와 비슷한 포르투갈이 55.5%, 체코가 49.9%, 슬로바키아가 51.4%라는 것이다.[40]

위의 통계를 보면, 그 동안 우리 정부의 복지정책이 매우 취약했다는 것을 알 수 있다. OECD 국가들과 비교했을 때, GDP 대비 정부지출 예산도 적은데다, 복지예산에 들어가는 비중도 낮으니 복지가 후 순위로 밀리게 되어, 국민들이 경제성장의 혜택을 골고루 받지 못하고 있다. 이러한 문제는 정부가 의지만 있다면 능히 해결할 수 있다고 본다.

마지막으로, 고용 문제는 쉽게 풀 수 있는 문제가 아닌 것 같다. 어느 나라든, 어느 정부든 국민의 일자리 창출을 도외시한 경우는 별로 없는 것 같다. 물론, 나라마다, 정부마다 관심과 집중도는 차이가 있지만 나름 노력한 흔적은 있다. 그러나 획기적으로 일자리를 창출하지 못했다. 아마 부정부패 문화를 단절하는 것만큼이나 어려운 것이 일자리 창출이 아닌가 한다.

일자리 창출이 어려운 가장 큰 원인은 구조적인데 있다고 본다. 첨단 정보과학 기술의 발달로 생산이 자동화되고, 이것들이 대량

생산을 함으로써 노동 집약적인 산업이 필연적으로 줄어들 수밖에 없다. 거의 모든 일이 첨단기계, 정보기술이 다해 버리니 일손이 필요 없는 세상이 되었다. 무슨 큰 공사(예, 4대강 사업)를 한다 해도 거의 전부 장비가 하지, 많은 근로자들이 재래식 도구를 가지고 땅을 파고, 메우지 않는다. 일터에서 옛날처럼 많은 사람의 머리와 손발이 필요 없는 세상이 된 것이다. 과학기술의 발달과 자본주의 경쟁원리에서 파생된 것으로 원하지 않은 부산물이다. 그러니 큰일이다. 결국 일을 해서 소득이 있어야 먹고 사는데 말이다. 이 중대한 문제를 해결할 묘안을 찾아야 한다.

대기업보다 중소기업에서 일자리가 많이 생기는데, 골목상권까지 대기업이 장악하고 있으니 일자리는 더욱 줄어들 수밖에 없다. 절대 다수의 국민이 살기 어려운 세상이 되었다. 국민 없는 경제, 국민 없는 정치는 있을 수 없으니 정부개입이 불가피한 상황이 되었다.

고용수요 맞춤형 교육구조 개편과 해외시장 진출의 기회 확충, 고용창출 산업구조로의 개편, 서비스산업 확충, 관광산업 육성, 교육에서 TA(teacher aid: 각 반에 보조교사를 두는 제도)제도, 임금 피크제, 청년기업 세제혜택 등과 같은 제도를 통해서 고용을 창출할 수 있다는 설이 많은데, 아무튼 실질적으로 많은 노력이 있어야 할 것이다.

고용을 어렵게 하는 원인 중의 하나는 의식구조다. 직업차별 의식이다. 직업, 직책은 높고 낮은 것이 아니라 일의 종류와 속성이 다른 것인데, 우리는 아직까지 직업이나 직책을 사람의 위상을 평가하는 도구로 삼고 있다. 이런 의식을 떨쳐 버리지 못하면,

항상 많은 고등실업자가 생기기 마련이다. 이런 의식을 버리기 쉽지 않으니 문제다. 단순히 의식 개혁을 강조한다고 되는 것이 아니다.

의식 개혁은 문화, 풍토를 개조할 때만 가능하다. 그러려면, 먼저 우리 사회의 직업, 직책 차별문화를 개조해야 한다. 이 또한 쉬운 일이 아니다. 어려움이 어려움을 낳고, 또 어려움이 어려움을 낳아 연쇄적으로 어려움이 증폭되어지고 있다.

의식 개혁의 어려움을 반영하듯, 인류학자들은 인간의 관습(예, 직업차별)은 문화와 연결되어 있고 인간 속성도 문화와 동떨어져 있지 않다고 주장한다. 이러한 관습 또한 우리에게 스며드는 데 무려 300년이 소요됐다는 것이다.[41] 그러면 어떻게 해야 이 나쁜 직업차별 의식과 문화를 평등 의식과 문화로 바꿀 수 있나? 대통령의 머리가 무겁다!

우리는 직업, 직책을 인격화하여 보려는 경향이 있다. 예로서, A가 대통령이나 무슨 장관이 되었다 치자. 여기에서 우리는 이 A라는 사람과 대통령 혹은 장관이라는 직책을 분리하지 않고 동일한 것으로 보는 것이다. 그렇게 되니 대통령 혹은 장관의 지도나 지시를 제도로서의 지도나 지시로 받아들이는 것이 아니고, A라는 인격의 지도나 지시로 받아들인다. 이렇게 되면 근무시간이 아닌 완전히 사생활 시간 중에도 A라는 사람을 근무 중일 때와 같은 감정으로 받아들이는 것이다.

직업과 직책을 일로 받아들이지 않고 인격으로 받아들이면, A라는 사람이 직책으로 보이고 특별한 사람으로 보인다. 일을 떠나서도 같은 감정으로 보게 되는 것이다. 그러니 일보다는 자리에 연연하게 되고, 직업이나 직책을 가지고 사람을 평가, 차별하게 된다.

우리의 의식이 변해야 한다. '너나 나나' 다 같은 사람인데 무슨 일을 하든지 존경받아야 되고, 어떤 직업이나 직책도 소중한 일자리로 보는 시각을 가져야 한다. 그러므로 직책상 명령, 복종도 사람이 사람에게 한다는 생각을 버리고, 일이 일에 혹은 직책이 직책에 명령하고 복종하는 것으로 의식해야 한다. 이렇게 되면, 인간 차별, 직업 차별이 없어지고 상호 존중과 협력이 가능해진다. '사람 위에 사람 없고, 사람 아래 사람 없는' 평등문화가 형성된다.

직업 차별이 없으면 구태여 적성에 맞지 않는 일자리를 찾을 이유가 없게 된다. 직업선택이 적성과 연결되기 때문에 일의 능률도 오르고, 즐거운 마음으로 맡은 일을 할 수 있다. 그야말로 안거낙업(安居樂業)이 실현되는 것이다. 노는 일자리도 채워지기 마련이다. 소위 '3D 업종'이라는 말도 없어진다. 물론, 어느 정도 소득이 전제되어야 한다. 꿈같은 얘기이나 자유와 평등, 인간의 존엄성이 실질적으로 보장되는 선진 직업문화를 창조해야 한다.

5) 남북문제(국방)

단군 이래 오늘날까지 우리 국민은 사실 편할 날이 거의 없었다. 지정학적으로 강대국 틈에 끼어 고통을 겪어야 하는 태생적 한계를 지니고 있다. 더욱이 지구상에서 유일한 분단국가로 남아 서로 대결하고 있는 상황이다. 경제가 비약적으로 발전한 것은 사실이지만, 국방, 외교 면에서는 아직도 취약하다. 안보 면에서 우리가 언제 편안할 날이 올지 가늠하기 어렵다.

안보불안은 일부 국민만 겪어야 하는 것이 아니고 온 국민이 겪어야 하는 불안이다. 잘못하면 자자손손 대물림할지도 모른다. 참으로 안타까운 일이다. 국가, 국민 안위에 최고 책임자로서, 대통령은 이를 어떻게든 해결하겠다는 확고한 역사적 소명감을 가지고 있어야 한다. '난세에 영웅이 난다'는 말이 있듯이, 이 시대를 사는 국민들 중에 그 위치(영웅의 위치)에 가장 가까이 있는 사람이 바로 대통령이다.

불안한 안보상황을 고려할 때, 국정의 최고 지도자로서 대통령에게는 시대를 불문하고 확고한 국가관과 안보관이 필요하다. 우리나라 대통령은 국방이 비교적 안전한 미국, 캐나다, 호주의 지도자들과 그 성격이 다르다. 그가 짊어지고 있는 국방, 안보, 외교에 대한 책무성은 그들에 비할 바가 아니다. 극단적으로 이들 나라의 지도자가 한때 외교, 국방을 다소 소홀이 했다 해서 나라 자체가 흔들리지 않는다. 그러나 우리는 사정이 다르다.

언제 한반도가 통일될지 정확히 아는 사람은 없다. 무력 침략으로 강제 통일되는 시대는 이미 지났다. 외국의 몇몇 연구단체, 국내의 관계기관, 그리고 전문가들로부터 들려오는 소식에 의하면, 북한은 얼마 가지 않아 와해될 가능성이 높다는 것이다. 외국의 모 연구단체에 의하면, 2020년대 혹은 2030년대에 이런 사태가 일어날 수 있다는 소식도 있다. 언제 어떻게 될지 알 수는 없지만, 근자에 이런 소문이 돌고 있으며, 소문이 잦으면 일이 나는 법이다. 문제는 그에 대한 대비이다.

북한체제가 와해되는 사태가 발생하면, 한반도를 둘러싼 미국,

중국, 러시아, 일본, 유럽 여러 나라, UN 등이 어떤 행동을 취할까 궁금하다. 이들 나라들이 한국의 통일을 얼마나 어떤 식으로 지지, 협력할지도 의문이다. 아무튼 정부는 그들이 기꺼이 지지, 협력할 수 있도록 국내·외 환경을 만드는 데에 노력을 아끼지 말아야 할 것이다. 국제 환경을 유리하게 조성하는 것이야 말할 필요도 없지만, 국내 환경도 매우 중요하다. 국민의 통합된 힘을 보여주는 그런 환경이다.

개인이나 국가나 모두들 자기 이익이 어디에 있느냐를 먼저 따지기 마련이다. 미국도 그렇고 일본, 중국, 소련은 더 말할 것도 없다. 우리의 우방 미국의 트루먼(Truman) 대통령은 세계2차 대전 당시, 일본으로부터 진주만을 공격받고 일본에 두 번이나 원자폭탄을 투하하여 굴복시켰다. 역으로, 6.25전쟁 때는 이 강심장 트루먼은 맥아더 장군의 북진을 막고, 그를 퇴임시키면서까지 확전만을 피하려 했던 것이다. 적당히 38선을 그어버린 것이다. 누구나 다 그런 것이다. 자기, 자기나라 챙기는 것이다. 어쩔 수 없는 것이다. 그러니 남의 나라를 너무 기대하지 말고 관리해야 한다.

대통령이 어떤 국가관을 가지고 어떻게 국방, 외교를 현명하게 펼쳐 나가느냐는 국가, 국민의 운명에 결정적이다. 이런 결정적 시기가 언제 어떻게 닥칠지 아무도 모른다. 늘 일이 터지기 전에 준비를 철저히 해야 화를 면할 수 있고, 성공통일로 갈 수 있다.

통일을 대비해 국력을 키워야 한다. 국력이 약하면 갈림길에서 주도적인 역할을 하기가 어렵다. 국방, 외교, 경제, 교육, 국민통합 등 모든 영역에서 국력이 신장되어야 불확실한 미래를 개척해 나갈 수 있다. 국력이 있을 때, 어려운 상황을 돌파할 수 있다.

국력이 약하면 늘 뒷전이다. 우리 문제조차도 우리가 주도하는 것이 아니라 남이 정해준 대로 따라가는 딱한 꼴이 되는 것이다. 현명하고 능력 있는 대통령, 국가와 국민만 바라보는 대통령이 연속적으로 선출돼야 한다. 좋은 유능한 대통령을 잘 길러 뽑는 것이 행복한 선진통일로 가는 가장 현실적이고 빠른 길이다.

6) 교육문제

먼저, 교육, 정치, 국방, 경제, 복지, 일자리 창출 등 어떤 분야든 간에 정상적으로 잘 해 보겠다는 정신과 자세가 섰을 때만 모든 일들이 잘 풀린다. 이러한 정신과 자세가 확고하다면, 다소 능력이 부족해도 익혀 가면서 해도 되는 경우가 많다. 누구든지 모든 일에 형통할 수는 없다. 노예를 해방시킨 링컨 대통령도 전쟁과 군사에 대해 공부해 가면서 전쟁을 승리로 이끌었다. 물론 준비가 더 잘 되었다면 일찍 전쟁을 끝낼 수 있었는지는 모르겠다.

교육도 정상적으로 반듯하게 제 2세 국민을 교육시키겠다는 의지가 가장 중요하다. 그런데 교육자라는 사람들 중에 부정부패 의혹을 받고 있거나 그로 인해 처벌을 받은 사람들이 왜 그렇게 많은지 모르겠다. 이런 사람들이 어떻게 진정성 있는 교육을 할 수 있겠는가?

교육감 부정행위, 입학부정, 교수와 교원 채용 비리, 학교예산 빼돌리기, 전용 등과 같은 불미스런 일이 자주 터지고 있다. 이런 일에 연루된 자들에게 어떤 소리를 한들 무슨 의미가 있겠나 싶다. 어떤 식으로 청탁하여 소위 좋은 곳으로 전근하나? 어떻게 청탁하여 승진하나? 심지어 부정한 수단, 방법을 써서라도 어떻게 재산을 모을 수 없을까? 이런 생각을 하고 있는 자들에게 흔한 말로 '소통'은 무슨 소통이며 협력은 무슨 협력이 되겠나 싶다. 이런 엉뚱한 생각을 하고 있는 사람들에게 '인성교육', '도덕교육', '맞춤교육', '교육선진화', '전인교육' 등 좋은 얘기를 아무리 해 봐야 쓸모없는 일이다. 사가 없이 공적으로 잘 해 보겠다는 마음이 있어야 뭐든지 논의해 볼 가치가 있는 것이 아닐까? 사리사욕으로 가득 찬 이런 사람들에게 무슨 교육적 관심이 있겠는가?

교육이 잘 되려면, 정치, 행정이 제대로 돼야 한다. 정치권력과 행정력이 교육사업자들과 한통속이 되어 서로 내통, 잘 봐주기 하면(청탁) 교육이 제대로 될 리가 없다. 그런데 이들이 반듯하게 되려면 위에서부터 반듯해야 한다. 반듯한 대통령에서 반듯한 장관 나오고, 그 영향으로 좋은 교육감, 교육장이 나올 수 있다.

교육감 선거가 있을 때면 너무 볼썽사나운 일이 꼭 많이 생긴다. '너나' 할 것 없다. 당선된 후 재산 모으기 위해 별짓 다 하는 사람들도 있다. 정말 깨끗한 교육감, 교육장을 보기 어렵다. 정말 깨끗하면 엉망인 선거풍토에서 당선되기 어렵기는 하다. 좋은 후보자가 길러지기도 어렵거니와 당선되기도 어려운 것이 현실이다.

바른 교육을 위해서는 우선 반듯한 대통령이 먼저 나와야 한다. 가장 꼭대기에 있는 사람이 비뚤어지면 나머지는 보나마나다. '윗물이 맑아야 아래 물이 맑다'는 말은 꼭 맞는 말이다. 그래서 좋은 대통령을 길러, 뽑아야 하는 것이다. 선진교육은 좋은 교사, 교수들을 잘 뽑아서 되는 것이 아니고, 먼저 대통령을 잘 뽑아야 되는 것이다.

대통령이 확고한 교육관을 가지고 있어야 한다. 아리스토텔레스(Aristoteles)가 말한 정치의 목적에서 우리는 교육목적을 발견할 수 있다. 그는 정치의 목적이 다수의 취향 만족에 있는 것이 아니라, 시민의 미덕을 키우고 좋은 삶을 사는 법을 터득하도록 하는데 있다고 했다.[42] 사람들이 고유의 능력과 미덕을 개발할 수 있도록 해야 된다는 말이다. 여기에서 이 정치목적은 곧 교육이념과 다를 것이 없다. 교육도 학생들이 잠재능력을 발휘하여 능력에 따라 직업을 선택, 분수에 맞고 자족하면서 살 수 있도록 하는 데에 목적을 두어야 한다.

교육이 높은 지위 획득 수단으로 전락되어서는 안 된다. 너도 나도 위로만 올라가려 한다면 사회적 갈등은 뻔하다. 농업 분야에 잠재 재능을 가진 학생은 농업에 관련된 지식과 기술을 연마하여 장차 농업에 종사할 수 있도록 해야 한다. 공업에 재능을 가진 학생은 공업에 관련된 지식과 기술을 익혀 사회에 진출하는 것이 적성에도 맞는 행복한 직장생활의 길이다. 다른 사람을 가르치는 일에 적성과 흥미를 가지고 있는 학생들에게는 학생지도 능력을 배양하여 교사로 진출하는 것이 행복한 생활을 하는 지름길이다. 기타, 정치, 경제, 국방 분야도 마찬 가지로 적성과 흥미를 가지고 있는 분야에 충실할 수 있도록 교육제도, 교육환경이 개선되어야 한다. 그렇게 되려면 전제 조건이 있다. 직업차별, 학력차별이 먼저 없어져야 한다. 그리고 직업별, 직책별 소득 격차가 너무 커서도 안 된다. 이들이 온존한 상태에서 학생들의 특기, 적성에 맞는 교육과 직업선택을 강요할 수는 없다.

우리 교육에 장점도 상당히 많다. 그러나 고쳐야 할 것이 한둘이 아니다. 많은 변인들이 복합적으로 작용하여 교육문제를 일으키고 있다. 딱 어느 요인만 잘 통제하면 교육이 잘 될 것 같이 보이지만 실은 그렇지 않다. 여기서 몇 가지 문제점을 중심으로 논의했다.

'교육'하면 통상적으로 지적인 성장만을 강조하는 경향이 있는데, 그것은 잘못이다. 지나칠 정도로 입시위주 교육에 치중하다보니 그렇게 된 것 같다. 이것은 전인교육이라는 교육의 본질적 의미가 왜곡된 결과다. 교육에는 지적 성장뿐만 아니라, 정의적, 도덕적, 신체적, 기술적 성장이 망라되어 있다. 인간을 지식으로만 교육시키고 도덕으로 교육시키지 않으면, 위험한 사회가 된다.

'국가의 미래는 교육에 달려 있다'는 말이 있다. 그렇다. 교육을 떠나서 국가 발전과 미래를 기대할 수 없다. 그런데 문제는 학교교육뿐만 아니라 가정교육, 사회교육이 제대로 되었을 때, 전반적으로 교육이 잘 되는 것이다. 단지 공식교육을 담당하고 있는 학교만의 일이 아니다. 국가나 지방자치단체의 행정적, 재정적 지원만으로도 학교교육이 제 기능을 충분히 발휘하지 못한다. 지원도 있어야겠지만, 국가 사회를 구성하고 있는 가정 및 각 조직들, 그 구성원들이 어떤 식으로 학생들에게 비춰지고 있느냐? 하는 것이 더욱 중요하다.

정치, 경제, 사회, 문화가 합리적이고 민주적으로 올바로 운영되고 있느냐는 교육에 엄청난 영향을 준다. 우리는 이를 간과하고 있다. 다른 일도 마찬가지지만 교육은 오직 학교에만 달려 있다는 생각을 버려야 한다. 이스튼(Easton)의 말처럼, 오늘날의 학교는 외부 환경과 상호작용하는 개방체제 속에서 운영되고 있기 때문이다.[43]

입시위주 교육은 시급히 개선돼야 한다. 이것은 교육의 목적이 될 수 없다. 교육은 생활의 준비이기도 하지만, 생활, 경험 그 자체인 것이다. 진보주의 교육철학에 따르면, 학교가 학생들의 흥미와 경험을 맛볼 수 있는 장이 되어야 한다는 것이다. 그런데 우리 현실은 지나치게 장래 좋은 자리(?)로 올라가기 위해서 소위 명문대학을 들어가기 위한 준비교육을 하고 있다. 그로 인해 학생들이 학교생활을 재미있고 활기차게 보낼 수 없게 되어 있다.

초등 6년, 중등 6년, 도합 12년 동안을, 유치원까지 포함하면 15년 정도를 재미없게 보내고 있는 셈이다. 오죽하면, '입시지옥'이라는 말이 생겨났겠는가? 이를 피하기 위해 아예 초등학교 때부터 자녀를 외국으로 유학시키고 있는 것이 우리 현실이다. 딱한 일이다.

학습자의 흥미나 적성에 바탕을 둔 학습자 중심교육을 하면 성적이 떨어진다고 걱정하는 사람이 많다. 물론, 이와 같은 학습자 중심으로 느슨한 교육을 하면, 판에 박힌 교육내용을 전달하는 암기식 교육, 입시위주의 교사중심 교육보다 소위 일류대 진학률이 떨어질 수 있다. 답 맞추기식 고사에서 불리한 것은 사실이다. 여기에 학교교육의 딜레마가 있다.

창의력, 분석력, 종합력, 평가력 등의 고등정신 능력을 기르는 데는 학습자 중심교육이 효과적이다. 학생들의 흥미나 활동을 통한 관찰, 탐색 등의 학습 활동은 호기심을 불러일으키고 자기 주도적 학습태도 형성에 유익하다. 스스로 사색, 탐구하는 과정 속에서 고등 정신능력이 길러진다. 사색과 활동 없이 무조건 읽고 듣기만 하여 얻은 지식은 망각되기도 쉽고 현실 응용력도 떨어진다.

창의력 교육을 강조하고 있지만, 창의력이 다른 지적 능력, 즉 암기력, 기억력보다 왜 강조되어야 하며, 어떻게 해야 창의력을 기를 수 있을지 검토해 보았다. 교육이나 경영, 행정, 정치 등 모든 분야에서 창의력은 높이 평가되는 능력 중의 하나이다. 그 이유는 여러 가지가 있을 수 있지만 다음과 같은 이유도 있다.

우리는 날마다 작은 일에서부터 큰일에 이르기까지 무수히 많은 일을 겪게 된다. 이 수많은 일들은 과거와 똑같은 모습으로 우리에게 다가오지 않는다. 이들이 다가오는 시점과 장소도 다르다. 또 이들은 모두 독특한 모습으로 다가온다는 것이다. 따라서 과거에 대응했던 방식으로 모든 일을 해결할 수는 없다. 물론 유사한 사건에 대해서는 과거의 경험에 비추어 이를 해결할 수 있으나 이러한 방식은 제한적이다. 따라서 새로운 사태를 예측하고 해결할 수 있는 새로운 방도를 고안해 내는데 창의력이 필요한 것이다.

창의력은 교사중심의 주입식 교육, 입시위주 교육을 통해서는 길러지지 않는다. 그러한 교육방식에서는 유의미 학습이 일어나지 않으며, 학생들이 주도적으로 사고하고 탐색하며 발견하는 문제해결 능력이 자라나지 않는다.

창의력을 기르기 위해서는 입시에 쫓기는 교육이 아니라 편안한 마음으로 넉넉한 시간을 가지고 학습하는 자기 주도적인 활동이 일어나도록 해야 한다. 그렇게 되려면 먼저 그런 교육환경이 조성되어야 한다. 즉, 우리의 사회적 제도나 환경이 창의력과 문제 해결력을 요구하는 제도와 환경으로 변해야 한다. 왜냐하면, 학교교육은 궁극적으로 사회적 요구를 거절할 수 없기 때문이다.

가령, 입사제도, 공무원 시험제도 등 각종 제도가 '얼마나 많은 단편적인 지식을 축적했느냐?' 보다 '이러이러한 상황이 주어졌을 때, 어떤 문제를 어떻게 해결하는 것이 왜, 어느 정도 효과적인지를 설명하시오. 혹은 논하시오'라는 식으로 개선되어야 한다. 그래야 학교교육의 방향도 그렇게 잡히는 것이다. 비록 이런 식의 교육이 어렵기는 해도, 학습자 수준에 맞는 적절한 교수-학습 방법을 도입함으로써 얼마든지 가능하다.[44] 학생들이 다양하고 창의적인 방법을 탐색해 가는 과정에서 집중력이 생기고 창의력이 풍부해지는 것이다.

우리 사회 고질병의 하나가 학교, 학력차별이다. 우리 사회의 의식, 고용에서 학교차별, 학력차별은 뚜렷하다. 그 결과, 입시, 입사위주의 교육이 필연적이다. 말로는 전인교육을 부르짖지만 실제적으로는 열심히 배우고 익혀 사회의 일원으로서 적성에 맞는 직업에 종사하는 것보다 교육을 입신출세의 수단으로 삼고 있다. 이러한 교육관과 직업의식 속에서는 창의와 협조보다는 경쟁심이 조장된다. 이는 또, 개인 간, 집단 간 이기주의와 연결된다 (노트 안 보여주기, 동료의 주장을 수용하기보다 거부, 반대 등 배타적 감정 심화). 그렇게 조장된 습관은 사회진출 후에도 나타난다. 취업 후, 배려와 협조보다는 자신만 출세하겠다는 '나 홀로' 의식으로 이어진다.

우리나라와 같이 교육의 힘으로 오늘의 풍요를 이룬 핀란드 교육을 보면, 시사하는 바가 크다. PISA는 2003에 만 15세 학생의 읽기, 수학, 과학, 문제해결 능력을 평가하여 비교하였다. 상위권 4위까지 모든 영역에서 한국과 핀란드는 두드러졌다. 그런데 흥미롭게도 핀란드는 영재 육성보다는 학습부진아를 배려하는 교육에 중점을 둔다는 것이다.

핀란드는 놀이를 통한 학교교육, TA, 특수학급, 학생 간 협력학습, 완전학습을 강조한다는 것이다. '공부가 즐거운가?'라는 질문에 핀란드 학생들은 70%가 '즐겁다'고 대답한 반면, 우리 학생들은 '즐겁다'고 대답한 비율이 바닥이라는 것이다. 유년기, 소년기, 청년기를 지겹게 보내고 있다는 증거다. 안타까운 일이다.

핀란드 학생들은 학업을 위해 학교에 머무는 시간이 세계에서 제일 짧다는 것이다. 19년 간 교육청장을 지낸 Erkki Aho는 "학교는 좋은 시민이 되기 위한 교양을 쌓는 과정이다. 경쟁은 좋은 시민이 된 다음의 일이다"라고 주장했다고 한다.[45] 정상적이며 희망찬 교육이다.

7) 보편적 민주화

'보편적 민주화'가 생소하게 들릴 뿐이지 우리나라, 우리 사회에 꼭 필요한 실질적 가치이며 대통령의 도전과제이다. 국민생활의 극히 일부에 지나지 않는 정치 영역은 상당히 민주화되었다고 본다. 그런데 국민생활의 대부분을 차지하는 사회, 경제생활 영역의 상당 부분이 아직도 민주화의 사각지대로 남아 있다. 오히려 정치민주화와 달리 역으로 낙후된 것이 아닌가, 생각이 들 정도다. 아이러니컬한 얘기다. 심지어 어떤 사람들은 정치 독재가 사회, 경제생활에 더 낫다는 자조 섞인 말까지 하고 있다. 이것은 민주주의가 우리 생활 전역에 보편화되지 않았다는 증거다. 마치 지나가는 소낙비처럼 메마른 토지를 모두 적시지 못하고 군데군데 일부만 적신 꼴이다. 큰 문제다.

모든 국민의 모든 생활 영역이 민주화가 되어야 국민의 자유와 권리가 실질적으로 보장된다. 나아가 국민 행복도 증진된다. 정치인 몇 사람들의 정치 활동, 국민의 정치 행위(선거, 투표)에만 민주주의가 붙어 있다면 국민 생활이 민주화되었다고 볼 수 없다. 왜 이렇게 민주주의가 기형적으로 발전했을까? 이를 자본주의의 태생적 한계, 부정부패 및 권위주의 문화 등 세 측면에서 간단히 토론해 보았다.

먼저, 자본주의는 시장경제를 근간으로 하기 때문에 필연적으로 승자와 패자가 생긴다. 이를 방치하면 재벌 몇 사람이 시장을 지배하고 나머지 사람들은 시장경쟁으로 도태된다. 이런 상태에서는 민생의 큰 부분을 차지하고 있는 경제생활이 민주화되기 어렵다. 여기에다 청탁, 뇌물로 정 · 경 · 행이 유착이라도 하게 되면 약자들은 그냥 털리는 것이다.

다음으로 부정부패는 민주주의의 적이다. 돈을 매개로 정 · 경 · 행이 유착하면, 이것들이 한통속이 되어 약자들을 괴롭혀도 약자들은 하소연할 데가 없는 것이다. 서로 짜고 국민들을 괴롭히는 것이다. 만일 어느 고위 공직자가 A사로부터 평소 떡값을 청탁 없이 받았다 하더라도 이는 결국 국민을 괴롭히는 것이 된다. A사가 근로자들의 권익을 침범했다 하더라도 A사와 떡값 받은 고위 공직자와는 한통속이므로 근로자들은 하소연할 데가 없다. 이런 비극이 물밑에서 횡행하고 있는 것이 현실이다. 이렇게 되면 국민을 위한, 국민의, 국민에 의한 정부가 아니라, 한통속을 위한, 한통속의, 한통속에 의한 정부가 되는 결과를 낳는다.

마지막으로, 우리의 권위주의 문화는 인간관계를 상하관계로 규정지어 조직에서 일보다는 윗사람 비위에 관심을 갖도록 만들었다. 그래서 해바라기 근성, 아부, 표리부동, 배신 등 비인격적인 행동이나 행태들이 빈번히 일어나고 이들로 인해 갈등도 생긴다. 이렇게 되니 조직사회에서 약자의 자유와 인권이 보장되지 않는다. 또, 관심이 일에 없으니 일의 능률이 오를 리 없고, 협력은 없고 질투, 시기, 암투가 생긴다.

위와 같은 현실 속에서 민주화란 0.1%의 힘 있는 자들의 민주화지, 진정 약자들의 민주화는 아니다. 그리고 아직까지 국민생활의 극히 일부에 지나지 않는 정치행위에만 민주주의가 붙어 있을 뿐, 다른 수많은 사회, 경제, 교육, 보건, 위생 등과 관련된 생활에는 민주화가 제대로 스며들지 않았다. 전 생활 영역의 극히 일부인 정치 영역에서의 민주화가 반드시 사회, 경제, 교육 영역에의 보편적 민주화를 보장하지 못한다는 사실을 깨달아야 한다. 이런 의미로 본다면 '경제민주화'라는 것도 우리의 정치생활 영역을 넘어서서 더 넓은 생활영역에까지 민주화되어야 한다는 당위성을 인정하는 것으로, 늦었지만 다행스런 일이다. 문제는 어떤 식으로 경제민주화를 포함, 전 생활 영역, 전 계층의 민주화를 실현시킬 것인가이다. 지혜가 필요한 시점이다.

8) 국민통합

국가발전과 국민행복을 증진시키기 위해서는 국민을 한 곳으로 모아야 한다. 여러 가지 이유로 국민의 마음을 한 곳으로 모으지 못하고 서로 갈등하게 된다면 국가의 장래는 밝지 못하다.

맹자는 국민통합의 중요성을 일깨워 주고 있다. 그는 "아무리 조건이 좋아도 군사들이 한데 뭉치지 못하면 소용이 없다. 인화가 중요하다"고 강조했다.[46] 당연한 얘기다. 그러나 우리 국민성은 장점도 많지만, 분열이 심한 것 같다.

단일 민족인데도 다른 나라에 비해 갈등이 많다. 이념갈등, 남북갈등, 남남갈등, 정당갈등, 세대갈등, 계층갈등, 학력갈등, 심지어 남녀갈등…… 가를 수 있는 것은 다 갈라놓고 보자는 식이다. 질적 요인(정당, 학교, 성별과 같이 분류되는 요인) 있는 곳에 갈등 있는 것 같다. 외국에 나가서도 출신 학교와 지역에 따라 갈라진다. 이 갈등의 근저에는 죽기 살기식 이기주의가 자리하고 있다.

국회의 의안처리 과정에서 벌어지는 정당 갈등을 보면 역력하다. 단순한 몸싸움은 양반이다. 한판 하고 나서 서로 웃으며 악수하는 것을 보면, 어떻게 저렇게 갑자기 변할 수 있을까? '내가 당신을 개인적으로 미워서 그런 것이 아니고 내 것, 우리 당과 지역 좀 챙기다 보니 그런 것이었어' 하는 식의 이해사항일 것이다. 이기심의 발로라고 생각된다.

여야 공히 공익을 목표로 한다면, 다소 수단 방법이 다르더라도 대화가 된다. 이기심이 중심이 되면, '혹, 내가, 우리가 손해나는 것이 없나?'가 모든 사안 결정에 중심이 되어 갈등은 필연적이다. 이런 경우 진정한 소통과 협조는 없고, 서로 적당히 나누어 갖는 식의 흥정, 타협이 있게 된다. 자기들끼리 나누어 갖는 것이지, 국민 전체에 도움이 되는 것은 아니다.

여야 모두 공익을 우선시한다면, 공익이라는 공통분모가 있기 때문에 상대의 의견을 경청하게 되고, 심사숙고하게 되며, 소통하게 된다. 배울 만큼 배우고, 동일 문화 속해서 성장한 사람으로서 공익을 앞세운다면 충분히 소통할 수 있고 합의점을 찾을 수 있다. 이기심은 결국 너의 것을 내게로 가져오는 것이므로 이것으로 갈등을 해소할 수는 없다.

이기심은 상대적이다. 예컨대, 당보다는 나를, 국가보다는 내 지역과 당을 먼저 챙기는 심정은 모두 이기심의 범주에 든다. 이기심이 강하면 아무리 토론해 봤자 진정한 소통을 통한 합의점을 찾기 어렵다. 공동분모, 즉 공익을 목표로 할 때만 정상적인 합일점에 도달할 수 있는 것이다. 서로 차지하려고 덤빌 태세를 갖추고 있다면, 상대방의 의견을 들으려 하지 않고, 자기 고집만 앞세우게 되고 억지를 쓰게 된다. 공익을 전제로 상대방의 의견을 존중하는 자세가 전제될 때 통합이 가능하다.

언젠가 방송앵커와 한 정당의 지도자 간 재미있는 대화 한 토막을 들은 적이 있다. 앵커 왈, "왜 여당은 야당의 정책(아마, 복지정책)을 따라 합니까?" 그 정당지도자 왈, "따라 하기보다 우리가 그런 가치를 지향하니까요" 그렇다. 정당 간 정책이 달라서 싸워야 재미있나? 같으면 정말 좋고, 비슷해도 좋은 것 아닌가? 서로 달라야 좋은 것은 아니다. 서로 비슷해야 좋은 것이다.

정당 간 정책이 심하게 특화되었다는 것은 뭔가 이상한 것이고 국민통합에도 안 좋다. 정치집단 간, 사회집단 간, 국민 간 공유하는 부분이 클수록 국민통합에 유리하다. 꼭 달라야, 특화되어야 좋은 것이 아니다. 가령, 가족의 희망 사항이 모두 특화되는 것보다 서로 비슷한 것이 좋고, 부부의 기대도 서로 같으면 좋은 것이다. 물론 특화될수록 좋은 경우도 있다. 각 대학들, 학과들은 특화될수록 좋다. 특화의 장단점은 조건에 따라 다르다. 상대적이다.

같은 나라, 같은 시대에 국민을 위한 정치 집단들끼리 공통분모가 크면 그만큼 정당들이 국익을 우선한다는 의미이다. 미국 민주당과 공화당의 정치 방향이 상대적으로 유사한 것은 따라 해서 그런 것이 아니다. 지향점이 비슷하기 때문에 그런 것이다. 지향점이 유사하려면 선공후사 정신이 전제되어야 한다. 서로 자기 것 많이 차지하려고 하면 공통분모가 작아 통합이 어렵다.

국민통합의 최적임자는 역시 대통령이다. 누군가 먼저 솔선수범을 보여야 한다. 모든 국민이 서로 돕고 협조하면 된다고 하나, 이는 너무 막연한 얘기다. 누군가 물꼬를 터야 한다. 전 국민이 직접 손으로 뽑은 국가의 최고 지도자인 대통령이 첫 단추를 꿰어야 한다. 그런데 이 어려운 일을 아무 대통령이나 다 할 수 있는 것은 아니다. 의지와 노력이 있어야 하고 그에 따른 구체적 실천이 있어야 하는 것은 당연하다. 또, 이러한 의지와 노력은 그만한 인품을 전제로 했을 때 힘을 받을 수 있다. 그래서 인격을 갖춘 대통령만이 할 수 있다.

링컨(Lincoln)은 남북전쟁으로 패배한 남부에 대해 징벌보다는 치료를 강조하면서 온화한 재건을 계획했었다. 그는 자비가 엄격한 정의보다 더욱 풍성한 결실을 낳는다고 믿고 있었다. 남북전쟁에서 혁혁한 공을 세운 그랜트(Grant) 장군은 후에 18대 대통령이 되지만 링컨은 남부 국민들에게 항상 관대하고 친절한 마음을 보여줬다고 회고했다. 링컨은 서로 편을 갈라 다투기보다는 서로 용서하고 화합하는 것이 훨씬 좋은 결과를 낳는다는 평범한 진리를 깨달은 지혜로운 대통령이었다.

공자는 『논어』에서 "군자는 화합하지만 무리를 짓지 않고 소인은 결당하여 무리를 짓지만 남과 화합하지 못한다"고 했다.[47] 이 군자와 소인을 가르는 핵심은 결국 의(義)편에 섰느냐, 아니면 사리사욕(私利私慾)편에 섰느냐의 차이에 있다. 의에 서면 화합이 가능하지만 사리사욕을 앞세우면 무리지어 다투기 마련이다. 공익보다 사리사욕을 채우기 위해 결당을 좋아하는 소인 대통령이 아니라 화합을 좋아하는 인격을 갖춘 대통령이 국민통합을 이루어 낼 수 있다는 말도 된다.

표를 의식하여 지역갈등, 세대갈등, 남녀갈등, 빈부갈등을 부추겨 당선된 대통령은 국민통합을 이룰 수 없다. 국민의 신뢰를 쌓지 않고 억지로 한다고 이룩되는 일이 아니다. 인격 없이 무슨 좋은 수를 쓴다고 되는 것이 아니다. 인격을 갖춘 유능한 대통령이 고질적인 연고주의, 각종 차별, 부정부패를 척결하고, 갈등구조를 혁파하여 국민의 힘을 모을 수 있다.

첨언하지만 '나'가 첨가되면 아무리 좋은 가치라도 사리사욕이다. '내가 나라를', '내가 국민을', '나의 명예를', '나의 성취를' 등도 다 사(私)에서 출발된 것이다. 이 '나'가 공적인 도구로 어쩔 수 없이 사용되어야만 한다고 의식할 때 비로소 애국애족, 멸사봉공 정신이 생긴다. 그럴 때 국가와 국민만을 바라보게 되고 거기에서 길이 보이는 것이다. 그 정신에서 거북선, 한글, 조국 근대화도 나왔다. 몇 가지 단편적인 기술에서는 절대 나오지 않는다. '나'를 집어넣으면 '내 살 길'이 먼저 보이는 것이다. 그러면 1개개인을 향한 폭, 즉 폭이 좁아져 할 일도 별로 없게 되는 것이다. 즐겁게 놀면서 권력 즐기면 그만인 것이다. 그러면 무슨 큰 업적을……

사고나 치지 않으면 다행…….

플라톤(Platon)의 국가론, ≪국가(정체)≫에서 보면, 사람은 관심 있고 사랑하는 것에 집중하게 된다는 말이 있다. 그 집중에서 길이 보이는 것이다. 권력을 사랑하면 그 쪽 길이 보이고, 돈을 좋아하면 돈 버는 길이 보인다. 애국애민이면 5000만 국민을 위한 길이 보인다.

3. 대통령의 특수성

대통령직은 한 나라의 최고 직으로서 정치적으로나, 법률적으로, 또는 사회적으로 다른 직과 완연히 다른 특수성을 가지고 있다. 한 개인으로서 세상에서 가장 많은 사람에게 가장 강력한 영향을 줄 수 있고, 가장 봉사할 수 있는 사람이 바로 국가지도자, 대통령이다. 그만큼 국가발전과 국민행복에 영향을 미치는 사람도 없다. 그의 막강한 권한과 더불어 법적, 정치적, 사회적, 도덕적 책임 또한 막중하다.

국가의 최고 경영자로서 대통령의 하는 일은 모두 국익, 국민생활과 연결되어 있다. 국방, 외교, 교육, 치안, 복지 등, 모든 국정 영역들이 국민 생활과 연결되지 않은 것이 하나도 없다.

국민성, 정치 · 경제 체제, 문화, 부존자원 등이 국가 발전과 국민들의 삶에 막대한 영향을 주는 요인이지만 이들을 여하히 조달, 조직, 활용하느냐는 지도자의 인격과 역량에 달려 있다. 대한민국이나 일본보다 자원이 많고 드넓은 영토를 가지고 있다 할지라도 국가 지도자를 잘못 만나 한국과 일본보다 어렵게 사는 국가들이 수두룩하다. 반면에, 우리보다 여러 가지 인적, 물적 자원이 부족해도 우리보다 잘 사는 국가도 있다. 기업과 국민이 아무리 국부를 창출하려 한들, 대통령과 그 주변 사람들이 권력의 맛에 취해 흥청거리며 부를 낭비한다면 그 피해는 결국 국민에게 돌아간다.

우리나라는 정치적으로 대통령 중심제이기도 하지만, 전통적으로 상하 수직적 인간관계 문화를 가졌으므로 다른 나라보다 대통령에게 힘이 더 집중되어 있다. 수평적 문화를 가진 미국 등과 같은 서방의 자유선진 국가들과 대통령(수상)의 영향력이 질적으로 다르다. 우리나라 대통령은 그들보다 국가와 국민에게 상대적으로 더 큰 영향을 미친다. 그러므로 우리나라 대통령은 미국 대통령이나 캐나다 수상, 일본 수상, 영국 수상, 독일 총리보다 국민의 삶, 특히 국민 대다수인 약자들의 삶을 더 효과적으로 챙길 수 있는 힘이 있다. 대통령직의 많은 특수성 중, '상징성', '책임', '영광'에 대해 토론해 보았다.

1) 상징성

대통령은 국가와 국민에게 공식적으로 영향을 줄 뿐만 아니라, 비공식적으로 많은 영향과 의미를 준다. 그는 국민의 스승으로서, 가정의 가장으로서, 나라의 큰 일꾼으로서 상징성을 띠고 있다.

(1) 국민의 상징적 스승

대통령은 국가, 국민의 지도자인 동시에 국민의 가장 큰 스승으로서의 상징적 의미를 가지고 있다. 대통령의 가치와 사고, 행동은 정부 각료들은 말할 것도 없고 입법부, 사법부, 행정부에 속한 모든 공무원을 포함, 국민들의 사고와 행동, 생활 방식에 음으로 양으로 지대한 영향을 미친다. 그들은 대통령의 말 한 마디, 행동 하나에 영향을 받는다.

심지어 대통령 휘하 관료들은 그의 눈과 입만 쳐다보고 일을 하기도 한다. 그들의 사고와 행동은 자연스럽게 대통령의 사고와 행동에 수렴되게 되어 있다. 대통령의 의중을 살펴서 일을 반복해서 하기 때문에 그를 닮아간다. 대통령이 누구냐에 따라 말단 공무원의 행동과 태도가 달라지고 각 기관의 분위기도 달라진다고들 한다. 이 정도이니 대통령은 전 국민의 상징적 교육자라 할 수 있다.

대통령은 국민 전체에 막대한 영향을 줌으로 그 영향 자체가 바로 교육이다. 실제적으로 가장 큰 교육자로서 역할을 하고 있는 셈이다. 다만 교육자라는 제도적 역할을 하고 있지 않을 뿐이다. 대통령이 어떤 생각과 자세로, 어떤 정책을 어떤 식으로 결정, 수행하느냐 하는 문제는 전 국민의 물질생활뿐만 아니라 정신생활에 엄청난 영향과 감화를 준다.

대통령이 모든 국민의 모범이 되어 정치를 잘 해 준다면 능력이 다소 부족한 현장 교사가 있다 해도 그 나라 교육은 잘 된다. 그러므로 국가지도자인 대통령은 가정의 교사요, 학교의 교사이며, 사회의 교사이고, 정치의 교사이다. 온 국민의 교육자이다.

대통령을 통해서 국민들이 배우는 것이 너무 많다. 도덕을 배우고, 인격이 무엇인지 배우며, 어떻게 사는 것이 좋은지를 배운다. 그를 통해서 화합을, 신뢰를, 근면을 배운다. 그러니 큰 스승이라고 아니할 수 없다. 기왕 가르치는 것, 훌륭하게 잘 가르치는 스승이었으면 좋겠다. 자손 대대로 그의 애국위민, 국정철학, 가치관, 정신 자세에 감동 · 감화되는 그런 스승 말이다.

맹자(孟子)는 이르기를, 군자가 지나간 곳에서는 백성들이 모두 감화를 받는다고 했다.[48] 이만큼 훌륭한 인격을 갖추고 있으면 배울 것이 많다는 것이다. ≪순자≫에서도 백성들은 임금이 어질면 하느님처럼 받들고 부모처럼 대하며, 즐거운 마음으로 목숨을 바치게 된다고 했다. 그것은 그가 아름답고, 크며, 이로운 것을 가져오기 때문이라는 것이다. 만백성을 먹여 살리고 온 천하를 제어하는 데는 어짊보다 더 좋은 것이 없다는 것이다. 그의 지혜와 생각은 다스리기에 족하고, 그의 인후함은 이들을 편안히 해 주기에 족하다고 했다. 그의 가르침은 이들을 교화하기에 족하기 때문이라는 것이다. 군자는 덕을 내세우고 소인은 힘을 내세우나, 덕이 힘을 부리게 된다고 했다.[49]

맹자, 순자가 시사하는 바는 국가 지도자는 군자로서, 인덕(仁德)으로 정치를 베풀어 국민을 편안하게 하고 교화시켜야 된다는 것이다. 그러면 국민들로부터 목숨보다 더한 존경심과 사랑을 받게 된다는 것이다. 이것은 대통령이 먼저 훌륭한 인격을 갖췄을 때 가능한 것이다. 그랬을 때 국민들이 그를 따르는 것이지, 끈다고 무조건 끌려가는 세상은 이미 지났다. 공자(孔子)는 ≪시경≫에서 "군자의 몸가짐이 곧 법이요, 본받을 바가 된다"라고 했다.[50] 대통령 자신이 바르고 난 다음에야 국민들을 바르게 이끌 수 있다는 평범한 진리를 대변해 주고 있다.

대통령의 철학과 행동, 자세는 늘 국민에게 투영되기 때문에 그가 어떤 인품을 소유하고 있느냐는 국민들의 사고와 행동에 바로 영향을 주게 된다. 마치 학생들이 교사의 모습을 닮아가듯이, 결과적으로 국민들은 지도자 모습을 닮아간다. 미국 국민들은 다른 나라 지도자들보다 역대 미국 대통령들을 더 많이 닮았고, 영국 국민들은 역대 영국 수상들을 더 많이 닮았으며, 싱가포르 국민들은 이광요 수상을 많이 닮았다. 우리나라 국민들도 마찬가지이다. 그러므로 대통령은 하기에 따라 국민들의 가장 훌륭한 스승이 될 수도 있고, 그렇지 않을 수도 있다.

(2) 가정의 상징적 가장

대통령은 온 나라 가정의 가장과 같다. 좀 이상하게 들릴지 모르지만 조금 더 생각해 보면 맞는 말이다. 모든 국민의 가정생활은 정부의 정책과 깊은 관계가 있다. 국가예산을 어떻게 편성하느냐에 따라서 가정경제가 달라진다. 국방정책을 어떻게 결정, 실천하느냐에 따라 전 국민, 온 가족의 안정과 평화에 큰 영향을 미친다. 군에 간 자식 걱정이 늘 수도 있고 줄 수도 있다.

정부의 조세 정책에 따라 세금이 오르거나 내리게 되면 당장 가계 소득에도 차이가 난다. 대학입시 제도를 어떻게 설정하느냐에 따라 가계지출도 달라지고 학부모, 학생들의 생활 전반이 달라진다. 국가, 사회 기강 확립에 대한 대통령의 의지에 따라 직장에 나간 남편, 아내의 생활이 달라진다.

대통령이 하는 일은 온 국민의 가족에게 직접 또는 간접적으로 상당한 영향을 미친다. 어떻게 보면, 혈연관계가 없어서 그렇지,

대통령은 온 나라의 가정 경제와 생활, 가족의 건강, 자녀들의 학교생활, 남편의 직장 생활, 심지어 가족 간의 관계까지도 대통령의 손에 상당 부분 달려 있다. 정말, 국민들은 국가, 사회, 가정의 지도자, 대통령을 잘 길러 뽑아야 한다.

(3) 상징적 큰 일꾼

대통령의 일거수일투족은 전 국민의 경제적, 사회적, 도덕적, 교육적, 문화적 생활 전역에 막중한 영향을 미치는 지도자인 동시에, 국민을 위해 존재 가치가 있는 근로자다. 국가를 대표하지만 국민의 심부름꾼이다.

대통령의 궁극적인 국정목표는 자신의 발전과 행복에 있는 것이 아니라, 국가발전과 국민행복에 있다. 그는 봉사직에 근무하는 근로자다. 국가와 국민이 아니라, 대통령 자신의 입장에 초점을 맞춰 국정을 수행한다면, 그 직은 이미 봉사직으로서의 의미를 상실한 것이다. 그렇다면 국민들이 많은 비용을 들여 선거를 할 필요가 없는 것이다. 대통령에 관한 법 규정을 구태여 만들 필요도 없는 것이다. 너무 당연한 얘기다.

그 동안 대통령의 국가경영이 국민의 기대에 미치지 못했던 경우가 왕왕 있었다. 현대그룹 정주영 명예회장의 증언을 들어보자.

"박 전 대통령 보면 말수도 적으시고 참 순수한 면이 있으시잖아요? 누구 좀 도와주라고 하실 때 보면 참 …… 머뭇머뭇하시고 그런 어른이지요. …… 단 한 번도 뭐 추한 말씀이 없으셨지요."

정 명예회장은 경제인이었지만, "한국 정치가 썩어 내가 나서지 않을 수 없다"며 직접 대통령 선거에 출마하기도 했다 ……. "내가 대통령을 여러 명 경험해 봤습니다. 그런데 나한테 집을 고쳐야 되겠다는 말을 안 한 대통령은 박정희 전 대통령 한 분 뿐이었습니다. 전부 다 집이 좁다, 오래됐다, 퇴임 후가 어쩌고 하면서 집 얘기를 다 했습니다. 그래서 내가 …… 농담처럼 물어 보는 거지요. '집이 좁다고 하시는데 식구가 늘어났습니까?, 세간이 늘어났습니까?' 그랬더니 '경호 문제도 있고 ……' 그렇게 얘기해요. …… 한 나라의 대통령이 그게 뭡니까? 그 자리에 있는 사람이 자기 집 좁은 거 걱정하고 있어요, 그래? 나라를 부강시키고 어떡하든 국민 잘 살면 되지, 물러나서 집 걱정 왜 합니까? 설령 집이 좁아 누울 자리가 못되면 나부터라도 달려가 큰 집 지어 드려요. 에이 참 ……."[51]

위 증언의 시사점은 대통령이 어떤 생각과 자세로 국정에 임하느냐에 따라 국가와 국민의 운명이 갈릴 수 있다는 것이다. 자기 것 챙기기에 바쁜 대통령 아래서는 국민이 고달플 수밖에 없다. 대통령이 오로지 국가, 국민을 위해 봉사하는 국민의 큰 머슴으로서의 역할에 충실할 때 발전도 있고 그 결과 국민들은 덕을 보게 된다.

2) 책임

권한 뒤에는 책임이 뒤따르기 마련이다. 영광과 권한만 있고 책임이 뒤따르지 않는 것은 전제, 독재 정치에만 있는 일이다.

민주정치에서는 영광과 권한 있으면 책임도 있다. 대통령에게는 정치적으로나 법적으로, 그리고 사회, 경제적으로 엄청난 권한과 혜택, 명예가 주어진다. 외국에 나가서도 한 나라를 대표한다.

정치적으로, 제도적으로 대통령만큼 요직의 인사권을 가진 사람은 아무도 없다. 또, 그는 공무원은 말할 것도 없고 일반 국민의 행위를 경우에 따라 통제할 수 있는 권한까지 가지고 있다. 행정은 물론, 입법에도 상당한 영향을 줄 수 있다.

대통령은 퇴임 후에도 경제적으로 상당한 대우가 보장되고, 특별한 신변 보호를 받는다. 동시에 권한과 명예, 혜택에 걸맞은 책임이 있다. 최고 공무원으로서 지켜야 할 윤리강령이 있고, 정치적, 법적인 책임이 막중하다. 국가의 안위, 국민의 생명과 재산 보호에 대한 책임이 있다.

대통령이 하기에 따라 국민생활 전체가 달라지고, 우리 가정의 밥상도 달라진다. 따라서 책임감이 강한 대통령은 즐거움보다는 무거운 책임감을 느낄 것이다. 1차 세계대전을 승리로 이끈 미국 윌슨(Wilson) 대통령이 그의 당선을 기뻐하는 제자들을 보고 '나는 오늘 밤 기쁨보다는 엄숙한 책임감만을 느낄 뿐이다'라고 당선 소감을 피력했다.[52] 박정희 대통령도 '나같이 불행한 군인이 나와서는 안 된다'고 했다. 모두 대통령직의 막중한 책임감을 말해주고 있다.

대통령은 가장 훌륭하고 값진 삶과, 가장 나쁘고 몰가치적인 삶의 갈림길에 서 있는 사람이다. 그의 책무가 어느 누구보다도 막중하기 때문에 그렇다. 그는 이 세상에서 가장 높은 위치에 있는 사람, 가장 존경을 널리 받을 수 있는 사람, 만인에게 가장 많은 행복을 줄 수 있는 사람이다. 대통령직은 잘하면 가장 영광된 자리요, 가장 많은 사람을 위해 빛과 소금이 될 수 있는 자리다. 가장 고달프고 가장 힘들어도 가장 보람을 느낄 가치가 있는 자리가 대통령 자리다.

반대로, 잘못하면 가장 많은 욕을 먹는 자리가 대통령 자리요, 국민을 가장 폭넓게 괴롭히고 가장 힘들게 하는 자리도 대통령 자리다. 이를 생각하면, 욕심이 생긴다고 함부로 대통령직에 도전할 일이 아닌 듯싶다.

3) 영광

한 인간으로서 국가와 수천만 국민들을 위해 짧은 기간 동안 많은 봉사를 할 수 있는 사람은 대통령밖에 없다. 따라서 대통령은 하기에 따라 현재 살고 있는 국민들은 물론, 자자손손 후손들로부터 존경과 사랑을 받을 수 있다. 어느 누구도 훌륭한 대통령처럼 자손대대로 존경과 칭송을 받을 수 있는 사람은 없다.

대통령은 국가와 국민의 운명을 바꿔 놓을 수 있는 위치에 있다. 가장 무거운 책임을 진, 가장 번민을 많이 해야 할 위치에 있다. 또한 가장 많은 준비를 해야 할 위치에 있다. 대통령이 국가와 국민을 위해 사심 없이 헌신적으로 업적을 많이 쌓았다면 당연히 최고의 존경과 영광은 그에게 돌아가야 옳다.

대통령이 많은 국민들로부터, 자손대대로 존경과 영광을 받을 수 있다는 것은, 과장해서 말하면 하늘에 별 따기만큼이나 어렵지 않을까? 국민들로부터 욕먹지 않고 많은 업적을 쌓는다는 것은 참으로 어려운 일이다. 거개의 일들이 한쪽이 좋으면, 다른 쪽은 나쁘기 때문에 그렇다. 세상 일이 양지가 있으면 음지가 있기 마련이다. 양쪽 다 만족시키기는 매우 어렵다. 모든 사람들을 골고루 만족시키기는 참으로 어렵다.

아무리 훌륭한 지도자라도 보는 이에 따라 맘에 들지 않는 점이 한두 가지가 아니다. 미국 건국 대통령 워싱턴도, 흑인을 해방시킨 링컨도, 경제공황 극복과 2차 세계 대전을 승리로 이끈 루스벨트와 영국의 처칠에 대해서도, 대한민국의 박정희 대통령에 대해서도 다 공과가 있기 마련이다. 따라서 보는 입장에 따라 칭송하는 사람도 많고 비판하는 사람도 적지 않다.

아무리 유능한 대통령이라도 모든 일을 다 성공시킬 수는 없고, 모든 국민을 다 만족시킬 수는 없다. 신조차도 각양각색의 모든 사람을 만족시킬 수는 없다. 그것은 인간능력의 한계 때문이기도 하지만, 세상만사가 그 안에 서로 상충되는 가치를 공유하기 때문이다. 이 때 사람은 숙명적으로 여럿 중에서 소수를 선택해야 되는 상황에 놓이기 때문이다. 피해 갈 수 없는 것이다. 다음과 같은 예를 보자.

비근한 예로, 교제하는 여러 이성을 두고 배우자를 선택하는 경우가 그렇다. 둘, 셋을 배우자로 선택할 수는 없는 상황 아닌가? 여러 대학들이 나름으로 장점을 가지고 있는데, 한 학생이 이 대학들을 모두 다닐 수는 없는 것이다. 외국과의 FTA만 하더라도 제한된 대안을 선택할 수밖에 없는 상황이다. 그 선택으로 이득을 보는 계층이 있는가 하면, 손해를 감수해야 되는 계층도 있게 된다. 수출업체는 환호하나, 농어촌은 울상이다. 국익을 우선시하되, 그로부터 생기는 고통을 방치할 수도 없다. 난감한 일이다. 신공항 건설도 마찬가지다. 건설되는 지역은 좋으나 다른 쪽은 실망한다. 경기, 선거에서도 양 편 모두 승리할 수 없듯이, 뭐든지 다 그런 것 같다.

대통령은 밝은 면과 어두운 면이 공존하는 전 국민의 삶에 신경을 쓰야 하고 이와 관련된 결단을 수시로 해야 하는 위치에 있다. 그런 그가 국민들 대부분이 만족하는 국정을 수행하고, 그들로부터 존경과 사랑을 받는다는 것은 참으로 어려운 일이다.

대통령의 자질과 능력

II

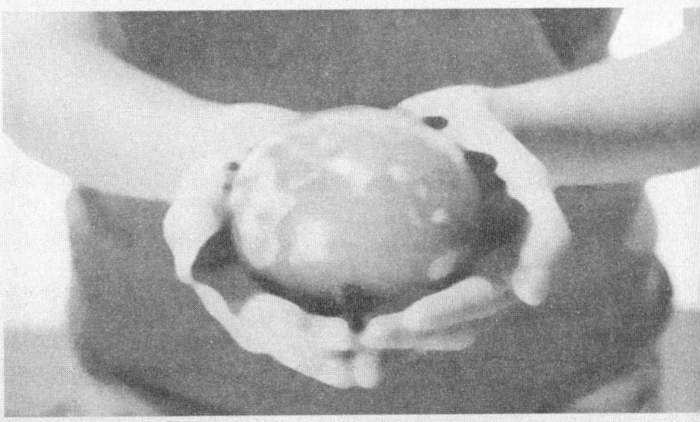

'살기 좋은 나라' 건설과 '국민행복' 만들기에 최대의 공헌기회를 포착한 인물을 꼽는다면, 단연 국가지도자 대통령(수상, 혹은 총리)일 것이다. 어느 누구도 이와 같은 기회를 갖고 있지 않다. 물론 전 인류에게 빛이 되어준 역사적 인물도 있기는 하다. 대통령이 이러한 기회를 어떻게 활용하느냐에 따라 대통령 자신은 물론 국가와 국민의 운명이 결정된다. 참으로 고귀하고도 무한 책임이 드리워진 자리가 대통령 자리다.

대통령은 되기도 어렵지만, 책임지기도 어렵다. 단순히 권력 쫓아 대통령 하겠다고 덤벼들 일이 아니다. 이를 반영하듯, 투르먼(Truman)도 2차 대전이 끝나갈 무렵 루스벨트(Roosevelt)의 갑작스런 죽음으로 대통령직을 승계하게 되자 '달과 별과 모든 유성이 갑자기 자기를 향해 떨어지는 기분'이라고 했다. 권력, 명예보다는 책임감으로 앞이 캄캄했던 모양이다.[1]

미국은 워싱턴(Washington)이 1789년 4월 30일 초대 대통령으로 취임한 이래 1951년 2월 수정 헌법이 발효되기까지 대통령의 중임, 연임에 전혀 제한을 두지 않았다.[2] 그런데도 2차 대전 중 국민의 요구로 4선 대통령이 된 루스벨트를 제외하고, 모든 대통령들이 재선(2회 연임)을 초과하지 않았다. 법적인 제한이 없는데도 그렇게 했다. 이것이 하나의 전통이 되었다. 권력에 집착했다면 억지로라도 여러 번 하려고 할 법도한데 그렇게 하지 않았다. 권력의 단맛보다는 아마 무거운 책임을 벗어 버리고 싶어서 그랬는지도 모른다.

우리나라의 대통령 희망자들은 대체로 가슴 깊은 곳에서 우러나오는 나라사랑, 국민사랑, 책임감, 소명감 같은 자기희생을 전제로 한 가치보다는 자신의 어떤 가치나 욕구를 충족시키기 위해 대통령직에 도전하는 성향을 보이고 있다. 그 동안 그들의 정치 행태들이 이러한 성향을 확인시켜 주고 있다. 물론, 이러한 풍조는 개개인의 문제가 아니고, 기나긴 역사 속에서 형성된 것이라서 누구누구를 개별적으로 비난할 수는 없다. 너나할것없이 우리사회의 전반적인 흐름이다.

대통령의 애국애민 정신, 책임감, 소명의식이 자신의 사적인 가치나 욕구를 압도했을 때, 국정에 대한 사고와 노력이 국가 쪽으로, 국민 쪽으로 흐르게 되어 열정과 구상이 생기는 것이다. 그렇게 되면 그의 각료, 그 아래 구성원들, 국민들까지 그 대통령을 조금씩 닮아간다. 이를 생각하면, 국정의 밑그림이 국가발전과 국민행복이 되어야지, 대통령 자신의 모습이 되어서는 곤란하다. 후자가 되면 결국 대통령된 보람도 없을 뿐만 아니라 국민의 입장에서 큰 손실이다. 대통령이 자기의 모습에 색칠을 하지 말고, 국가발전과 국민행복이라는 밑그림에 색칠을 했을 때 국가지도자로서의 아름다운 모습이 드러나는 것이다. 덕담이 아니라 위대한 국가지도자들은 다 그렇게 했다. 결코 자기의 모습을 그리지 않았다!

대통령이 해야 할 나라 안팎의 일은 한두 가지가 아니며 갈등도 매우 복잡하다. 특별히 보듬어야 할 계층도 적지 않고 해야 할 일, 하지 말아야 할 일이 너무 많다. 단순히 이윤 창출이 목표인 기업의 장이나, 주어진 법 규정과 절차에 따라 과업을 수행하는 다른 행정기관장과 질, 양 면에서 비교가 안 된다. 국민에게 비치는 상징성도 그렇고, 국정의 결정, 수행과정도 그렇고, 국민과의 관계도 그렇고, 외국과의 관계도 그렇다.

국민들의 생활 전역에 대통령의 영향이 미치지 않는 곳이 없다. 그는 항상 국가와 국민을 위해 무엇을, 언제, 어디에, 어떻게 해야 할 것인지를 판단, 결정한다. 예리한 판단력과 결정력이 어느 직보다 더 요구되는 직이 대통령직이다.

대통령은 국민들로부터 가장 주목을 받는 국가지도자로 많고도 어려운 일들을 쉴새없이 하게 되므로, 지혜로운 판단과 결정이 가장 많이 요구된다. 그러므로 훌륭한 국가지도자, 훌륭한 대통령에게 필요한 조건은 다양할 수밖에 없으며, 그 결과 보는 시각에 따라 그 조건이 각기 다르다. 지도자의 조건을 특성 이론적 관점에서 간략하게 소개하였다.

모리야 히로시는 지도자의 조건으로, 용기, 지혜, 어짊, 엄격, 신용 등 다섯 가지 요인을 들고 있다.[3] 이들 요인들의 속성을 보면, 대체로 능력보다 지도자 개인의 인격, 성격을 반영한 요인들이다. 버너드(Barnard)는 지도자 특성을 정신적, 기술적 두 측면으로 보고, 전자에는 결단력, 인내력, 지구력, 설득력, 책임감, 용기 등이 속하고, 후자에는 체력, 기능, 지각력, 지식, 기억력, 상상력 등이 속한다고 하였다.[4] 기브(Gibb)는 지도자의 자질 요인으로 열정, 자신감, 지구력, 통찰력, 언어 유창성을 제시하면서 이들 요인들은 어느 집단이나 상황에서도 필요하다고 하였다. 이들이 제시한 지도자 조건들은 지도자의 정신능력, 기술능력 및 그의 성격 요인으로 범주화될 수 있다.[5]

캐츠(Katz, 1955)는 행정가나 지도자의 조건을 일종의 기술로 보고, 사무적 기술, 인간관계 기술 및 통합적 기술을 들고 있다. 최고 행정가에게는 통합적 기술이, 중간 계층의 행정가에게는 인간관계 기술이, 하위 행정가에게는 사무적 기술이 상대적으로 더 필요하다고 보고 있다.[6] 국가지도자인 대통령에게는 전체 파악적인 통합적 기술이 더 요구되는 것은 당연하다.

스톡딜(Stogdill)은 대부분의 상황에서 지도자에게 요구되는 특성 요인은 과업에 대한 책임감, 목표에 대한 집요성, 문제해결을 위한 창의성, 특정 상황에서의 선도성, 자신감 및 일체감, 의사결정에 대한 수용성, 갈등 해소 능력, 좌절과 지연에 대한 관용, 영향력, 사회적 상호작용, 체제구성 능력 등 11가지의 리더십 요인을 제시한 바 있다.[7] 이들 요인들은 대체로 지도자의 특성, 즉 성격 또는 성품과 관련된 것으로 보인다. 이처럼 학자들의 관점 차이로 지도자 자질 요인들이 다르게 제시되고 있다. 그러나 상기 요인들 중 어느 것 하나 지도자에게 불필요한 것은 없다.

바람직한 대통령상은 여러 인격 요인과 능력 요인들이 조화를 이룰 때 가능하다고 본다. 이를 반영하듯, 미국 윌슨(Wilson) 대통령은 링컨(Lincoln) 대통령에 대하여 "링컨은 평균적인 재능을 가진 아주 평범한 사람이다. 그러나 그 평범은 다방면에 있어서 너무 자연스럽게 조화를 이루고 있다. 이는 마치 낯선 사람에게 조차 편안하게 느껴지는 훌륭한 구조를 갖춘 집과 같다."고 평가한 적이 있다.[8] 그렇다. 아무리 훌륭한 재능을 많이 가지고 있다 하더라도 이들이 그때 그때 상황에 맞도록 조화를 이룰 때, 제 기능을 발휘할 수 있다. 마치 합창단의 음악 소리와 같다.

국정수행에 특정 요인이 너무 강하게 작용하고, 다른 요인들은 미미하게 작용한다면 국정이 특정 분야에 편중되어 무리가 뒤따른다. 가령, 대통령이 '자신감'과 '용기', '지구력' 등의 성격 혹은 기질 요인들이 국정 수행에 강하게 작용한 반면, 지혜, 설득력 등과 같은 지적, 인간관계적 요인들이 미미하게 작용한다면, 균형적이고 통합적인 판단과 결정을 하기 어렵다. 이들 여러 특성 요인들이 조화롭게 통합될 때 안정적이고 효과적이다.

물론, 대상과 상황에 따라 특성 요인들의 반영도는 당연히 달라야 한다. 전시 혹은 준전시 상황에서는 자신감과, 용기, 지혜 등이 교육제도 개선과 후생복지에 대한 정책결정에는 자신감이나 용기보다 소통, 설득 및 갈등 해소 능력과 지혜가 더 필요할지 모른다. 그러나 구체적 상황에서 이들 요인들이 어떤 비율로 조합을 이루어야 최상인지는 알 길이 없다. 따라서 국정과 관련된 다양한 일을 성공적으로 많이 해 본 경험과 지혜가 긴요하다.

정리하면, 종합예술격인 국가경영에는 인격요인과 능력요인 및 국정관련 다양한 성공 경험들이 조화롭게 틀을 갖춘 대통령이 제일 좋다고 본다. 인격만 갖췄다고 얽히고설킨 국정을 성공적으로 수행할 수는 없다. 그렇다고 능력만 있다고 이를 잘 이끌어 갈 수 있다는 보장도 없다. 이 두 조건을 골고루 갖춘, 균형잡힌 대통령이 유리할 수밖에 없다. 여기에 국정관련 성공적인 경험을 많이 쌓아 노하우가 축적된 인물이면 금상첨화이다.

능력은 있으나 인격을 갖추지 못한 대통령은 그 능력을 엉뚱한 데 쓸 위험이 있어서 곤란하다. 홍자성은 이렇게 썼다. "덕은 재주의 주인이다. 재주는 덕의 종이다. 재주는 있으되 덕이 없으면, 집에 주인은 없고 종만 있는 격이다. 그런 집에 어찌 허깨비가 놀아나지 않겠는가. 허깨비가 놀아나는 집이 따스한 집안일 수 없다. 따스한 집안이 아닌 곳에 덕이 머물 리 없다."[9] 덕이 없으면 능력이 나쁜 쪽으로 쓰일 수 있다. 이러면 차라리 능력 없는 것만 못하다. 인격적으로 골치 덩어리 지도자는 두고두고 국민들을 힘들게 한다.

대통령이 사고를 치면, 다시 말하면 엉뚱한 결정을 해 버리면 그 여파가 수년, 수십 년 갈 수 있다. 임기가 끝났다고 국민들의 고통이 종결되는 것은 아니다. 반면에, 인격 수양이 잘 되었으나, 도서관이나 컴퓨터 앞에서 혼자 공부, 연구만 한 사람은 경험이 없어, 국정 수행 능력이 떨어질 수 있다.

지식과 실천은 근본적으로 다르다. 블룸(Bloom) 등의 6단계 사고 분류 체계에서 보듯, 지식이나 이해는 낮은 수준의 단계로 책이나 강의로 습득이 가능하다. 그러나 상황을 분석, 종합, 평가하여 자신이 가지고 있는 지식이나 기술 및 경험을 적용, 활용하는 고등정신 능력은 단지 강의나 책에서 습득되기 어렵다.[10] 종합예술격인 국정에 있어서는 더욱 그렇다.

워싱턴(Washington)과 링컨(Lincoln)은 말할 것도 없고 루스벨트(Roosevelt), 처칠(Churchill), 대처(Thatcher), 이광요, 박정희 등 세계적으로 유명한 국가지도자들이 학력이 남달리 높다거나 정치학, 경제학을 전공한 것도 아니다. 이들은 인격자이었으며, 특정 분야의 지식이 아닌 국가경영에 필요한 여러 능력을 가지고 있었다. 그렇지 않고서야 어떻게 훌륭한 정치가가 되었겠는가? 이를 통해서 보면, 우리가 학교에서 쌓았다는 지식이 실생활에 얼마나 적용되고 있는지를 반성케 한다.

지식은 그 자체로는 의미가 없다. 쓰임이 뒤따를 때 가치가 있다. 다시 말해, 생활에 활용될 때만 그 가치가 드러나는 것이다. 많이 배워 써먹지 않고 골방에 틀어박혀 있다면, 배움과 지식이 무슨 소용이 있겠는가? 머릿속에 많은 지식이 들어 있어도, 상황을 분석, 종합 정리하여 실천에 옮기는 데 쓰이지 못한다면 말 그대로 무용지물이다. 배운 지식과 기술을 실제와 연결시키려면 '지혜'와 '경험'이 중요하다. 그들에 대해서는 다음 장에서 토론하였다.

인격은 갖췄는데 능력과 좋은 경험이 턱없이 부족한 지도자가 있는가 하면, 반대로 능력과 경험은 있으나 인격을 제대로 갖추지 못한 지도자가 있다. 전자는 흔한 말로 사람은 좋으나 뭘 잘 몰라 시행착오만 거듭하여 실패할 확률이 높다. 후자는 어느 정도 가시적인 실적을 쌓을지 모르나, 교육, 문화, 청렴, 준법정신 등과 같은 정신적, 문화적 가치를 고양하여 살맛나는 기풍을 진작시키는 데 한계가 있다. 대통령이 인격적 감화를 주지 못함으로 이러한 가치들을 고양시킬 수 없다. 어느 나라 국민이건 이들 요인을 두루 갖춘 대통령을 고대한다.

다음은 '참 좋은 대통령감'으로 기대되는 자질과 능력을 인격요인과 능력요인 중심으로 검토해 보았다. 아울러 이들 요인과 깊은 관계가 있는 성격(기질)요인과 국가관, 비전에 대해서도 살펴보았다. 여기에서 논의된 요인 외에 대통령에게 요구되는 자질과 능력요인은 관점에 따라 더 많을 수밖에 없다는 것을 일러둔다.

1. 인격

오늘날 선거라는 제로섬 게임에서 승리하여 권좌에 오른 정치 지도자들에게 인격이라는 윤리적 잣대를 대는 것이 과연 실효성이 있는가 하는 의심이 든다. 그들은 대체로 권력에 대한 강한 집착으로 개인적으로 성취한 사람들이다. '네가 실패해야 내가 성공한다'는 평범한 권력 속성에 부합하는 사람들이다.

막스 베버에 의하면 정치인들은 권력과 폭력성에 결탁한 사람들이요, 악마와 결탁한 사람들이라는 것이다. 따라서 정치인이란 애초부터 도덕적인 성인군자가 아니라는 것이다.[11] 그렇다면, 그들에게 인격 요소인, 도덕심, 정의감, 신뢰, 청렴, 절제 등의 덕목을 어느 정도까지 기대해야 될지 모르겠다. 그러나 역사를 바꿔 놓은 위대한 정치가들은 뭔가 달랐다. 그들은 보통 정치인들과 인격과 역량 면에서 큰 차이가 있었다.

국가경영에 우선 필요한 것이 인격(사람다움)이라고 본다. 인격에서 바른 가치관, 국가관, 애국심이 생기고 지혜와 능력도 자라날 수 있다. 인격이 형편없는 국가지도자는 올바른 나라를 만들 수 없다. 세상이 부러워하는 나라를 만들 수는 없다. 이는 역사가 이미 증명해 보였다. 사람이 먼저 되어야 뭐래도 해 볼 수 있는 것 아닌가?

물론 단순 노동을 하는 사람에게 높은 수준의 인격이 필요한 것은 아니다. 그러나 한 나라의 지도자는 단순 노동자가 아니라 누구보다도 가장 많은 일을 한다. 그가 맡은 일들은 매우 복잡하다. 말과 글로 표현할 수 없을 정도다. 이와 같이 엄청난 일들을 종합적으로 사고하고, 판단, 결정, 실천하는 데는 고도의 지혜와 능력, 열정이 수반된다. 이러한 덕목들은 인격이 텅 빈 단순한 지식, 능력, 기술에서는 나오지 않는다.

국가지도자, 대통령(수상, 총리)의 할 일이 복잡하고 많은 것은 사실이나, 대통령 자신이 직접 그 일을 하는 것은 아니다. 리더십을 슬기롭게 발휘하여 그의 각료, 그 아래 공무원, 아니 전 국민과 합심해서 하게 된다. 합심, 협력해서 해야 되므로 대통령이 지도자로서 인격적 모범을 우선 보여야 한다. 그렇지 않으면 그들이 그의 지도 방향을 믿고 수용, 협력하지 않는다. 여기에서 인격의 중요성이 드러난다.

인격을 도덕적 관점에서 보면, 도리를 지키는 '사람다움'으로 볼 수 있는데, 사람다움이란 유가에서는 그 이상형을 성인(聖人)과 인자(仁者)에 두고 있다. 그러나 이들은 지고 지선으로 공자도 이들에 속하지 않는다고 말했다. 일반인은 더 말할 필요가 없다. 그래서 ≪역경(易經)≫에서는 일반인도 군자(君子)에서 인격의 목표를 찾을 수 있다고 했다. 즉, 덕행을 닦아 인(仁), 의(義)를 지키고 겸손하며, 게으르지 않으면 군자의 대열에 들어갈 수 있다고 했다. 수양을 통해서 가능하다는 것이다.

칸트(Kant)는 인격을 인간에 대한 존엄성을 가지고 자율적으로 도덕법칙을 수행하는 자로 정의하고 있다.[12] 정다산은 인격을 참된 사람으로 해석했고,[13] 중국의 진립부(陣立夫)도 ≪인리론(人理論)≫에서 군자를 인격자라고 했다.[14] 요약하면 인격자란 도덕적이고 학문도 뛰어나며 의를 중시하고 예를 숭상하는, 말보다 실천하는 사람이라 할 수 있다.

사랑, 신뢰, 정의, 예절, 절제 등과 같은 인격적 가치들은 모두 사리사욕이 아니라 세계, 국가, 사회, 다른 사람들과 연계된 공적 개념들이다. 외딴 섬에서 홀로 사는 사람에게는 이들 덕목이 의미 없다. 그래서 그것들은 본질적으로 다 '나가 아닌 남'을 이롭게 하는 가치들이다. 세계가 되었든, 국가가 되었든, 사회가 되었든, 직장이 되었든, 개인이 되었든, 자신의 욕심을 채우기보다 상대를 배려하는 덕목들이다. 이러한 덕목들은 멸사봉공, 선공후사, 충(忠), 효(孝) 등과 같이 자기 것의 희생을 전제로 한다. 사랑도 '너를 위해서'이고, 신뢰도 자신이 불편해도 상대를 위해 한 말을 지키는 것이다. 정의, 예절, 절제도 결국, 자기 것을 덜어 냄으로써 실현된다.

공자(孔子)는 지도자의 인격이 정치와 국민에게 미치는 영향을 설명하고 있다. 그에 의하면, 올바른 왕이 올바른 정치를 할 수 있고, 백성의 본보기가 되어 그들을 따르게 할 수 있다는 것이다. 그의 모범이 바로 백성들의 규율과 질서가 되며, 왕이 바르지 못하면 결국 백성을 잃게 된다는 것이다.[15] 아무리 높은 지위나 능력을 갖추고 있다 하더라도 인격이 수반되지 않으면, 이것들이 오용될 소지가 있기 때문이다. 그것들을 활용하고 통제하는 것이 바로 사람이기 때문이다. 그래서 사람에게는 특히, 국가지도자인 대통령에게는 인격이 선행돼야 한다는 얘기다.

조병수는 '사람이 되라(딤전 3:2b)'의 제하에서 인격의 중요성을 극적으로 나타내 주고 있다. 사도바울이 제시하는 사람이 되지 않은 채로 일꾼이 되면 문제가 생긴다는 것이다. 그런 사람은 지식이 있으면 교만해지고, 재주가 있으면 우쭐해지고, 지위를 얻으면 거드름을 피운다는 것이다. 인품을 갖추지 못한 지식은 살상 무기가 되고, 재주는 절도 기술이 되고, 지위는 학살 현장이 된다고까지 하였다.[16] '사람'이 안 된 자들에게는 지식, 기술을 차라리 안 가르쳐 주는 것이 오히려 낫다는 결론에 이르게 된다.

인격을 구성하는 요인들은 무엇인가? 플라톤(Platon)은 인격요소를 지혜, 용기, 절제로, 아리스토텔레스(Aristoteles)는 정의, 용기, 절제로 규정했다.[17] 이들의 차이를 보면, 용기와 절제는 공히 인격 요소로 보았으나, 전자는 여기에 지혜를, 후자는 정의를 추가했다. 전자가 사람의 똑똑함(지혜, 현명함)을, 후자는 올바름을 상대적으로 더 강조하지 않았나 싶다.

헤센(Hessen)에 의하면, 인격에는 윤리적 선의 가치, 즉 외경(畏敬), 겸손, 사랑이 있다고 했다. 유가(儒家) 경전에서는 인격에 비견되는 군자의 행실에서 지조, 사랑, 덕과 학문, 말의 삼가, 중후한 몸가짐, 예(禮)와 의(義), 감화, 근신 등이 나타난다고 쓰여 있다. 정다산은 인격의 핵심은 인(仁: 사랑)과 서(恕)인데, 인은 인간다움, 즉 사랑이며, 서는 사랑의 실천원리로서 남을 배려하고 존중하는 것이라고 했다.[18]

일반인도 인격자에 비견되는 군자가 되려면 수양을 쌓으면 된다는데, 하물며 전 국민의 지도자인 대통령이 인격을 갖춰야 함은 너무 당연하며, 전혀 이상할 것 없다. 다음과 같이 인격의 중요성을 재삼 논의해 보았다.

우리는 '……가(이) 되기 전에 먼저 사람이 되라'는 말을 속담처럼 흔히 한다. 무엇이 되든지 인간으로서 지켜야 할 도리를 지키라는 것이다. 틀린 말이 아니다. 대통령도 예외가 될 수 없다. 아니,

그는 더 모범적인 사람이 되어야 한다. 그냥 덕담으로, 교훈삼아 하는 얘기가 아니라, 사람이 먼저 돼야 정치도 잘할 수 있어서 하는 말이다. 사람으로서 지켜야 할 도리를 지키는 인격을 갖춘 사람이다. 그럼, 인격을 갖추지 않았지만, 어떤 특별한 능력이 있으면, 훌륭한 대통령(총리 혹은 수상)이 될 수 있을까? 그건 아니다.

어느 나라 국민이건 자기 나라 지도자의 능력부족으로 나타나는 정책적 오류보다 인간적 배신감(부정부패, 대국민 중요한 약속 위반)을 더 혐오한다. 대통령도 사람인고로 하는 일이 모두 완벽할 수는 없다. 예기치 않은 상황 변화로 기대 이하의 성과가 나오는 것은 어쩔 수 없는 일이다. 이를 이해 못할 국민은 없다. 그러나 부정부패에 연루되었다든지, 국민에게 한 중요한 약속을 이런저런 이유를 들어 자주 번복하면 배신감을 느끼기 마련이다.

보통 시민들의 사회생활, 조직생활에서도 능력부족이나 판단착오보다 인격적 배신에 더 실망한다. 유능한 지도자라도 잘못된 판단, 결정으로 목표 달성에 차질을 빚을 때가 얼마든지 있다. 이 일로 구성원들은 아쉬워할망정 배신감을 느끼거나 지도자를 배척하지는 않는다. 그들은 '그도 사람인 이상 실수할 수 있다'라고 위안한다. 반대로 능력은 있으나 지도자의 비인격적 행위, 비리, 약속위반 등에 대해서는 '기본이 안 되었네' 하면서 불신해 버린다.

정책적 판단과 수행은 지혜와 능력의 문제로서, 그 공과에 대한 평가는 보는 입장에 따라 다를 수 있다. 그러나 청렴성, 성실성, 정직성과 같은 덕목은 지도자의 인격을 나타내므로 입장에 따라 달리 해석되고 말고 할 성질이 아니다.

청렴성, 성실성, 정직성, 신뢰성이 턱없이 부족한 대통령은 설령 어떤 분야에 능력이 있다 하더라도 깊고 다양한 국정을 성공적으로 펼치기 어렵다. 그 많은 국정 과제는 대통령 혼자 수행하는 것이 아니고, 어떻게 보면 전 국민과 같이 하는 것이므로 우선 이들 덕목부터 쌓아야 한다. 그래야 국민들이 그를 믿고 헌신한다. 여기에서 대통령의 동력이 생기고 자신감도 생긴다.

국정은 단순한 기술을 요하는 과업이 아니다. 대부분 가치 지향적인 경영과업이다. 하나의 일에만 매달리는 보통 사람 또는 전문가와 달리, 대통령의 직무는 정치, 경제, 국방, 외교, 사회, 문화, 교육, 과학, 예술 등 다방면의 분야가 망라된 종합예술이다. 얽히고설킨 국정문제를 슬기롭게 풀어 가기 위해서는 대통령 자신이 노동 단위가 될 수는 없다. 수많은 인력을 동원, 그들을 통해서 국정을 수행하게 되므로, 그들로부터 믿음과 존경을 받을 수 있는 인격자이어야 한다. 그래야 그들이 감화되어 흔쾌히 국정에 협력한다.

같은 일을 해도 휘하 각료들과 국민들로부터 믿음과 존경을 받는 대통령과, 그렇지 못한 대통령 사이에는 많은 차이가 있다. 무엇보다 국민들의 수용과 지지에서 차이가 난다. 인격을 갖춘 대통령은 국민의 지지를 받아가면서 수월하게 일을 할 수 있으나, 그렇지 못한 대통령은 지지가 없어 어렵다. 전자의 경우는 국민들이 어떤 일에 다소 마음 내키지 않더라도 '어련히 잘 알아서 하겠지'하고 믿을 수 있지만, 후자의 경우는 국민들이 '뭔 문제를 또 일으키지나 않을까?' 하고 의심 먼저 하게 된다. 대통령도 사람인 이상, 국민들로부터 높은 지지를 받을 때, 힘이 나고 기가 생긴다.

이와 같이 인격은 대통령의 리더십 발휘의 요체다.

만일, 사리사욕에 취해 인격을 전혀 갖추지 못한 사람이 있다면, 이런 사람은 철학도 없고 고수하는 이념도 있을 수 없다. 오직 자기 배만 채우면 그만이기 때문에 이념, 철학이 있을 수 없다. 그가 말하는 이념, 철학은 오직 선전선동, 위장하기 위한 구호에 불과하다. 돈과 명예만 눈에 보이는 것이다. 이런 자들이 대통령이 되면 부정부패는 사방에서 생기기 마련이다. 모두들 대통령 닮아서 서로 청탁하고, 봐주고, 뇌물 받고, 급기야는 선량한 국민들의 등도 처먹는다. 등쳐먹는 것이 다른 것이 아니고 국민이 낸 세금을 사적으로 함부로 써대는 것이 그것이다. '소통'한답시고 밤낮으로 자주 만나 정경이 한통속 되어 이리저리 청탁, 뇌물 받아 약자들의 권익을 빼앗도록 부추기는 것이 등쳐먹는 것이 아니고 무엇인가?

인격은 사리사욕을 삼가는 절제, 청렴을 수반한다. 비인격자에게 절제와 청렴은 없다. 주위에는 '유유상종'이라고 해 먹는 자들만 우글거린다. 똑같은 사람들끼리 모여 있으니 비리가 엮어져 나오는 것이다. 인격자가 대통령이 되면 그 휘하 관직도 대통령과 상대적으로 성품, 성향이 비슷한 사람들로 채워지기 때문에 비리, 부정부패도 줄어든다. 더욱이, 그들이 대통령과 다소 다르더라도 생존하기 위해 대통령의 뜻에 따라 행동을 반복하게 되므로 자신도 모르게 그를 닮아간다. 대통령의 인격이 얼마나 중요한지 짐작이 가능하다.

요약하면, 같은 일을 하더라도 인격을 갖춘 대통령이 할 때는 국민들이 믿고 수용하려 하지만, 그렇지 못한 대통령이 할 때는 국민들이 잘 믿지 않고 수용하려 하지 않는다. 그 차이는 국가경영에 지대하다. 인격을 갖춘 대통령이 출현하면 그 각료, 그 아래 직원들도 대통령을 대체로 닮아 가게 되므로 공직사회가 맑아진다.

어설픈 민병대를 이끌고 막강한 영국 군사력에 맞서, 싸워 승리한 미국 건국 대통령 워싱턴(Washington)이 아무런 인격적 자질 없이, 단지 전쟁수행 능력이 뛰어나서 미국독립을 쟁취한 것이 아니다. 링컨(Lincoln) 대통령이 과연 아무런 인격적 소양 없이 전쟁기술이 뛰어나서 남북전쟁에 승리할 수 있었을까? 아니다. 이 두 사람의 전략전술이 뛰어났다는 기록은 없다. 서울시만한 자그마한 나라 싱가포르를 4만 불이 넘는 선진국으로 도약시킨 이광요가 인격적 자질 없이 경제개발 능력만 가지고 그렇게 도약시켰을까? 물론 아니다.

박정희 대통령이 최빈국 대한민국을 인격 없이 단지 권력욕과 경제지식, 어떤 특정 능력만으로 오늘날 10대 경제 강국의 기반을 조성했을까? 그럴 수는 없다. 이순신 성웅이 인격 없이 단순히 조선 기술이 뛰어나서 세계 최초로 거북선을 만들어 왜적을 물리쳤을까? 그렇지도 않다. 대통령이 특정 능력과 기술만으로 나라를 발전시킬 생각은 아예 하지 말아야 한다.

위 위인들의 공통점은 모두 인격자이었다. 즉, 훌륭한 인간됨됨이 이었다. 거짓 없고 솔직하며, 남의 것을 탐하지 않고 내 것으로 만족하며, 도둑질하지 않고, 뇌물, 청탁하지 않고, 가난하고 불쌍한 국민을 동정하며, 국가와 국민을 내 몸같이, 아니 그 이상으로 아끼는 올곧은 자세로 행동했던 인격자이었다. 그 탁월한 인격에 양심이 살아 있었고, 가슴 깊은 곳에서 애국심이 끓어 올랐으며, 나라걱정, 국민걱정으로 머리를 짓눌러, 그 머리에서 진주 같은 아이디어도 생기고, 그 가슴에서 의지와 용기, 열정이 치솟아 혁혁한 업적을 남겼던 것이다. 인격 없이 큰 공 없다!

적어도 훌륭한 공직자가 되려면, 우선 '사람'이 먼저 되는 것이다. 인격이 먼저 갖춰질 때, 별사봉공이 가능하며 애국심도 생긴다. 요새 흔한 말로 '소통'도 가능한 것이다. 인격이 뒷받침될 때, 국민에게 감동을 줄 수 있고 국가 경영에 대한 지혜와 능력, 구상이 생긴다.

무슨 일을 하던 '먼저 사람이 되라'고 했는데, 그럼 어떤 사람이 되라는 말인지? 대통령으로서의 인격자는 어떤 인격자를 말하는지? 이와 관련, 제한적으로 도덕심(양심), 정의감, 건전한 가치관, 신뢰, 청렴성, 절제 등 6개 요인을 중심으로 논의했다.

1) 도덕심(양심)

도덕심, 양심은 사람의 마음을 나타내는 말로 서로 의미가 다소 다르지만 상관성이 높다. 양심 없이 도덕성은 생길 수 없고, 도덕성 없이 양심을 가졌다고 할 수 없다. 양심은 자신의 도덕률에 비추어 자신의 잘못을 스스로 부끄러워하는 마음으로 이해된다. 도덕성은 도덕률, 선, 정의를 행하려는 성품으로 생각된다.

양심은 모든 덕행의 기초가 되는 것 같다. 스페어만(Spaemann)도 양심은 인간을 이기심과 개인주의에서 벗어나게 하는 것으로, 인격자가 될 수 있다는 신호라고 주장했다.[19] 그것은 모든 조건과 의무 및 책임을 자신의 책임 하에 놓게 만든다. 역시 인격의 시초는 양심인 것 같다. 양심이 인간됨을 가능케 하는, 인격을 축조하는 뼈대가 아닌가 싶다. 마음 심연에 있는 양심이 밖으로 나와 사회화되면 도덕심(성)이 되는 것이 아닌가? 양심에 사회성이 붙으면 도덕심이 되는 것 같다.

우리나라는 소위 높은 자리에 올라갈수록 일반 국민들에 비해 도덕성이 떨어지는 것 같다. 노블레스 오부리쥬는 고사하고 일반 국민들 정도만 돼도 괜찮다. 거의 다 가는 군대도 안 간 의회의원, 각료들이 수두룩하다. 요리조리 요령 잘 피우는 사람이 출세도 잘 하는 모양이다. 미국은 정반대이다.

미국은 우리처럼 징병제도 아니고 모병제인데도 자발적으로 군에 가서 봉사하는 것을 자랑으로 삼는 것인지는 모르나, 역대 많은 대통령들이 지원 입대하여 나라를 지켰다. 장군, 장교 출신 대통령이 반이 넘는다. 케네디 대통령은 등에 입은 상처로 입대 부적격 판정을 받자, 입대를 위해 자력 훈련을 했다고 한다. 그 후 해군 입대 판정을 받아 해군으로 복무했다는 것이다. 부러울 것 없는 집안의 자식인데도 그렇게 했다.

우리나라 행정관료 내정자 인사청문회에서 내정자들의 병역미필, 비리, 부정부패 의혹 혹은 사실이 속속 드러났다. 그들의 비행들은 일반 국민들이 저지르는 비리 평균을 훨씬 웃돌고 있다. 그들이 일반 국민들보다 병역미필, 비리, 부정부패를 훨씬 더 저지른다는 의미이다. 그들이 어떻게 국민들에게 애국위민을 말할 수 있으며 청렴을 말할 수 있을까?

요새 많은 정치인들이 '소통, 소통', '쇄신, 쇄신'을 마치 덕담삼아 자주 입에 올린다. 무엇을, 왜, 어떤 식으로 소통하자는 것인지? 뭐를 어떻게 쇄신하겠다는 것인지? 알 수 없다. 자신은 소통, 쇄신 잘 하고 있는 양, 국민을 향해 '소통, 소통', '쇄신, 쇄신' 하면서 말은 좋게 한다. 그 동안 뭐하고 있다가 갑자기 요새 그런 말을 많이 하는지 알 수 없다. 조용히 자신의 마음과 행동 먼저 쇄신하고, 진실된 소통 자세를 먼저 갖추기 바라는 마음이다. 비난하고 싶어서 하는 얘기가 아니고, 그렇게 하는 것이 순서다. 그들이 지금까지 보여준 행태가 의미 있는 소통, 쇄신과 거리가 있었기 때문이다.

많은 사람들이 '도덕이 밥 먹여 주나?'라고 자주 말한다. 이 자조 섞인 말이 우리 사회의 속담처럼 되었다. 우리 사회가 그만큼 도덕 사회가 아니라는 사실을 방증하는 말이다. 관료를 내정, 추천할 때, '그 정도의 도덕적 문제는 업무를 수행하는 데 별 문제 있겠냐? 능력이 중요하지'라고 생각하는 사람들도 있다. 그것은 큰 잘못이다. 대통령과 그들은 단순히 머리를 쓰고 팔다리를 움직이는 단순노동자와 차원이 다르다. 단순 노동은 의지와 힘만 있으면 가능하다. 그러나 국정은 그렇지 않다. 종합적인 판단과 결정을 요한다.

국정에 필요한 종합적 판단, 결정 능력은 단순한 머리와 팔다리의 움직임에서 나오지 않는다. 덕성이 풍부한 인품에서 우러나온다. 그러한 인품은 다양한 능력을 통합하는 힘을 가지고 있다. 그것은 공(公)이라는 공통 가치, 즉 공통된 방향(한 방향)으로 사람들의 다양한 능력을 모을 수 있다. 도덕성이 떨어지면 그렇게 하지 못한다.

도덕성 타락은 사리사욕 추구에 원인이 있다. 공무에 사리사욕이 개입되면 여러 사람들의 능력이 제각각의 사익 쪽으로 방향이 잡히어 공적인 일을 효과적으로 도모할 수 없다. 그래시안(Gracian)의 명언에는 "미덕을 갖춘 사람은 분별력도 생기고, 이해심도 깊으며 현명해지고 용기가 있으며, 연민의 정도 많으며 언제나 즐겁고 정직하며 통찰력도 뛰어나다"라는 말이 있다.[20]

도덕이 밥 먹여 주나? 국민 전체를 생각해 보면, '밥 먹여 준다'가 맞다. 도덕 속에는 법이 있다. 또, 당연히 법에는 도덕성이 들어 있다. 모든 사람이 법을 전혀 지키지 않는다면, 사회생활이 불가능하다. 도덕성이 떨어지면 법도 잘 지키지 않는다. 지키는 사람, 안 지켜도 되는 사람 따로 있으면, 지키는 사람이 손해 보고, 안 지키는 사람이 득을 보게 된다. 지키는 사람의 밥그릇은 작아지고, 안 지키는 사람의 밥그릇은 커지기 마련이다. 이런 불합리한, 불공정한 풍조가 풍미하면 너도나도 서로 손해 안 보려고 법과 도덕을 안 지키는 상황이 벌어진다. 이렇게 되면 인권은 온데간데없고 힘 있는 자들이 모두 빼앗아버린다. 종국적으로 난장판이 되어 모두 밥을 먹고 살 수 없게 된다.

서로 밥을 뺏는데 정신이 팔려 많은 시간과 노력을 허비하고, 누가 '잘했다', '못했다', '네가 더 많다', '아니다' 하고 싸움질 하느라 세월 다 보내지 않을까? 소위 고급 공무원(의회의원 포함)들 사이에서 이런 유의 행태를 볼 수 있다. 싸움을 포함, 여러 사건이 자주 일어나는 것을 볼 수 있다. 그 중, 많은 것들이 그들 자신의 신상이나, 이득에 관련된 것들로, 많은 시간과 노력이 낭비되고 있다. '내가 그런 일 안 했다', '나는 모른다', '당신이 그랬잖아', '아냐, 다른 누가 그랬어', '그럼, 조사하자', '검찰에 맡기자, 말자',

'정치 탄압이다', '그건 물타기다' 등 자신들이나 그 주변인물, 또는 자신의 소속 집단에 관한 것들이고, 민생과 관련된 공무는 그들의 관심에서 멀어진 것 같다.

극단적인 상황을 상정하여, 도덕이 어떻게 밥을 먹여 주는지 더 토론해 보자. 내가 돈 주고 시킨 점심을 옆 사람이 동의 없이 가져가도 괜찮다면(무도덕), 내가 먹을 밥은 당연히 없겠지? 내가 책을 보는데 옆 사람이 그 책을 낚아채가도 상관없다면(무도덕), 나는 어떻게 되겠는가? 눈에 띄는 대로 남의 것을 훔치는, 승진할 때 돈 받고 승진시키는, 뇌물 받고 허가 내 주는, 뇌물 받고 공천 주는 사람들이 출세하고 큰소리치면서 잘 산다면, 선량한 사람들이 먹을 것이 뭐가 남겠나? 이러면, 도덕이 밥 먹여 주는 것이 아니고 무엇인가? 꼭, 수저로 입에 밥을 떠 넣어 줘야 밥 먹여 주는 것인가?

여러 성현들은 양심, 도덕심에 대해 훌륭한 교훈을 남겼다. 플라톤(Platon)은 덕은 건강이고 아름다움이며 영혼의 좋은 존재 양식이라고 했으며, 악덕은 병이고 추하며 영혼의 나쁜 존재 양식이라고 했다. 미덕이 얼마나 큰 가치가 있는지를 단적으로 보여주고 있는 대목이다.

아리스토텔레스(Aristoteles)는 구체적으로 덕과 행복의 관계를 설파하고 있다. 즉, 덕은 아는 것만으로 충분하지 않다며, 이것을 얻을 선한 방도를 찾는데 힘쓰라고 주장한다. 행복한 생활은 덕에 의한 경우가 많고, 덕을 실천하는 사람, 덕을 생활 속에서 베푸는 사람, 그런 사람에게 행복이 따른다고 했다. 행복해지고 싶거든 덕에 의한 생활을 하라고 충고한다. 키케로(Cicero)도 미덕 없이 행복한 생활은 존재할 수 없다고 했다.

증자(曾子)에 의하면, 조정(朝廷)에서는 벼슬보다 나은 것이 없고, 향당(鄕黨)에서는 나이 많은 것보다 나은 것이 없으며, 세상을 평화스럽게 하고, 백성을 다스리는 데는 덕보다 나은 것이 없다는 것이다.[21] 이들을 통해서 도덕이 우리 생활에 얼마나 많은 혜택을 주고 있는지 알 수 있다. 도덕생활은 타인은 물론, 자신에게 이롭다는 교훈이다. 도덕적인 삶을 통해서 자신을 포함, 모든 사람들이 행복을 누릴 수 있고, 덕으로 정치를 하면 세상의 평화를 가져올 수 있다는 것이다. 이를 반영하듯, 쉘러(Scheler, 1980)는 인격은 도덕적 가치를 짊어지고 있는 자로 정리했다.[22]

미국의 정치철학자, 로울스(Rawls)는 비도덕적 인간의 속성을 예를 들어 설명했다. 즉, 도덕 감성은 인간생활의 정상적인 현상이며, 실로 인간이 살아가고 있는 규범을 결정하는 전제조건이라고 주장했다. 그는 아무런 공정성 감각이 없이 오직 이기심과 자기 편의대로만 행동하는 사람을 상상해 보라고 한다. 그런 사람은 우정, 사랑, 신뢰감을 느낄 줄 모르고, 후회, 분노도 경험해 보지 못했을 것이라고 했다. 할 수만 있다면 새치기를 할 사람이며, 누가 그의 앞을 새치기하면 그것이 좋은 좌석을 받을 확률에 물질적 영향을 미치는 경우에만 몹시 흥분할 사람이다. 그런 사람은 인간 이하라고 질책했다.[23] 비도덕적 인간이 얼마나 지독한지를 단적으로 말해 주고 있다.

위와 같은 교훈을 보더라도, 국가지도자인 대통령은 국가와 국민을 위해서 양심적, 도덕적 책임을 짊어지고 사는 사람이라고 할 수 있다. 이러한 책임의식을 가지고 국가경영에 헌신적으로 봉사할 때, 국가와 국민은 그만큼 편안해진다. 자기 자신, 가족, 친인척, 주변 인물들을 챙기는데 신경 쓴다면, 국가와 국민에게 해만 된다. 이러면 큰 문제다. 임기가 있으니 쉽게 그만두라고 할 수도 없다. 그냥 임기 채울 때까지 그 많은 국민들이 참고 견뎌야 한다.

극단적인 예를 또 하나 들어 보자. 만일, 양심이 거의 바닥인 상태이고 이기심만 가득한 대통령이 있다면, 그는 자신의 행위에 대해 도덕적 잣대를 대려하지 않을 것이다. 오직 '나'밖에 없기 때문이다. '나의 권력과 재산', '나의 행복과 안위'에만 집착한다면 국가와 국민은 불행해질 수밖에 없다. 그런 대통령은 궁극적으로 나만 잘 되면 그만이지, 국가, 국민이 어떻게 되든 말든 무슨 관심이 있겠는가? 그가 어떻게 진정으로 약자를 생각하고, 국민 복지를 생각하며, 국가발전과 국민행복을 생각할 수 있겠는가?

현재까지도 북한의 통치자들은 국민 백만이 굶어 죽든, 이백만이 굶어 죽든 신경 안 쓰는 것 같다. 자신의 권력유지와 호화로운 생활 유지가 전부다. 개방, 핵개발 금지 조건으로 굶어 죽어가는 국민에게 식량을 준다 해도 싫다고 한다. 식량 지원도 원산국 표시를 하지 않는 조건으로 받는다고 한 적도 있다. 이 정도면 국민은 안중에 없는 것이다. 이런 자들에게는 비뚤어진 이념조차도 실은 없는 것이다. 어떤 이념이라도 있다면, 최소한 그렇게까지는 안 하는 법이다. 만일 그들이 소위 가졌다는 이념 버리고 개방하면 권력 유지를 포함, 뭐든지 다 얻을 수 있다면, 아마 그 이념 버릴 것이다. 그것은 이념도 아니고, 아무것도 아닌 오직 '모든 것은 내 앞으로'이념이다.

흔히 이념을 말하는데, 양심이 있어야 잘못된 이념이라도 있다. 어떤 이념도 200만, 300만 국민의 희생을 전제로 한 것은 없기 때문이다. 자신들의 일신을 위해서 수단 방법을 가리지 않는 집단이 무슨 이념이 있겠는가? 핵무기를 가지고 국민을 겁주는 데 급급한 집단이 무슨 이념이 있는가? 양심이 바닥이므로 사리사욕을 채우기 위해 할 수만 있다면 무슨 짓이든 다 하게 되어 있다. 이런 극단적 탐욕에서는 잘못된 이념조차도 생기지 않는다.

이북의 권력집단이 입버릇처럼 외치는 '민족', '통일'은 선전 구호에 불과하다. 바로 권력자의 이득이 곧 '민족', '통일'인 것이다. 이런 자들은 협력의 대상이 아니라 오직 관리의 대상일 뿐이다. 권력집단에는 머리로 접근하고 동포에게는 머리와 동시에 가슴으로 접근해야 될 것이다.

양심은 크고 어려운 일을 할 때일수록 더욱 돋보인다. 미국 건국 대통령, 조지 워싱턴이 독립군 사령관 시절, 적군을 보고 도망가는 자기 군대를 보고 양심이 없다면, 영국에 다 내 주고 숲 속에서 살고 싶지만 차마 양심 때문에 그렇게 하지 못했다고 고백했다.[24] 그의 양심은 그의 애국심을 낳았고, 그 애국심은 의지와 열정, 용기를 분출시켰을 것이다. 사랑하면 사랑하는 대상에 대한 관심과 열정, 그를 지키려는 용기가 생기기 마련이다. 그 열정과 용기는 전술전략 구상에 집착토록 만들었을 것이며, 그 집착에서 창의와 아이디어가 움터 나온다. 훈민정음, 거북선, 조국 근대화도 이러한 경로를 통해서 완성되었다고 믿는다. 이렇게 양심, 도덕심은 지도자에게 중요한 덕목이다. 덕담이 아니라 실제로 국익에 보탬이 된다. 그래서 올바르고 양심적인 대통령이 연속적으로 선출되어야 한다.

양심과 도덕심이 바닥이면, 무슨 능력인지는 모르지만, 소위 능력 있다는 대통령보다 차라리 다소 능력이 부족해도, 강렬한 양심과 도덕심, 그리고 애국심에 불타는 대통령을 원한다. 성공한 국내 · 외 국가지도자들을 보면, 그들의 양심과 나라사랑, 국민사랑은 '무엇을 어떻게 할까?'에 대한 고뇌(집념)와 궁리(탐구)를 낳았고, 그 고뇌와 궁리는 또 국가경영 능력을 키웠다.

대통령의 도덕성이 바닥이면 그 자체로 골치 덩어리다. 어떤 일을 해도 만족스런 성공을 거둘 수 없다. 도덕성이 희박하면, 국가, 국민은 거추장스러울 뿐이다. 오직 자신의 입지만을 꾀하게 되니 국민을 위한 일은 눈에 들어오지 않는다. 일이 제대로 될 리 없다. 이러면 나라 전체가 흔들리고 국민은 말할 수 없는 고통을 겪게 된다. 심하면 국가, 국민 전체가 통째로 나락으로 떨어질 수도 있다.

차라리 능력이 좀 부족해도 확고한 국가관을 가지고 국가발전과 국민행복을 위해 헌신하는 인격적인 대통령이 백배 낫다. 부족한 능력은 채울 수 있지만 사리사욕밖에 모르는 비도덕적 사고와 행태는 어떻게 할 수가 없다. 글자 그대로 골치 덩어리다. 이런 사람의 지식, 기술은 선이 아니라 악을 만들 수 있다. 자기밖에 모르는 이기주의자가 국가와 국민을 생각할 까닭이 없는 것이다. 한 마디로 권력을 즐기면서 자기 것만 챙기면 되는 것이다. 불행하게도 국민은 이런 대통령들을 겪은 바 있다.

2) 정의감(올바름)

≪논어≫를 보면, 군자가 모든 일에서 가장 중요하게 여기는 것이 의(義)라고 되어 있다. 플라톤(Platon)도 윤리의 으뜸은 정의라고 밝히고 있다.[25] 정의는 역시 공동생활을 가능케 하는 첫째 요소가 아닌가 생각된다. 법의 정의가 바로서야 되고 도덕도 정의와 조화를 이룰 때 가치 갈등이 생기지 않는다. 사회정의가 뿌리내렸을 때 비리, 부정부패도 없어지고, 일한 만큼 대접받는 반듯한 국가, 사회가 된다.

대통령들이 옳고 그름에 대한 분별이 확실하고 강한 정의감을 가지고 사회정의를 구현하겠다는 의지가 확고하면, 정의로운 국가, 사회를 만들 수 있다. 투명하고 깨끗한 나라를 만든 이광요 수상, 영국병을 치유하기 위해 강하게 드라이브한 영국 대처 수상 같이만 해도 한국도 살기 좋은 나라가 될 수 있다. 대통령이 마음먹기 달렸다.

보통 사람들은 누구나 손해 보는 일을 싫어한다. 이것이 사람의 생리다. 사회정의가 통하지 않으면, 사람들은 손해 보지 않으려고 서로 앞다퉈 해 먹는 악의 소굴에 빠져든다. 요령잡이가 출세하고 잘 살게 되며, 묵묵히 일하는 사람은 뒤쳐지게 된다. 요령 있고, 비리, 부정부패를 많이 저지를수록 더 높은 자리에 오르게 되는 기현상이 생긴다. 그래서 우리나라에, 소위 높은 자리에 있다는 사람치고 높은 도덕성을 가진 자가 드문 것이다. 여러 차례 고위공직자 청문회를 통해서 보면 후보들의 이력에 그렇게 쓰여 있다. 안타까운 일이다.

올바른 대통령 나오기가 어려운 것이 우리 현실이다. 현재까지 그릇된 정치문화 속에서 올바르지 못하고 비뚤어진 사고와 행태가 몸에 밴 후보가 대통령에 당선되었다고 금방 새로운 각오로, 새로운 행동을 보일 수는 없다. '제 버릇 개 못준다.' 과거의 올바르지 못한 경험들로 이미 정착되어 있는 의식구조를 한순간에 떨쳐 버리고, 올바른 대통령 되겠다고 작심한다고 그렇게 되는 것이 아니다.

올바른(정의로운) 대통령은 아무나 될 수 있는 게 아니다. 올바르지 않고 어떤 요령이나, 기술로 위대한 대통령(수상, 총리)이 되는 것이 아니라는 것이다. 평소 올바르지 못한 일을 해 본 경험이 거의 없을 때만 올바른 대통령이 되어 정의로운 사회를 구현할 수 있다. 그런 사람만이 올바른 정치로 투명하고 정의로운 국가, 사회를 창조할 수 있다. 소크라테스(Socrates), 공자(孔子), 맹자(孟子) 등 여러 성현들의 교훈이 이를 잘 설명해 주고 있다.

맹자(孟子)는 "자기 몸을 굽혀 남을 곧게 펴는 경우는 아직 없었다."라고 했다. 바르지 못한 사람이 남을 바르게 할 수는 없다는 뜻으로, 자신이 바르고 난 다음에야 남을 바르게 이끌 수 있고, 나라도 정의롭게 할 수 있다는 뜻이다. 또, 그는 다음과 같은 교훈을 남겼다. "자신의 몸이 바르게 되면, 천하가 돌아오는 것이다."[26] 즉, 자신이 올바르면, 천하 백성이 따르게 된다는 뜻이다. 항상 자신이 먼저 정직하고 바른 사람이 되어야 남을 이끌 수 있다는 말이다. 올바르지 못한 대통령이 권력만으로 국민을 움직일 수 없다는 말도 된다. 권력에만 의지해서 일을 하려들면 진솔한 국민 참여가 없는 '나 홀로' 정치가 되므로 억지를 쓰게 되어 시끄러워진다. 이러면 일도 제대로 할 수 없다.

일생을 통해 올바른 일을 많이 하여 그 생활에 익숙한 대통령은 자신의 친인척이나 주변 사람들의 부정을 용납하지 못하고 오히려 분개한다. 반면에, 올바르지 못한 일을 많이 하여 습관화된 대통령은 자신에게 피해만 없다면, 부정행위에 분개하지 않는다. 웬만하면 눈감아 주려 한다. 그것은 자기 마음 안에 이미 정착된 가치구조가 자기밖에 있는 많은 가치들 중, 상반된 것들보다 어우러질만한(유의미한) 것들과 의미 있게 연결되기 때문이다.[27] 마치 이를 증명하듯, 소크라테스(Socrates)는 "올바른 사람은 지혜롭고 훌륭한 이를 닮았으되, 올바르지 않은 사람은 못 되고 무지한 이를 닮았다. 올바른 이는 지혜롭고 훌륭하고, 올바르지 않은 이는 못되고 무지하다"라고 설파했다.[28] 오늘날 '제 버릇 개 못준다', '유유상종'이란 말이 빈말이 아님을 알 수 있다. 경험법칙에서 나온 말로 틀리지 않는다.

국가 경영자인 대통령이 우선 반듯해야 주변 사람들이 반듯하고, 국민들이 반듯하게 된다. 최고위직에 있는 대통령이 모범을 보여야 된다는 뜻이다. 과거 역대 정권부터 지금까지 부정부패가 끊이지 않는 것은 대통령이 올바르지 못했기 때문이다. 그에게 문제가 있었다. 미국, 캐나다, 핀란드, 싱가포르 등 선진국을 보면 금방 알 수 있다. 그리고 대통령은 자신의 반듯함 뿐만 아니라 국민생활에도 그 반듯함을 심어 주어야 한다. '나만 반듯하면 되지'하는 낙도의 소년처럼 생각해서는 곤란하다. '나만'을 생각하려면 왜? 5000만의 지도자가 되었는가?

올바름(정의로움)은 소통과 협력을, 올바르지 못함은 증오와 다

틈을 일으킨다. 올바르지 못하면, 협조적으로 일을 할 수 없게 되어 있다. 올바르지 못한 사람은 자신에게 조차도 갈등을 일으키고, 한마음이 되지 않게 하며, 올바른 사람을 적으로 만든다. 올바르지 못한 짓을 같이 해야 죽이 잘 맞는데, 올바른 사람은 그렇지 못하니 적이 되는 것이다. 그래서 요새 '소통', '불통' 어쩌고 하는지 모른다. 몇 년 전에는 이런 말을 잘 안 했는데…… 유행가인가? 아니다. 올바르지 못한 곳에 올바른 사람이 등장했다는 신호다.

올바르게(정의롭게) 산다는 것은 생각처럼 쉽지 않다. 올바름이 올바르지 못한 것을 이긴다고 소크라테스는 말하고 있지만,[29] 현실적으로 그렇지 않은 경우가 많은 것 같다. 올바르지 못하고 욕심이 목까지 찬 사람은 악착같고 끈질기다. 올바른 사람은 그런 욕심이 적다. 그래서 탐욕스런 사람이 중도를 지키고 절제하는 사람을 꺾는 경우가 허다하다. 따라서 올바름을 실현하려면, 바르고 정직한 사람이 악착같은 탐욕자보다 훨씬 더 강해야 한다. 그래야 바르고 정의로운 사회풍토, 문화가 조성된다.

악독한 나치 히틀러를 물리친 영국 수상 처칠은 어느 날 자신의 모교방문에서 "절대, 절대, 절대, 절대, 절대로 물러서지 마라. 양심과 임무에 따르는 ……" 라고 외친 것이다.[30] 불의에 항거하는 의지가 부정한 의지보다 더 강해야 악을 이겨낼 수 있다는 지도자의 절규이다.

그런데 악과 부정은 저절로, 우연히 생긴다. 인간의 과욕 때문이다. 인간의 욕구는 한이 없으나 재화는 한정되어 있다. 그러니 싸움은 일어나기 마련이다. 이를 조정, 조율하는 것이 법과 질서, 도덕이다. 그러나 이들이 인간의 일거수일투족을 모두 컨트롤 하기는 어렵다. 더욱이 법과 질서, 도덕이 취약하면 인간 간의 갈등은 심해질 수밖에 없다. 제한된 재화를 놓고 제 욕구 채우려다 보니 다툼이 생긴다. 그 다툼에서 악이 저절로 생기는 것이다.

힘이 있어 더 가져가는 사람이 있는가 하면, 힘이 약해 덜 가져가는 사람이 있기 마련이다. 더 가진 사람이 더 갖겠다고 하기도 하고, 이를 허락하지 않는 사람이 있기도 하며, 덜 가진 사람이 덜 가졌다고 불평하고 나서면 싸움은 일어난다. 법, 질서가 무너지고 힘의 원리가 작동하면 악은 더 기승을 부린다.

만약 선한 사람들로 채워진 집단이 있다고 하자. 여기서 팀장의 권한이 세고 혜택도 많다고 하자. 반면에 팀원의 권한과 혜택은 매우 빈약하자고 하자. 이것이 현실이다. 누구나 팀장이 되려고 갖은 노력을 다할 것이다. 서로 그 팀장 자리를 차지하려고 하니 질투와 다툼은 일어나기 마련이다. 그렇기 때문에 일반적으로 선한 사람들 사이에서도 악이 생기기 쉽다.

'우리 당에는 저런 사람들만 없으면 참 편안할 텐데……'라고 생각할 수가 있다. 그러나 그런 사람들이 조직을 나갔다고 해서 갈등과 다툼이 없어지는 것은 아니다. 그와 같은 갈등과 다툼의 장이 마련되면 또 생긴다. 제한된 재화로 모든 사람들의 욕구를 채울 수 없으니 갈등과 다툼이 생기고 거기에서 악이 돋아난다. 이를 그 사회 제도와 문화, 풍토가 제 역할을 하면 조정되는 것이고 그렇지 못하면 욕심이 많은 사람이 더 차지하게 된다. 여기서 많은 악들이 생겨난다.

올바르지 못한 생각과 행동의 근원은 사리사욕(탐욕)에 있으며, 이를 채우려다 보니 의사소통이 안 되고 협력이 안 되는 것이다.

쓸데없는 욕심을 버리면 서로 통하고 협조하게 된다. 누가 부당하게 손해 보면서까지 머리와 가슴에 욕심이 그득한 욕심쟁이하고 소통하고 일을 같이 하려 하겠는가? 비뚤어진 의도가 있으면 진정한 소통과 협력은 어렵다. 올바름이 없으면 도둑들끼리도 서로 싸운다. 장물을 올바르게(공평하게) 나누지 않으니 서로 다투게 되지 않겠는가?

소크라테스(Socrates)는 올바름을 강자가 아니라 약자에게 편익을 주는 것으로 보고 있는데, 그는 이것을 행복과 결부시켜 교훈을 주고 있다. 그에 의하면, "어느 한 집단이 행복한 것이 아니라, 시민전체가 최대한으로 행복한 나라에서는 올바름을 찾아볼 수 있다. 가장 나쁘게 경영되는 나라에서는 올바름을 찾아볼 수 없다. 왕도정체의 군왕이 참주보다 729배나 즐겁게 산다. 올바름을 찬양하는 자는 진실을 말하고, 올바르지 못한 것을 찬양하는 자는 거짓말을 한다. 올바름을 비난하는 자는 전혀 건전한 것을 말하지 않으며, 자신이 무엇을 비난하는지 모르고 비난을 한다"[31]는 것이다. 올바른 정치를 하면, 국민뿐만 아니라 대통령 자신도 굉장히(수백 배) 즐겁고 행복하다는 큰 뜻이 들어 있다. 너무 정확하다.

대통령의 행복과 보람은 5천만, 앞으로 생겨날 무한한 국민들을 위해 성공적으로 봉사함으로써 얻어지는 것이 크지, 국민의 희생을 전제로 대통령 자신이나 그 주위 몇 사람을 위해서 죽어라고 뭐(?)해서 얻어지는 것이 크겠는가? 이는 물어 보나마나다. 기쁨으로 따진다면 소크라테스의 말처럼 전자의 대통령이 후자의 대통령보다 729배보다 더 클지는 모르겠으나, 그 가치로 본다면 무한 배의 가치가 있다고 본다. 왜들, 대통령(수상)들은 이런 매력적인 희귀한 기회를 욕먹어 가면서 놓치고 있는지 모를 일이다. 자신을 갉아먹는 쓸데없는 **탐욕 때문이다**(탐욕의 본질은 뭐든지 간에 '나'에 대한 의식이 지나치게 개입된 욕구임).

아리스토텔레스(Aristoteles)는 행복은 마음의 상태가 아니라 미덕과 일치하는 존재 방식으로 설명한다. 그는 정의(올바름)가 좋은 삶과 연결된다고 보고 있다. 고상한 것에서 기쁨을, 천박한 것에서 고통을 느끼는 도덕적 우수성에서 행복을 찾을 수 있다는 것이다. 쉽게 말해 행복은 느낌이 아니라 도덕적 존재 양식이라는 뜻이다. 도덕, 행복은 우리가 주관적으로 느끼고 말고 할 것이 아니라 도덕적 사고와 행위 그 자체이며 거기에 행복이 있다고 보는 듯싶다.

아리스토텔레스는 최고의 플루트는 최고의 연주자에게 주어야 한다는, 플루트의 존재 목적에 따라 차별적으로 분배하는 것이 정의라고 했다. 즉, 마땅히 받아야 할 사람(잘 부는 사람)에게 주는 것이 정의라고 보았다.[32] 사물의 존재 목적에 합당한 분배를 정의로 보고 있다.

근자에 말도 많았던 무상급식(복지문제) 문제를 소크라테스(Socrates)의 올바름, 아리스토텔레스(Aristoteles)의 정의론에 근거하여 토론해 볼 수 있다. 여기에서 무상급식의 목적이 무엇이냐가 먼저 결정되어야 한다. 그래야 문제가 풀린다.

만일 무상급식의 목적이 생활이 어려운 학생들의 복지에 있다면, 소크라테스 입장에서는 무상급식이 그들에게 돌아가는 것이 옳다. 그는 올바름이 약자에게 돌아가는 편익이라고 했으므로 당연하다. 아리스토텔레스의 입장에서도 무상급식이 가난한 학생을 위한 것이므로 목적상 그들에게 당연히 돌아가야 한다. 따라서 모든 학생들에게 무상급식을 제공하는 것은 두 철인의 올바름, 정의론에 배치된다.

만일, 무상급식이 복지 차원이 아니고 다른 차원이라면 문제는 달라진다. 예컨대 무상급식의 목적이 학습효과 혹은 학부모들의 생활 편익 등에 있다면 생활이 어려운 학생들에게만 제공되는 것은 잘못이다. 따라서 어떤 정책이나 행위든 그 목적이 무엇인지 먼저 정리되어야 한다. 그 다음 그 정책이나 행위에 부수된 것들이 목적 달성에 적합한 것들인지, 그 목적 타당성을 검토해 보아야 답이 나온다.

3) 건전한 가치관

'가치관'은 말 그대로 가치에 대한 관점이다. 즉, 선악, 행 · 불행, 정오, 미추에 대한 관점이다. 가치관은 사람에 따라, 시대에 따라, 장소에 따라 다양하다. 가치관은 자신의 언행과 자세를 취하는데 준거가 된다. 이러이러한 상황에서 어떤 행위를 할 것인가를 판단하는데 기초가 된다. 가치관은 윤리관, 인생관, 국가관, 민족관, 정치적 이념과 철학, 경제관, 교육관 등 각 분야의 관점 설정에 결정적 영향을 준다.

우리나라는 유사 이래 안보 면에서 편할 날이 없었다. 지금도 마찬가지다. 북한이 대량살상무기 만들지 않고 평화공존하면, 우리가 많은 경제적 지원을 하겠다고 해도 그들은 막무가내다. 또, 나라 안으로는 경제적으로 빈부격차가 심해 다양한 갈등이 일어나고 있다. 법질서가 제 기능을 못해 불법과 부도덕적인 비리, 부정부패가 끊이지 않고 있다. 억지가 통하고 있다. 떼쓰면 들어주는 경향도 있다. 교육, 노사문제, 일자리 문제 등 해결해야 할 과제가 한둘이 아니다. 이렇게 복잡한 상황 속에서 국정의 방향 설정에 대통령의 가치관은 무엇보다 중요하다.

대통령이 그의 가치관의 기조 아래 어떤 인생관, 국가관, 행복관, 정의관, 도덕관, 정치관 및 경제관을 가지고 있느냐는 국정 방향의 지침이 된다. 대통령이 현재의 안보 상황을 어떻게 보고 있는지? 좋다고 보고 있는지, 아니면 나쁘다고 보고 있는지, 그것도 아니면 그저 그렇다고 보고 있는지 말이다. 또, 현재의 빈부격차를 어떻게 보고 있는지, 그것이 심하다고 판단하는지, 아니면 별 문제 없다고 보는지, 그것도 아니면 좀 심해도 전혀 상관없다고 보는지 등이다. 문제에 대한 그의 관점은 그의 판단과, 결정 및 실천에 절대적인 영향을 준다. 또, 비리와 부정부패는 어느 사회나 있으니, 우리 정도면 괜찮다고 보는지, 많은 공직자들이 마구 비리를 저질러, 노출되고 있는데 이에 대한 대통령의 관점은 국정, 특히 인사관리에 굉장한 영향을 미친다.

대통령의 가치관을 위시해서 많은 관점들은 자신의 행동뿐만 아니라 그 휘하 각료들의 행동 방향이 된다. 이것들이 건전하여 호소력이 강하면 강할수록 국민 응집력은 그만큼 강해진다. 호소력이 없으면 대통령과 국민들 간 갈등이 생겨 국민통합을 이루어 낼 수 없다. 물론 권력에 눌려 그의 각료들, 공무원들은 어쩔 수 없이 따라 하기는 하지만 호소력이 있을 때와는 결집도가 사뭇 다르다. 법치 문화보다는 인치 문화가 강한 우리의 경우 더욱 그렇다.

만일 한 정치인이 왜곡된 정치관을 가지고 있다면, 그는 정치 목적을 권력 쟁취에 두고, 이를 위해 수단 방법을 가리지 않을 것이다. 권력을 잡기 위해 어떤 술수라도 마다하지 하지 않을 것이고, 권력을 잡은 후 자신의 권력 유지, 확대에 온 신경을 쓸 것이다. 자신의 욕구를 채우는 쪽으로 국정 방향을 잡아갈 것이다. 그렇게 되면 정치, 경제, 민생, 교육 등 어느 것 하나 제대로 될 수 없다.

반대로 어떤 정치인이 오로지 국가발전과 국민행복 증진에 그의 정치 목적을 두었다면, 그의 모든 정치 행위는 국가, 국민 쪽으로 향하게 된다. 이런 대통령에게는 실수는 있어도 큰 실패는 없다. 아무리 상황이 좋지 않아도 중간 수확은 거둘 수 있다. 이러면 되는 것이다. 꼭 엄청난 업적을 남겨야 되는 것은 아니다. 너무 많이 남기려고 욕심 부리면 오히려 부작용이 생길 수 있다.

가치관이 너무 다르면, 의사소통이 어렵다. 공유되는 부분이 작아 서로간의 수용영역이 좁아져서 그렇다. 정치가들 사이에도 대립되는 정치관을 가지고 있으면 소통이 잘 안 된다. 또, 사리사욕에 치우친 가치관을 가지고 있어도 의사소통이 어렵다. 사리사욕은 공적 관계에서 자동적으로 충돌하게 되어 있다. 정치목표가 오로지 개인의 정치적 야심 때문이라면, 의사소통을 자신의 욕구 채우는 데에 이용할 것이다. 자기 쪽으로 상대를 유인하려들 것이다. 그런 사람과는 공익을 위한 목표를 공유할 수 없으므로 진실한 소통이 이루어질 수 없다. 이런 사람은 어떤 만남에서도 상대를 이용하고 속일 궁리만 하게 된다. 아무리 앉아서 얘기해 봐야 목표가 자기 욕심 채우는 데 있으므로 공감대는 없다. 따라서 건전한 가치관은 만남과 진솔한 소통을 가능케 하는 핵심이다.

해방 후 우리나라 정치를 통해서 보면, 건전한 가치관, 정치관을 가진 대통령은 드물었다. 국가와 국민의 욕구보다 자신의 권력욕, 재물욕, 성취욕, 명예욕에 더 무게를 두었던 것으로 보인다. 사욕에 빠지면 국익을 위한 창의적이고 건전한 생각이 떠오르지 않는다. 사람은 욕구가 큰 쪽으로 마음이 쏠리기 마련이다. 우선 자기 입지를 먼저 생각하고 '나를 위해 뭐 할 것 없나?' 찾게 된다. 못 찾으면 짜증낸다. 국익은 뒷전으로 밀리고 그 결과 국민이 그 대가를 치르게 된다. 이것이 가장 큰 민폐덩어리다.

대통령이 자신의 권력욕, 재물욕, 성취욕, 명예욕에 무게를 두면 국가, 국민은 안중에 없고 아는 사람 중, '누구를 어떤 자리에 앉힐까' 고민한다. 모든 문제를 자기 입장에서 보게 되므로 자신에게 손해만 안 되면, 불의, 비리, 부정부패를 적당히 덮고 가려 한다. 그는 이런 것들에 분노하지도 않는다. 심지어는 손수 이런 나쁜 짓에 연루되기도 한다. 그 결과 부정부패 환경이 조성되고 대부분의 국민들, 특히 약자들이 고달파진다.

대통령이 다음과 같은 관점들을 가지고 있을 때, 국가와 국민은 물론 자신도 행복해질 수 있다고 본다. 국가발전과 국민행복에 합치되는 가치관, 나라사랑 속에 자기 사랑이 녹아 있는 국가관, 인간의 존엄성을 기반으로 한 정치관, 사를 버리고 공에 봉사하는 것이 자신의 행복으로 삼는 행복관, 강자보다는 약자를 돕는 것이 정의이며 올바르다는 정의관, 법과 질서가 공동생활에서 가장 중요하다고 보는 법치관, 부정부패자들로부터 선량한 국민을 보호하는 것이 선이고 정의라고 보는 부정부패 척결관, 권력은 목적이 아니라 공공복리 증진을 위한 수단으로 보는 권력관이다.

4) 신뢰

신뢰는 서로간의 믿음인데, 이것은 인격이 빚어내는 덕 중의 하나이다. 이것은 갈고 닦은 인격 속에서 나온다. 따라서 인격자가 아니면 신뢰로울 수가 없으며, 진정한 소통도 안 된다. 흔히 유행어처럼 근자에 부쩍 '소통', '소통'하는데, 이 소통을 많이 한다고 없던 신뢰가 새로 생기는 것이 아니다. 잃었던 신뢰가 쉽게 회복되지도 않는다. 마치, '효'나 '충'이 얻어지거나 회복되는 것이 아님과 같다. 소통은 자신이 가지고 있는 신뢰를 전달하는 수단일 뿐이다.

신뢰는 지도자에게 매우 중요한 덕목이다. 무슨 말을 해도 믿기지 않는 사람은 그 자체로서 지도자감이 아니다. 그런 사람은 리더십을 제대로 발휘할 수 없다. 오웬스(Owens)와 켈리(Kelly)가 "리더십이 지도자 개인이 아닌, 집단의 기능"이라고 했듯이,[33] 지도자가 혼자 조직의 일을 하는 것이 아니다. 구성원들과 상호작용하면서 협조적으로 일을 한다. 구성원들 간 상호작용이 원활하려면, 먼저 지도자의 신뢰가 있어야 한다.

만일 대통령의 언행이 일치하지 않는다면 그의 약속이나 정책에 대한 추종자들, 국민들의 수용범위는 그만큼 좁아진다. 신뢰성이 부족하므로 그 휘하 각료들이 그의 지시나 명령을 흔쾌히 수용하지 않고, 의무적으로 따르게 되어 국정수행 효과는 떨어질 수밖에 없다. 마지못해 따라 하는 행동은 보신주의로 흐르기 마련이고 적극적일 수 없으며, 창의적일 수 없다.

신뢰는 힘으로 얻는 것이 아니고, 오직 양심, 도덕, 성실성 등 덕목을 통해서 얻어진다. 이리저리 말을 자주 바꾸고, 환심을 사기 위한 선심성 정책을 편다고 얻어지는 것도 아니다. 신뢰는 입술에서 나오는 것이 아니고 인격에서 나온다.

국가지도자의 신뢰가 국가경영에 얼마나 중요한지를 보여주는 단적인 예를 미국 건국의 아버지, 워싱턴(Washington)을 통해서 찾을 수 있다. "미국 독립 후, 헌법제정회의 대표들은 장기간 다른 나라 왕정체제의 폐해를 보아 왔으나, 워싱턴에게 막강한 권력을 부여키로 결정하였다. 즉, 대통령은 입법부, 사법부와 무관하게 선출되며, 무제한 연임을 가능하게 하였다. 거부권 행사로 의회통제가 어느 정도 가능하고 반역, 범죄행위가 아니면 면직되지 않는다고 결의했다. 한 대표에 따르면, 많은 대표들은 워싱턴의 미덕을 염두에 두고 그에게 막강한 권한을 부여했다"는 것이다. 이를 보면, 그의 신뢰가 어느 정도인지 짐작할 수 있다. "외국의 전제정치를 익히 알고 있는 미국 시민들은 대통령의 막강한 권력을 우려했지만, 초대 대통령이 워싱턴이라는 점에 안도했다. 드디어 1789년 2월 4일 워싱턴은 만장일치로 초대 대통령으로 선출되었다."[34]

신뢰에 관해 성현들의 교훈을 살펴볼 수 있다. 공자(孔子)는 이르기를 "높은 벼슬아치로서 믿음을 얻으려면 먼저 마음을 비워야 한다. 정치를 바르게 하려면 먼저 바르게 해야 하며, 백성들이 명령에 잘 따르게 하려면 올바른 도를 베풀어, 이 도로써 다스려야 한다. 힘으로 억누르면 진심으로 따르지 않는다. 충성과 믿음이 아니고는 백성들로부터 친절함을 받을 수가 없다. 응하지 않으면 믿음을 받을 수가 없게 된다"고 했다. 이는 대통령이 그 각료나 국민들로부터 신뢰를 받으려면, 자신이 먼저 사리사욕을 버리고 득도하여 도로써 정치를 해야 신뢰를 받을 수 있다는 점을 시사해 주고 있다.

공자는 또, "정치란 족식(足食: 경제), 족병(足兵: 국방), 민신(民信: 신뢰)의 구현인데, 하나를 버리라면 먼저 족병을 버리고, 다음에 족식을 버린다. 민신이 없으면 나라가 설 수 없다"고 가르친다(논어, 안연편).[35] ≪논어≫에서 공자는 '사람으로서 믿음이 없으면 어디다 쓰야 할지 알 수 없다'고 하여, 믿음이 없는 인간은 아예 사람 축에도 넣지 않았다.[36] 이만큼 신뢰가 긴요하다는 말이다. 실제로 사람 간 믿음 없이 되는 일은 없다. 단돈 만원을 빌려줄 때도 믿음이 없으면 머뭇거리게 된다.

신뢰는 약속을 지킬 때 생기는 것이다. 무조건 좋은 얘기만 한다고 신뢰가 생기는 것이 아니다. 신뢰를 받으려면 지킬 약속만을 해야 한다. ≪손자≫에서는 장수의 다섯 번째 조건을 신용이라 했다. 거짓말을 일삼는 장수를 따를 부하가 없다고 했다. 리더십은 구성원과의 상호작용에서 가능하므로 신뢰가 없으면 상호작용이 일어나지 않는다는 말이다. 신뢰는 비단 장수나 지도자뿐만 아니라 사람이면 누구나 지켜야 할 덕목이다. ≪논어≫에서 공자는 "사람으로서 언행에 믿음이 없으면, 무슨 일을 할지 알 수 없다"고 했다.[37] 한번 입 밖에 낸 말은 번복하는 일이 없이 행동으로 옮겨 꼭 목적을 완수해야 믿음이 간다는 교훈이다.

'이러이러면, 뭐든지 다해 주겠다'는 식의 빈 약속은 피해야 한다. 환심을 사기 위해 지키지도 못할 약속을 남발한다면 지킬 수 없는 상황이 전개되는 것은 뻔하다. 만일 어떤 사람이 이행할 가능성이 없는 약속을 했다고 치자. 예로서, 부모가 자녀에게 '네가 90점 이상 점수를 맞으면 뭐든지 다해 주겠다'는 약속을 했다고 치자. 90점 이상의 성적을 올렸다고 해달라는 대로 부모가 다 해 줄 수는 없는 것이다. 이렇게 지키지 못할 약속을 자주하면, 나중에는 믿지 않는다. 빈 약속을 자주하면, 행동 결과에 대한 보상이 나올 확률이 낮다고 지각되기 때문에 구성원들의 동기를 유발시킬 수 없다.[38]

어느 후보자가 선거 기간 중에 표를 의식한 나머지, 과도한 약속을 하여 지키지 못했다면, 국민으로부터 신뢰를 얻을 수 없다. 신뢰가 주장한다고 얻어지는 것이 아니라 입 밖에 나온 약속을 지킴으로써 얻어진다. 우리 주의에도 자기가 말한 것을 잘 지키는 사람이 있는가 하면, 약속만 해 놓고 잘 안 지키지는 사람이 있다. 거짓 약속으로 속이는 것도 한두 번이지, 자꾸 속일 수는 없다. 결국 들통 나기 마련이다.

신뢰는 아무한테서나 싹터 나오는 것이 아니다. 말만 잘하고 실천이 없는 말쟁이의 가슴에서는 신뢰의 덕목이 우러나오지 않는다. 신뢰가 나올 만한 인격, 품격을 갖추고 있을 때 가능하다. 정직하고 절제하는 신중한 성품에서 나온다. 공자(孔子)도 "군자는 일에는 재빠르나 말에는 신중하다"고 했다.[39]

노자(老子)는 신뢰로운 자의 모습을 다음과 같이 묘사했다. "미더운(신뢰) 말은 수식이 없고, 수식이 있는 말은 미덥지 않다. 솔직한 사람은 변명을 하지 않고, 변명하는 사람은 솔직하지 못하다. 참으로 아는 사람은 무엇이나 다 알지 못하고, 무엇이나 다 아는 사람은 참으로 알지 못한다. 성인은 자기 1개인을 위하여 덕을 쌓아 두지 않고, 남을 위함으로써 자기도 더욱 덕이 있게 되고, 남에게 덕을 줌으로써 자기도 더욱 덕이 많게 된다. 천도는 만물을 해치지 않고 이롭게 하며, 성인의 도는 사람과 다투지 않고 일을 한다."[40]

성현들의 가르침은 단지 덕담이 아니라 실제 생활에 적용되는 교훈이다. 말을 쉽게 하고 수식이 많은 사람은 그만큼 믿음을 주지 못한다. 자기만을 위한 덕을 쌓는 사람은 결국 이기주의자인 것이다. 이기주의는 자신 한 개인만을 위한 것이므로 진정한 덕은 아니다. 그렇게 보면 신뢰도 하나의 봉사이며 베푸는 것이다.

그런데 우리 현실은 신뢰성이 매우 부족하다. 장밋빛 공약을 남발하는, 자신의 약점을 교묘히 잘 감추는, 말 잘하는, 돈을 많이 쓰는, 사람동원 잘하는 정치인이 당선될 가능성이 높다. 그리하여 정직하고 능력 있는 대통령감을 놓치는 불상사가 일어났었다. 일반 국민들은 평소 먹고 사는 것이 최대의 관심이지, 대통령 선거에 늘 관심을 가질 수는 없다. 후보자 한 사람 한 사람에 대하여 꼼꼼히 관찰하고 토론하여 그들의 장점과 단점을 알아내기도 실제로 어렵다.

대통령의 일거수일투족은 각종 정보매체를 통하여 날마다 국민 앞에 노출되기 때문에 국민들은 그의 인격성, 성품, 성향 등에 대해 점점 더 알게 된다. 그 결과 임기 초에 높았던 지지도가 말기에 낮아지는 경향으로 나타난다.

그러면 '신뢰'가 국가지도자, 장수, 군자에게 필요한 조건이고 일반 사람에게도 유익한데, 왜 사람들은 약속을 지키지 않아 신뢰를 잃을까? 여기에는 이유가 있다. 약속을 안 지키는 것이 사적으로 일단 이득이 되기 때문이다. 이 이득은 바로 상대방의 손해로 귀결된다. 결국 신뢰를 잃게 되는 것은 과욕(탐욕)을 채우려는 데에 그 원인이 있다. 그래서 신뢰는 자기 욕구의 절제, 상대에 대한 사랑과 배려를 전제로 하는 것이다.

신뢰는 약속을 지킴으로써 가능한데 약속을 지킨다는 것은 상황에 따라 자신의 손실을 감수하고 상대의 편익을 도모하는 행위다. 만날 약속을 지키기 위해 비가와도, 불편해도, 바빠도 나가 만나는 것이다. 이 때 자신에게는 현실적으로 손해임에는 틀림없다.

신뢰를 위해 자신의 손해를 감수한다는 것은, 뒤집어 보면 상대방을 배려하는 것, 상대의 편익을 배려하는 것이다. 자기 손해를 감수하니 절제가 되는 것이다. 상대의 편익을 위해 자기의 편익을 버리는 것이다. 그래서 역사상 위대한 인물들은 모두 하나같이 자기희생을, 자기 것을 내려놓음으로써 인류로부터 존경을 받은 것이다. 사리사욕 채우는데 급급했던 사람이 위인이 된 예는 없다. 자기 자신, 개인을 위해서 뭐를 열심히 해서 성공했다 하더라도 다른 사람들이(국민 또는 인류) 그를 존경하고 사랑할 까닭이 없는 것이다.

5) 청렴성

공인으로서 사리사욕으로 지탄받게 되면, 우선 떠오르는 것이 금전적인 것만을 생각하기 쉬운데, 그렇지 않다. 사적인 명예, 권력, 위신, 체면, 성취감까지도 이들이 공적인 일과 연계되어 있으면 지탄받아 마땅한 사리사욕이다. 꼭 돈만 가지고 이야기할 수 없다. 공적인 일을 결정, 수행함에 있어서 그 중심에 '공'대신 '자기'를 놓으면 그것이 바로 사리사욕이다. 사심이 있으면 내 처지, 내 명예, 내 위신, 내 치적, 내 성취 등 '나'가 항상 어른거려 공익에 집중이 안 된다. 마음이 젯밥에 있으니 그렇다.

진립부(陣立夫)는 "군자와 소인의 분류는 복잡한 것 같이 보이나 실제로는 매우 간단하다. 오직 공과 사의 구별에 불가하다"고 했다. 공자(孔子)도 "군자는 의(義)에 밝고 소인은 이(利)에 밝다. 군자는 미덕을 생각하고 소인은 토지를 생각한다"고 하면서 군자와 소인을 구별하고 있다.[41] 사리사욕에서 비인간적, 비인격적인 행동이 나온다.

사리사욕 채우려는 그릇된 열정이 생기면 이것이 부정부패와 연결된다. 공익에 열정이 생기면 좋은 덕목은 다 생긴다. 이렇게 공심과 사심은 엄청나게 다르다. 사리사욕이 강하면 공인으로서의 책무를 망각하고 자기중심으로 정책을 펴 나가므로 정책결정과 수행이 빗나가기 마련이다. 자기에게 이득이 되는지, 손해가 되는지를 염두에 두고 공적인 일을 한다면 합리적으로 일할 수 없다.

모든 공공적 가치가 제대로 실현되고 있는지, 없는지를 측정하는 척도 중 가장 신뢰할 만한 것은 그 사회의 청렴도라고 본다. 탐욕에 눈이 멀어 막 해 먹는 사회에서 어진 마음이 자랄 수 없고, 정의감이 싹틀 수 없다. 공공복리에 대한 관심이 높을 수 없고, 국가와 국민사랑이 싹틀 수 없다. 열심히 하려는 의욕이 생길 수 없고, 상호간 믿음이 생길 수 없다. 재물 앞에서 부모에 대한 효심도 꺾이는, 그야말로 막가는 사회가 된다.

공자(孔子)는 말한다. "재물 욕심을 버리는 것이 제일이다. 벼슬아치가 깨끗하고 공평하다면 다시 고칠 것이 없다."고 설파했다.[42] 청렴으로 정치, 행정을 하면 더 고칠 것이 없이 훌륭한 정치, 행정을 할 수 있다는 말로 들린다. 따라서 공직사회에서 바르게 사는 청렴의 인프라가 먼저 구축돼야 한다. 그러려면 공직사회의 최고 수장인 대통령이 솔선수범하고, 공직사회가 그렇게 되도록 강력하게 지도해야 한다.

대통령이 혹시 '나만 부정부패 안 하면 그만이지' 하는 생각은 버려야 한다. 왜? '나만' 그 자체가 바로 사리사욕의 씨앗이기 때문이다. 어떤 경우든 '나'가 들어가면 사리사욕의 시작이다. '더불어'가 공익의 시작이다. 이순신 장군, 안중근 의사, 유관순 열사, 이준 열사 등 애국선열들의 '나'는 국가와 민족 속에 녹아 이미 없어진 상태가 된 것이다.

상탁하부정(上濁下不淨)이라는 말이 있듯이 노블레스 오블리쥬는 고위공직자나 정치인, 오피니언 리더들의 도덕적 해이(모럴 해저드)가 극심한 우리 사회에 경종을 울리는 금언(金言)이 아닌가 싶다. 다음은 노블레스 오블리쥬를 실천한 청렴한 국가 지도자 몇 사람을 소개했다.

먼저, 미국의 역대 대통령 중, 부정부패로 구설수에 오른 대통령들은 거의 없었다. 초대 대통령 워싱턴(Washington)은 독립군 사령관 시절 봉급을 받지 않겠다고 선언했다. 오히려 독립운동을 위해 지출한 사비 중, 실비도 제대로 받지 못했다고 한다. 그는 국가에 봉사하는 것만으로도 충분하다고 생각했다. 그 후 배출된 건국 초기 대통령 제퍼슨, 매디슨, 먼로, 잭슨은 퇴임 후 빚으로

부동산을 처분하거나 어려움을 겪으며 살았다고 한다. 얼마나 청렴하게 대통령직을 수행했으면, 퇴임 후 그렇게 경제적 어려움을 겪었겠는가?

미국은 독립 후 지금까지 43명(22대, 24대 클리블런드 중임)의 대통령을 배출했는데, 두서너 명의 대통령을 제외하고 비리, 부정부패로 곤욕을 치른 대통령은 없다. 이 두서너 명의 대통령들도 인사를 잘못해 그 각료들이 비리, 부정을 저지른 것이지, 대통령 자신이나 가족이 청렴하지 못해 구설수에 오르지는 않았다. 우리와는 차원이 다르다. 우연히 최강국이 된 것이 아니다.

다음으로 프랑스 애국 대통령 드골(De Gaulle)의 청렴성과 의리를 예찬하고 싶다. 제2차 대전시 히틀러로부터 프랑스를 구한 드골의 청렴성은 유언에서도 드러난다. 그는 유언에서 자기가 죽으면 가족장으로 할 것과, 대통령이나 장관들이 참례(參禮)하지 못하도록 하라고 했다. 대신, 2차 대전 전쟁터를 누비며 프랑스 해방을 위하여 함께 싸웠던 전우들의 참례는 하도록 하라고 유언했다.

프랑스 정부는 드골 대통령의 유언을 받들어 대통령과 장관들은 영결식장에 가지 않고 사무실에서 묵념을 올리고 기도했다. 그는 사랑했던 장애자였던 딸의 무덤 옆에 묻어 달라는 유언도 남겼다. 그뿐 아니라 "내가 죽은 후 묘비를 간단하게 하라. 이름과 출생, 사망 연도만 쓰라"고 했다. 그래서 드골 전 대통령의 묘비에는 이렇게만 적혀 있다. "Charles de Gaulle, 1890-1970"

그리고 드골은 정부가 지급하는 대통령 연금과 그 가족들에게 지급하는 연금도 받지 않았다. 드골은 그 돈을 불쌍한 국민들을 위해 사용해 달라고 했다. 그에 따라 정부는 드골 퇴임 후 본인은 물론 서거 후 미망인, 가족들에게 나가는 연금도 무의탁 노인들과 고아원 어린이들을 위해 사용하는 신탁기금에 보내 사용하고 있다.[43] 그는 죽어서까지 청렴을 지킨 고귀한 삶을 산 위인이었다. 자신에게 지독히 각박했던 대통령이었다.

그 다음으로, 싱가포르의 국부, 이광요 수상의 청렴성을 꼽지 않을 수 없다. 우리는 이광요로부터 많은 것을 배워야 한다. 땅덩어리도 작고 인구도 적은 나라인데 세계가 알아주는 선진국이 되었다. 상대적으로 우리와 유사한 점이 많다.

이광요 수상은 그의 자서전에서 "켕쉬와 나는 말레이시아 수상 툰구를 따라 고급 남성 클럽에 간적이 있었다. 최고급 음식이 제공되었고, 마작이나 포커를 할 수 있었다. …… 그러나 여자들이 들어오자 나와 켕쉬는 선약이 있다며 빠져 나왔다. 우리는 덧없는 일에 돈을 쓸 여유가 없었다. 만약 우리가 남아 있었다면 필경 우리가 말레이시아 지도자들로부터 압력을 받았을 것이다. 우리 인민행동당은 말레이 반도의 정치인들과 달랐다. 싱가포르 정부의 관료들은 향락이나 치부에 초연했다. 그러나 그들은 우리가 공산주의자 못지않게 위험하며 너무 이상적이고 깨끗해서 다루기 곤란한 존재라고 생각했다. 그들에게 우리가 더욱 고민스러운 이유는 우리가 합법적으로 행동하기 때문에 매수하기가 곤란했다는 것이다."[44]

마지막으로, 대통령, 국회의원 및 정부 관료가 될 사람들은 박정희 대통령으로부터 많은 것을 배워야 한다. 그의 뼈 속까지 스며든 나라사랑과 열정, 청렴성을 보여주는 실화 한 토막을 소개한다. 다음 이야기는 당시의 미국의 유명한 군사무기 제조업체인 맥도널드 더글러스사의 핵심 인사가 한국을 방문해서 박정희 대통령과 나누었던 실화라고 한다.

한국은 월남전 참전으로 미국과의 관계가 다시 우호적으로 되었고 …… 물질적인 지원을 미국으로부터 받게 되는 위치에 서게 되었다. 지원 중의 하나가 M-16 자동소총 수입이었다. 이전의 한국에서 사용하던 무기는 단발식 M-1 소총으로 M-16과는 비교할 바가 못 되는 그야말로 장난감과 같은 수준의 무기였다. 우리는 그런 낡은 무기를 들고 남북대치 상황을 견디어 내어야만 했었다. M-16의 수출업체는 맥도날드 더글러스사였다. 한국으로의 수출 건을 따내게 된 뒤, 그 회사 핵심 인사는 한국을 방문했다. 그에 따르면, 무기를 수입한 국가를 찾아 의례적인 인사치례를 하게 된다는 것이다.

M-16의 수출업체 더글러스사 핵심 인사는 말했다. "여름이었던 것으로 기억이 납니다. 그것도 너무도 더웠던 여름이었던 것으로 기억합니다. …… 비서관이 열어주는 대통령 집무실의 광경은 나의 두 눈을 의심케 만들었습니다. 커다란 책상 위에 어지럽게 놓인 서류더미 속에 자신의 몸보다 몇 배는 더 커 보이는 책상 위에 앉아 한 손으로는 무언가를 열심히 적고, 남은 한 손으로는 부채질을 하면서 날씨를 이겨 내고 있는 사람을 보게 되었습니다. 한 나라의 대통령 모습이라고는 전혀 믿기지 않을 정도였습니다. 아무리 가난한 국가라지만 그의 행색은 도저히 대통령이라고 할 수 없을 정도였습니다. 하지만 고개를 들어 나를 바라보는 그의 눈빛을 보았을 때, 지금까지의 그의 허름한 모습이 뇌리에서 사라짐을 느낄 수 있었습니다. …… 대통령은 손님이 온 것을 알고 예의

를 차리기 위해 옷걸이에 걸린 양복저고리를 입고 있었습니다. 나는 그 때서야 비로소 그가 러닝차림으로 집무를 보고 있었음을 알게 되었다. '각하! 미국 맥도널드사에서 오신 데이비드 심프슨 씨 입니다.' 비서가 나를 소개함과 동시에 나는 일어나 대통령에게 예의를 갖추었습니다.

'먼 곳에서 오시느라 수고 많으셨소. 앉으시오.'

한여름의 더위 때문인지, 태어나서 처음 느껴 보는 긴장 탓인지, 나는 무의식적으로 굳게 매어 진 넥타이로 손이 가고 있음을 알았습니다. '아, 내가 결례를 한 것 같소이다. 나 혼자 있는 이 넓은 방에서 그것도 기름 한 방울 나지 않는 나라에서 에어컨을 튼다는 게 큰 낭비인 것 같아서요. 나는 이 부채바람 하나면 바랄 게 없지만 말이오. 이 뜨거운 볕 아래서 살 태우며 일하는 국민들에 비하면 나야 신선놀음 아니겠소. 이보게. 비서관! 손님이 오셨는데 잠깐 동안 에어컨을 트는 게 어떻겠나?' 나는 그제야 소위 한 나라 대통령의 집무실에 그 흔한 에어컨 바람 하나 불지 않는다는 것을 그 때야 깨달을 수 있었습니다. 그리고 지금까지 내가 만나봤던 여러 후진국의 대통령과는 무언가 다른 사람임을 알 수 있었습니다. ……

예정대로 나는 내가 한국을 방문한 목적을 그에게 얘기하기 시작했습니다. '각하! 이번에 한국이 저희 M-16 소총의 수입을 결정해 주신 것에 대해서 감사드립니다. 이것이 한국의 국가방위에 크게 도움이 되었으면 하는 바램입니다. 그리고 이것은 저희들이 보이는 작은 성의…… 나는 준비해 온 수표가 든 봉투를 그의 앞에 내밀었습니다.' '이게 무엇이오?' …… 흠, 100만 달러라, 내

봉급으로는 3대를 일해도 만져 보기 힘든 큰 돈이구려.'

'각하! 이 돈은 저희 회사에서 보이는 성의입니다. 그러니 부디……'.

'이보시오! 하나만 물읍시다.' '예. 각하!' '이 돈 정말 날 주는 것이오?'

'네. 물론입니다. 각하!' '대신 조건이 있소. 들어주겠소?' '네. 말씀하십시오. 각하!'

대통령은 수표가 든 봉투를 나에게 내밀었습니다.

그리고 나에게 다시 되돌아온 봉투를 보며 의아해하고 있는 나를 향해 말했습니다.

'자, 이돈 100만 달러는 이제 내 돈이오. 내 돈이니까 내 돈을 가지고 당신회사와 거래를 하고 싶소. 지금 당장 이 돈의 가치만큼 총을 가져오시오. 난 돈보다는 총으로 받았으면 하는데, 당신이 그렇게 해 주리라 믿소.'

나는 왠지 모를 의아함에 눈이 크게 떠졌습니다.

'당신이 나에게 준 이 100만 달러는 내 돈도, 그렇다고 당신 돈도 아니오. 이 돈은 지금 내 형제, 내 자식들이 천리타향에서 그리고 저 멀리 월남에서 피를 흘리며 싸우고 있는 내 아들들의 땀과 피와 바꾼 것이오.' '그런 돈을 어찌 한 나라의 아버지로서 내 배를 채우는데 사용할 수 있겠소. 이 돈은 다시 가져가시오. 대신 이 돈만큼의 총을 우리에게 주시오.'

나는 낯선 나라의 대통령에게 왠지 모를 존경심을 느끼게 되었습니다. …… '네. 알겠습니다. 각하! 반드시 100만 달러의 소총을 더 보내드리도록 하겠습니다.' …… 그렇게 대통령에게는 한국의 국민들이 자신의 형제들이요, 자식들임을 느끼게 해 주었습니다. 배웅하는 비서관의 안내를 받아 집무실을 나오면서 다시 한 번 돌아본 나의 눈에는 다시 양복저고리를 벗으며 조용히 손수 에어컨을 끄는 작지만 너무나 크게 보이는 참다운 한 나라의 대통령이……".[45]

박정희 대통령의 청렴성이 드러나는 위 실화 내용에 몇 글자가 첨삭되었는지는 알 수 없으되, 사실임에는 틀림없다. 국정에 임하는 대통령의 이런 기본 정신이 없었다면 자연자원이라곤 아무것도 없는 최빈국을 중진국, 선진국으로 가는 발판을 만들 수가 없기 때문이다. '하나를 보면 열을 알 수 있다!' 누가 뭐래도 이 분한테 우리는 많은 빚을 지고 있다. 고마움을 느껴야 한다.

개념 없이 권력을 즐기며 흥청망청 국고를 쓰는 국가지도자가 훌륭한 대통령(수상)이 될 수 없고, 그 부담은 국민이 떠안을 수밖에 없다. 거기다 부정부패까지 하게 되면 국민들은 철저히 배신당한 꼴이다. 깨끗하고 청렴한 대통령만이 역사에 훌륭한 국가지도자로 남을 수 있고, 존경을 받을 수 있다. 물론 청렴이 전부는 아니지만, 꼭 필요한 덕목이다.

우리 현실은 실망스럽다. 정치, 행정가들이 민생 외의 자신들 문제에 많은 시간과 노력을 쓰는 것 같다. 쉬운 말로, 자기들 앞가림하는 데에 시간과 노력을 쓰고 있다. 자기들 중, '누가 비리에 연루됐다, 아니다', '누가 무슨 법에 위반됐다, 아니다', '누가 검찰에서 조사받고 있다. 공정하지 못하다, 아니다', '정치보복이다', '그건 아니다', '통화가 안 된다, 먹통이다', '소통이 부족하다' 등 민생은 외면한 채 자기들 신변 문제로 옥신각신하는 데 시간과 비용을 너무 쓰고 있다. 국정에 대한 이야기만 해도 모자랄 판에 왜들 자기들 일로 시간을 보내는지? 사적인 탐욕 때문에 그렇다.

6) 절제

국가지도자의 덕목으로 절제는 매우 중요하다. 절제는 지도자뿐만 아니라 보통 사람에게도 빼놓을 수 없는 덕목이다. 절제는 장래의 가치를 위해서 현재의 쾌락, 욕구를 삼가는 것이다. 청렴도 절제에서 나온다. 모든 사람이 절제만 잘 해도 다투고 싸우는 일 없이 순리대로 살아갈 수 있다. 여기에 평화가 깃든다.

아리스토텔레스(Aristoteles)는 인격 요소를 자제력, 정의, 용기로 보았다. 자제력을 여러 미덕 중 맨 위에 놓았다. 그것은 육체적 욕구를 삼가고 조절하는 것으로, '사람다움'의 첫째 요소라고 했다. 자제력은 명예, 친근감과 달리, 언제, 어디서나 훌륭한 사람에게 있어야 하는 덕목이다.[46] 사실, 정의, 용기는 필요할 때가 있고, 별로 불필요한 때도 있다. 정의는 옳고 그름에 대한 판단이 필요할 때다. 용기는 해야 될 일을 하거나, 하지 말아야 될 일을 하지 않을 때, 어떤 방해 요인이 있더라도 이를 두려하지 않고 소신대로 밀고 나갈 때 필요하다.[47]

실제로 우리 생활에서 옳고 그름에 대한 판단이 필요 없는 경우가 많다. 이때는 정의가 문제로 등장하지 않는다. 식사를 한다든지, 잠을 잔다든지, 설명을 한다든지, 애인과 데이트를 한다든지 등에는 정의는 별 기능을 하지 않는다. 용기도 마찬 가지다. 항상 용기가 필요한 것은 아니다. 학생들을 인솔하여 수학여행을 할 때, 교사의 용기가 필요한 상황은 아니다. 강의할 때도 용기가 있어야 하는 것은 아니다. 일반 직장(군 예외)에서 근무 중에 용기가 필요한 경우도 드물다.

반면에, 절제는 사생활에서도, 공동생활에서도 늘 필요하다. 절제는 약방의 감초처럼 언제 어디서나 유익하다. 맛있는 음식을 먹을 때도 너무 먹으면 안 좋고, 잠을 자도 적당히 자야 되고, 공부를 해도 쉬지 않고 너무 장시간 하는 것은 안 좋다. 강의를 할 때도 너무 욕심을 부려 자기 자랑하듯 강의하는 것보다 학습자 눈높이에 맞춰 강의를 하는 것이 좋다. 회의에서 장시간 혼자 잘났다고 떠드는 것도 인격의 모습이 아니고, 휘하 직원의 의사를 무시하고 '내가 최고'라는 식으로 밀어붙이는 것도 분명 절제는 아니다.

대통령이 의욕이 흘러넘쳐 국민이 싫어하든 말든 밀어붙이는 것도 절제력을 갖춘 인격자가 할 일은 못된다. 나름대로 능력 있는 대통령이 그러면 그래도 덜한데, 능력 없는 대통령이 그러면 정말 골치다. 정치는 물론, 경제가 망가지고, 사회기강은 엉망이 되기 십상이다. 대통령이 이러면, 민주성, 합리성, 과학성은 '따지지도 말고 묻지도 말고' 힘으로 밀어붙이는 풍조가 조성된다.

절제는 언제 어디서나 모든 국민에게 있어야 함으로, 이것이 있으면 싸우지 않고 화목하게 지낼 수 있다. 소크라테스(Socrates)는 "절제가 화성(和聲)을 닮았다"고 했다.[48] 절제가 있으면 나라 전체가 한마음 한뜻으로 화합하게 된다는 것이다. 모든 사람이 절제를 하게 되므로 화합되지 않을 수 없는 것이다. 절제는 보편적 질서의 핵심 요소다.

공자(孔子)는 절제의 중요성을 다음과 같이 가르쳐 주고 있다. "군자는 곤궁할 때에도 지켜야 할 도리를 고수하지만, 소인은 곤궁하면 넘쳐흘러 못하는 짓이 없다. 군자는 중용의 도를 지키나 소인은 중용의 도를 위반한다."[49] 군자는 인격을 갖추고 있으므로 어려워도 자신의 욕구를 억제할 줄 아나, 소인은 욕심 채우느라 수단방법을 가리지 않는다는 말이다. 그래서 '그 사람을 알려면 어려운 때에 어떻게 하는지 보라'는 교훈이 있다.

서로 다른 생각을 가진 사람들이 합의를 도출해 내려면 자신의 욕구를 억제하고 상대방의 주장을 수용할 태세를 갖춰야 한다. 법 · 질서, 원칙에 순응하고 자신의 욕심을 누그러뜨릴 때 화합이 이루어진다. 절제는 사리사욕을 억제하는 것이요, 공익을 높이는 일이다. 국익이 아니라 당리당략 차원에서 협상하여 잇속 챙기는 것은 진정한 소통, 화합, 절제가 아니다. 이런 식의 협상은 국민은 안중에 없고 '너 좋고 나 좋게' 하자는 사리사욕의 나눔이다. 결국 모든 비리, 부정, '협상 타령', 속임수, 강간, 탄압, 갈취, 협박 등 모든 나쁜 짓의 시초는 절제 못하는 탐욕에 있다.

2. 성격(기질)

여기서는 성격, 성질, 기질의 차이점을 따지지 않고 혼용키로 했다. 대통령의 성격(성질, 기질)이 국가경영에 그다지 중요치 않은 것으로 보기 쉬우나, 실은 매우 중요하다. 성격 때문에 성공할 수도 있고, 실패할 수도 있다.

위기 상황에서 지도자의 성격은 더 중요하다. 안보위기, 경제위기 등에서 낙천적인 성격은 큰일을 내고 만다. 비견되는 실례를 들어 보자.

미국 31대 대통령 후버(Hoover)가 그의 뒤를 이은 32대 루스벨트(Roosevelt)보다 경제관련 경험이 많은데도 불구하고 성격 때문에 후버는 실패한 대통령, 루스벨트는 성공한 대통령이 되었는지 모른다. 물론 이 성공과 실패가 100% 성격 탓만은 아니나 많은 영향을 미친 것은 사실이다.

인격과 경륜, 능력을 잘 갖췄다고 평가되는 미국 31대 대통령, 후버는 낙관적인 성격으로 미국의 경기침체를 방치했던 것이다. 그의 안일하고 느긋하며 낙천적인 성격 때문에 이를 극복하지 못하고, 다음 대통령 루스벨트에게 그 짐을 넘겨주고 말았다. 루스벨트는 이를 경제위기로 받아들여 많은 개혁을 단행하여 극복해 냈다. 물론 안목의 차이, 잠재적 능력의 차이도 있었겠지만, 낙천적인 성격 때문에 후버는 상황을 너무 안이하게 판단했던 것으로 평가되고 있다.

성격은 매일 매일의 사고와 행동에 영향을 미친다. 상황에 대처할 때, 인간관계에서, 일의 완급을 조절할 때, 의사 결정할 때 등 언제 어디서 무엇을 하든지 성격은 많은 영향을 미친다. 국가지도자, 대통령이라고 다를 바 없다.

어떤 사람을 알고 싶으면 그의 성격을 관찰해 보는 것이 빠르다. 현재의 그의 성격으로 그의 과거를, 또는 그의 현재 성격을 통해서 그의 미래를 예측해 볼 수 있다. 물론 성격을 알기 위해 그 동안 그가 어떤 일을 어떻게 해 왔는지를 주의 깊게 보아야 한다는 어려움은 있다.

≪조직행동론≫에서 올갠과 배이트맨(Organ & Bateman, 1991)은 성격 말고 다른 방식으로 개인을 알 수 없다고 했다.[50] 그렇다. 사람을 알 수 있는 가장 손쉬운 방법은 그 사람의 성격을 아는 것이다. 그의 성격을 모르고 그를 잘 안다고 할 수는 없다. 그것은 성격이 그를 가장 잘 나타내 주는 지표가 되기 때문이다.

앨포트(Allport)는 심리학, 어원학, 신학, 철학, 사회학, 법학 등의 분야에서 정의되고 있는 성격 개념들은 50가지 이상이나 된다고 했다. 그런데 이렇게 다양하게 정의된 개념들의 공통점은 개인들의 고유한 성질(독특성)이 시 · 공간적으로 일관된 행동(안정성과 일관성)을 유발시킨다는 것이다. 펄빈(Pervin)의 말처럼, 성격을 여러 상황에 대한 일관된 반응 양식들을 설명해 주는 사람들의 특징이라고 부를 수 있다.[51] 성격이 자극의 일반화를 설명한다고 보면 될 것이다. 일관된 반응 양식, 즉 사고와 행동 경향성을 통해 상대방을 이해하게 된다.

성격은 급할 수도 있고, 느릴 수도 있다. 불같은 성격도 있고 미지근한 성격도 있다. 할 말만 골라서 하는 과묵한 성격도 있고, 생각 없이 이리저리 좋게만 말하는 성격도 있다. 한 가지 일에만 집착하는 성격이 있는가 하면, 여러 가지 일에 두루두루 관심을 두는 성격도 있다. 집요하고 꼼꼼하며 체계적인 성격도 있고, 대충대충 넘어가는 성격도 있다. 참을성이 강한 성격도 있고, 약한 성격도 있다. 작은 일은 대충대충 넘어가고 큰일에 집중하는 성격도 있다. 뭐든지 보기만 하면 욕심을 부리는 성격이 있는가 하면, 양보적인 성격도 있다. 남이 잘 되면 배 아파 못 견디는 성격도 있다. 이밖에 공사 구분이 엄격하고 냉정한 성격도 있고, 공사 구분 없이 정에 너무 치우친 성격도 있다. 이와 같이 수없이 많은 성격 특징들을 통해서 상대방이 어떤 사람이라는 것을 알게 된다.

올갠과 베이트맨(Organ & Bateman)에 의하면, 성격은 습관과 기질의 여러 층으로 되어 있다고 한다. 옷에 대한 선호, 식사 습관 등과 같은 표면층은 짧은 기간 내에 변화할 수 있다는 것이다. 그러나 다른 성향(predisposition), 정치적 성향, 직업에 대한 흥미 등은 오랜 기간에 걸쳐서 점진적으로 변하고, 더욱이 기질, 도덕적 가치관, 궁극적 목적 등은 더 오랜 기간이 아니면 좀처럼 변하지 않는다는 것이다.[52] 다시 말하면, 성격이 일관성과 안정성을 가지고 있기는 하지만 그렇다고 모든 성격 요소들이 일정하지 않다는 것이다.

성격이 안정성과 일관성이 있기 때문에, 성격을 가지고 그 사람의 사고와 행동을 예측한다. 어제의 김 아무개의 성격을 통해서 오늘의 김 아무개를 알 수 있고, 내일의 김 아무개를 예측할 수 있다. 개인의 성격이 1년이나 2년 후 많이 변할 것이라고 보는 것보다 별로 변화하지 않을 것이라고 보는 편이 적중될 확률이 훨씬 높다.

어떤 성격이든 상황에 따라 강점이 될 수도 있고 취약점이 될 수도 있다. 동일한 성격이라도 좋을 때가 있고 나쁠 때도 있다. 가령, 한 가지 일에 집착하여 모든 정성을 쏟는 성격은 연구 개발에는 유효하나 친화를 도모하는 일이나 정치하는 일에는 별로다. 반대로 이 사람 저 사람과 두루두루 친목을 쌓는데 유효한 친화적인 성격은 정책을 구상, 개발해야 하는 꼼꼼한 일에는 덜 적합할지 모른다. 아마 외교, 섭외, 마케팅 쪽에 더 어울릴 것이다.

성격은 일관성이 있으므로 한 방향으로 발전한다. 한 사람이 서로 대립되는 두 가지 기질이나, 성향을 가지기는 어렵다. 집착하는 성격과 설렁설렁한 성격을 공유하기 어렵다. 참을성이 강하기도 하고 동시에 약하기도 한 성격을 가지지는 못한다. 원칙과 타협정신도 공유되기 어렵다. 이렇게 상반된 성격을 가질 수 없는 한계 때문에 아무리 훌륭한 지도자라도 각각 성격이 다른, 기대되는 가치가 다른 다양한 일들을 모두 잘 할 수는 없다. 또, 서로 다른 가치를 가진 국민들을 모두 만족시키기는 더욱 어렵다.

전시와 같은 위기 상항에서 강조되는 지도자의 용감성, 불굴의 정신, 과단성은 위기 상황이 종료되고 전후 처리에 관심이 집중된 상황에서는 그 가치가 떨어진다. 그것은 지도자가 부족해서가 아니라 상황이 변하여 기대하는 성격 특성, 혹은 기질 요인이 달라져서 그런 것이다. 이 변화된 기대에 맞추어 자신의 성격이나 기질을 입맛대로 이리저리 바꿀 수는 없는 것이기에 다른 지도자를 원하는 것이다.

상황이 변하면, 과거에 필요했던 지도자 성격, 기질 요인들이 현재에는 별 소용이 없는 경우가 생긴다. 한 예로, 2차 대전 중, 영국 수상 처칠은 불굴의 낙관주의, 용기, 강인한 성격으로 나치 독일을 물리쳤지만, 그의 이러한 성격, 기질은 승리 후 평화와 번영을 갈망하는 국민들의 달라진 기대에 부합되지 않으므로 처칠은 권좌에서 내려오게 된 것이다.[53] 어쩔 수없는 것이다. 영국 국민들은 그의 국정 책임을 물었던 것이 아니라 새로운 성격과 가치를 가진 새로운 지도자를 원했기 때문인 것으로 보아야 옳다.

미국 민주당 후보로 대통령이 된 윌슨(Wilson)은 고지식하고 강인하며 이상적인, 그러나 융통성 없는 성격의 소유자였다고 한다. 그는 1차 세계 대전을 승리로 이끌고 놀라운 업적과 세계 비전을 제시한 훌륭한 대통령으로 평가받고 있다. 그러나 윌슨이 물러나자, 유권자들은 강인하고 책임감이 투철한 윌슨에게 지쳐, 민주당 콕스(Cox)대신 선거사상 가장 큰 표 차로 평온을 약속한 사근사근한 공화당 후보 하딩(Harding)을 선택했다. 그러나 그는 무능, 부패로 역대 대통령 중, 최악의 대통령으로 낙인 찍혔다.[54] 미국 국민들이 큰 실수를 하였던 것이다. 이를 통해서 보더라도, 시대상황에 따라 국민들이 선호하는 대통령의 성격 스타일이 다르다는 것을 알 수 있다.

현재 우리나라는 국내 · 외적으로 중차대한 시점에 와 있다. 물론 어느 시대나 다 중요하지만, 현재는 더 그렇다. 마치 국운의 갈림길에 선 느낌도 든다.

국내적으로, 정치 특히 정치권력은 국민의 선택에 의해 민주적으로 이동되는 것 같다. 그러나 민생 문제를 위시해서, 경제민주화, 사회민주화, 과도한 경쟁과 부정부패로 인한 양극화 및 도덕성의 타락 등 많은 문제들이 첩첩이 쌓여 있다. 이를 해결하지 않고 앞으로 나아갈 수는 없어 보인다. 그런데 정치, 행정권에서는 자신들 앞가림하느라고 많은 시간을 허비하고 있다. '왜 우리를 공격하느냐?', '당신들이 잘 못했다, 아니다', '누구를 만났다, 안 만났다', '누가 누구랑 친하다, 아니다', '다음에 누가 어떤 자리에 올라간대', '그래 그게 누구여?' 등과 같은 국익과 관계없는 일들에 너무 관심이 많다. 어찌 보면 어린애들 같다는 느낌도 든다.

아니, 남이야 친하면 어떻고, 안 친하면 어떤가?, 밥을 먹든,

죽을 먹든 무슨 상관인가?, 누구랑 만나든, 안 만나든 그게 무슨 상관인가? 자기 일하면 되지. 나한테 이로운가, 해로운가를 계산하기 때문에 이런 현상이 나타난다. 이러면 머릿속에 계산기만 어른거려 국정에 몰두할 수 없다. 마치 의사가 화투판을 상상하면서 환자의 뇌수술에 몰두할 수 없는 것과 같다. 공적인 일을 하면서 자신의 개인적인 문제에 집착하면 일이 부실해진다.

국제적으로도 우리나라는 중요한 시점에 와 있다. 엄연히 강대국(경제 혹은 군사, 또는 모두), 미 · 일 · 중 · 소가 우리 주변에 저렇게 있고, 북한이 언제 어떻게 될지 모른다는 말이 흘러나오고 있다. 민초들의 소리는 전조를 알리는 신호이다. 북핵문제와 관련된 외교문제, 국제경제 문제 등 풀어야 할 과제가 한둘이 아닐 것이다. 이러한 시점에서 국가지도자, 대통령의 성격(성질, 기질)이 매우 중요하다고 인식하고, 기대되는 많은 성격요인 중, 몇 가지를 논의해 보았다. ① 자신감, ② 성실성(용의주도), ③ 집중력, ④ 사고의 유연성, ⑤ 의지, ⑥ 엄격, ⑦ 용기, ⑧ 결단성, ⑨ 열정 등이다. 물론 이들 요인이 훌륭한 모든 지도자의 성격을 다 반영할 수는 없다. 이들 외에 변덕스럽지 않은 일관성과 안정성, 친화성, 도전성(도전적 성격), 배려성 등 지도자에게 필요한 많은 성격 요인들이 있다.

여기에서 논의되는 9개의 성격 요인들은 서로 유사성을 가진 것들도 있고, 뚜렷이 구별, 대립되는 것들도 있다. '자신감'과 '용기', '용기'와 '결단성' 등은 그 특성상 서로 유사하다. 그런데 '사고의 유연성'은 '집중력' 혹은 '엄격'과 속성상 대립된다. 지혜로운 지도자라면 자신이 가지고 있는 여러 성격 요인들을 링컨(Lincoln)처럼 상황에 맞도록 적절히 조절, 통합시킬 수 있다.

1) 자신감

자신감 넘치고 기운찬 긍정적인 성격은 일을 수행하는 데 커다란 동력이 된다. 자신감이 없으면 일을 하기가 겁난다. 자신감이 있어야 용기도 생기고 의욕도 생긴다. 미리부터 겁을 집어먹고 '노력해도 안 된다'고 생각하면 아무것도 안 된다. 박정희 대통령, 정주영 회장은 '하면 된다', '시련은 있어도 실패는 없다'라는 자신감 넘치는 의지로 한국의 산업혁명을 일으킨 것이다. 성공한 지도자들의 공통점은 하나같이 '할 수 있다'는 자신감을 가지고 있었다.

대통령의 자신감은 그 자신뿐만 아니라 추종자들, 더 나아가 국민에게 활력을 불어넣는다. 그의 자신감은 국민들로 하여금 그를 믿게 하는 효과가 크기 때문이다. 1920년대 말부터 밀어닥친 대량실업, 은행파산, 공장폐쇄, 농업파탄, 굶주림과 같은 생기 없는 미국에 낭랑하고 기운차고 확신에 찬 목소리가 있었다. "그래 무엇보다도 우리가 먼저 두려워할 유일한 것이 있다면 두려움 그 자체다." 이렇게 외친 사람이 바로 미국 32대 대통령, 루스벨트(Roosevelt)였다.

루스벨트의 확신에 찬 목소리는 전 국민들에게 자신감을 불어넣었다. 그는 불구인데도 자신감으로 엄청난 일을 하여 경제공황을 극복했다. 그 와중에 2차 세계대전을 승리로 마무리해 나치 독일과 일본 제국주의 군화발에서 세계인류를 구한, 그야말로 인

류의 은인이 되었다. 만일 제국주의자들이 승리했다면 어떻게 되었을까? 생각만 해도 아찔하다.[55]

미국 34대 대통령, 아이젠하워(Eisenhower)는 한국전쟁의 유산, 미소 우주경쟁 시작, 쿠바에서의 공산주의 교두보 확보 등 위기의 미국을 물려받았다. 그는 "미국은 내가 대통령으로 있는 한 단 한 명의 군인도, 단 한 치의 땅도 잃지 않을 것이다. 우리는 평화를 유지한다. 사람들은 그것이 어떻게 이루어지는지 묻는다. 그것은 우연히 이루어지는 게 아니다. 나는 그것을 여러분에게 말해 주고자 한다."라고 자신감을 피력했다. 나치독일로부터 프랑스를 구출한 전투장군 출신답게 자신감을 불어넣어 경기침체, 전쟁으로 지친 국민에게 희망을 주었다.[56]

제40대 레이건(Reagan) 대통령은 총탄을 맞고 의식을 차린 후 부인에게 첫마디가 "여보, 난 고개 숙이는 것을 잊어버렸을 뿐이야"라는 말이었다. 수술하는 의사들에게 싱긋 웃으며 "당신들 모두가 훌륭한 공화당원이라는 것을 나에게 확인시켜 주시오."라고 말했다고 한다. 그는 국가에 자신감을 불어넣어 주는 어떤 깊은 내적인 원동력을 제공하고 있었다. 미국 국민들이 본 레이건은 용기 있고, 확신에 찬 대통령이었다.[57] 그러한 용기로 막강한 소련으로부터 동구의 여러 위성국가를 해방시키고 소연방을 해체시킨 것이다. 철의 여인, 대처(Thatcher) 영국 수상은 레이건 대통령에게 바친다는 저서 ≪국가경영≫에서 "세계는 그에게 너무 많은 빚을 지고 있다"고 했다.[58]

1940년 나치독일이 전 유럽을 무너뜨리는 동안, 불굴의 낙관주의자 영국수상 처칠은 히틀러의 공습에 맞섰다. 그는 "더욱 정신을 가다듬고 우리 임무를 다함으로써 우리 제국과 연방을 천년 더 이어 후세들이 그 순간을 두고 '그 때가 바로 최상의 순간이었다'라고 할 수 있도록 하자"고 자신에 찬 설득으로 국민들의 전의를 북돋웠다.[59] 전쟁뿐 아니라 국가의 어떤 일에 있어서도 자신감을 갖는다는 것은 선결 조건이다. 우선 자신이 없으면 무슨 일도 제대로 하기 어렵다.

국정에 대한 자신감은 어디에서 나올까? 먼저, 능력이 뒷받침되었을 때 가능하다. 아무것도 모르고 객기만 부린다고 자신감이 절로 생기는 것은 아니다. 그런 대통령이 있다면 정말 골치 덩어리다. 또, 국민의 전폭적인 지지가 있을 때다. 국민 대부분이 하지 말라는 일을 능력만 믿고 억지로 추진하는 것도 문제다. 억지로 하게 되면 지지가 없어 힘이 빠진다. 정말 하고 싶으면 어떻게든 국민의 지지를 끌어내야 한다.

마지막으로 능력과 지지가 있어도 주변 환경이 너무 열악하면 일하기도 어렵고 힘이 빠진다. 가령, 어느 교사가 컴퓨터를 활용하여 효과적으로 수업할 수 있고, 그런 요구가 있어도 관련된 교수-학습 기자재가 제대로 갖춰져 있지 않으면 힘이 빠지는 것 아닌가? 또, 적으로부터 공격을 충분히 차단할 수 있는 능력과 국민의 지지가 있다 하더라도, 이를 실행하는 데 국내 · 외적 제도적 조건(예, 한미방위조약 등)이 허락하지 않으면 자신감이 생기기 어렵다. 요약하면, 대통령의 자신감 결정요인은 능력, 국민지지, 환경조건이 아닐까?

2) 성실성(용의주도)

누구든지 맡은 일에 성실해야 된다는 것은 상식이다. 하물며 국가지도자, 대통령은 더 말할 나위 없다. 열심히 하는 것과 게으름을 피우는 것과는 많은 차이가 있다. 누구에게나 성심성의는 중요한 덕목이다. 자기가 하는 일에 마음의 준비(準備)를 철저히 하여 체계적으로 계획을 세워 성실히 실천한다면, 성공 확률은 높아진다. 철저히 준비한 만큼 빈틈이 생기지 않고 실수도 줄일 수 있다. 대통령이 국정을 꼬박꼬박 미리 잘 챙기고, 그 결과를 확인하면 그 휘하 각료들의 성실성도 높아진다.

대통령이 마냥 정치공학에만 마음이 쏠려, 누가 무슨 일을 어떻게 어느 수준까지 했는지에 별 관심을 두지 않는다면 국정이 제대로 운영될 수 없다. 이와 비견되는 대통령이 미국에도 있었다.

미국에서 정부를 노략질한 3류 정치인들과 백악관에서 일주일에 두 번씩 술과 포커를 즐긴 29대 대통령 하딩(Harding)은 물론, 30대 대통령 쿨리지(Coolidge)도 평소 그의 이미지나 말과 달리, 국정에 너무 소극적이고 적은 열의를 보였다고 평가되고 있다.

쿨리지는 매일 11시간의 수면을 취했으며 낮에는 2-4시간 낮잠을 잤다고 한다. 작가 어빙 스톤(Irving Stone)은 "재무관리들이 대통령의 책상 위에 '투자시장에 대한 긴급하고 철저한 통제가 요구된다'는 서류를 올려놓았으나, 그 다음 날 오후 대통령은 그 서류를 무시하고 백악관 지하실로 내려가 버몬트의 한 친구가 보내온 통 안에 사과가 몇 개나 들어 있는지를 헤아렸다. 로마가 불타고 있는 동안 네로는 최소한 음악이라도 들었다. 그러나 쿨리지는 단지 사과만 세고 있었을 뿐이다." 라고 적었다. 그 결과 후임 대통령 후버에게 침체된 미국경제를 물려주었다. 평가자들은 그를 일은 않고 잠만 잔 대통령으로 평하고, 끝에서 9번째로 무능한 대통령으로 올려놓았다.[60]

성실하고 주도면밀한 국가지도자의 사례를 들어 보자. 싱가포르 이광요 수상은 청년기 영국유학 시절 내내 장래 조국 독립을 위해 자기 부인과 같이 독립을 이끌어 내는데 도움이 될 만한 영국 노동당 정치인들과 교분을 쌓는 일에 열심이었다. 그는 독립운동을 하다가 어려운 일이 생기면 도움을 받을 수 있다는 기대를 가지고 정치인과 장차 정치에 입문하려는 학생들을 계획적으로 사귀어 뒀다는 것이다. 귀국 후 그는 정치에 입문, 32년 간 싱가포르를 경영, 일등 국가로 만들어 현명한 국부로 칭송받고 있다.[61] 벌써 그는 20대부터 국가 독립을 위해 무엇을 어떻게 하겠다는 계획을 세워 실천한 현명한 지도자로 정평이 나 있다. 어느 국가나 하루 아침에 발전된 것은 아니다. 국가지도자의 주도 면밀성, 성실성이 뒷받침되었기 때문이라고 본다.

3) 집중력

집중력은 열정 및 성실성과 공통점이 많다. 열정이 있어야 집중하게 된다. 성실하다는 것은 결국 맡은 일에 집중한다는 의미도 된다. 집중한다는 것은 마음을 흩뜨리지 않고 하는 일에 온 정신을 쏟는다는 말이다.

모든 일에 집중이 필요하다. 그렇지 않으면 소기의 성과를 거

두기 어렵다. 집중하는 데서 아이디어도 생기고 능력도 향상된다. 어떤 일에 몰두하다 보면, 생각이 깊어지고, 생각이 깊어지다 보면, 새로운 구상이 생긴다. 수박 겉핥기식에서 좋은 구상이 생기는 것은 아니다. 몰두했을 때, 방법이 생각나고 일의 능률도 오른다.

일반인에게도 집중력은 필요하다. 어떤 직종에서 무슨 일을 하든지 자기가 하는 일에 집중하면 그만큼 성공률은 높아진다. 농사에도, 사업에도, 연구에도, 정치에도 어떤 일에도 집중하는 만큼 수확을 거둘 수 있다. 대통령직을 수행하는 데는 재론의 여지가 없다.

그런데 하는 일에 집중하려면 조건이 있다. 허튼 일에 신경을 꺼야 한다. 가령, 대통령이나 국회의원, 장관이 국사 이외의 것에, 국사와 별 관계가 없는 일에 신경을 쓰다 보면, 머리가 하나이므로 하는 일에 몰두할 수가 없다.

정치인들은 오로지 국가, 국민을 위한 일에만 신경을 쓰야 정신을 그 곳으로 모을 수 있다. 그런데 왕왕 그렇지 못한 경우가 많다. '누가 누구랑 만났다더라', '나 안 만났는데', '친 머다, 아니다', '거기 이러이러 해서 갔지?, 아니', '우리도 이런 선거하니, 너희도 우리와 같은 것 해라' 등 …… 쓸데없이 남의 일에 신경을 너무 쓰는 것 같다. 자기 할 일 하면 그만이데 말이다. 이런 헛된 것들은 이기심을 가지고 상대방을 바라보는 데서 생긴다. '내가 아니어도 네가 잘 하면 된다'는 넓은 마음이 부족했기 때문이 아닌가 한다. 이러면 정작 할 일에 집중되지 않는다. 좋은 구상이 떠오르지 않는다.

대통령은 말할 것도 없고, 다른 행정가나 정치가들은 복잡하게 얽히고설킨 많은 과업을 수행한다. 그 복잡하고 많은 과업들은 서로 연계되어 있다. 국정은 수많은 분야가 통합된 것이므로 전 분야가 하나의 통일된 틀 속에서 결정, 수행, 평가되도록 해야 한다. 일에 집중하되, 분절적으로 집중하는 것이 아니라 통합된 전체의 개념 속에서 집중이 이루어져야 한다고 본다. 예로서, 다른 과업은 생각하지 않고 과업 1에 집중하여 끝내고, 그 다음에 오직 과업 2에 집중하여 끝내고 하는 식이 아니라, 전체적으로 통합된 구조 속에서 과업 1, 과업 2 등이 수행되어야 할 것이다.

4) 사고의 유연성

어떤 점에서 보면, 교육은 환경에 적응력을 키워 주는 것이다. 환경에의 적응이 바로 삶이고, 삶 자체가 적응의 연속과정이다. 고정관념의 노예가 되면 적응이 어렵다. 마치 우리 몸이 딱딱하게 굳어지면 생명을 다한 것과 같다. 생각의 틀이 딱딱하게 굳어 있으면, 새로운 에너지가 투입되기 어렵다. 그러면, 생각하는 힘이 자라나지 않아 발전하기 어렵다. 사고를 부드럽게 해야 밖으로부터 지식, 기술, 정보를 흡수할 수 있다. 거기에서 지혜도 생기고 아이디어도 창출된다.

공사막론하고 모든 일에 사고의 유연성은 필요하다. 고정관념에 사로잡히다 보면 보는 시야도 좁아지고, 이리저리 궁리해 보는 탐구능력도 계발되지 않는다. 특히, 구성원들의 협력을 통해 일을 해야 하는 공적인 일은 더욱 그러하다. 지방 말단 공무원에서부터 대통령에 이르기까지 순전히 자기 생각과 힘만으로 할 수 있는 일은 없다. 그래서 싫든 좋든 다른 사람을 상대해야 한다. '다른 사람과 상대' 그 자체가 벌써 사고의 유연성을 전제로 한 것이다. 다른 사람과 공유하는 가치가 클 때, 그 사람들의 힘을 활용할 수 있다.

사람들의 힘을 모으기 위해서는 생각이 유연해야 한다. 세상은 항상 변한다. 인구도 변하고 자연도 변하며, 경제구조도 변한다. 인간의 의식구조도 과거와 많이 달라졌다. 사회가 지식, 정보화 되다 보니 학생이 교사, 교수보다 정보 수집능력이 월등이 뛰어난 세상이 되었다. 직종도 많아졌고 일자리도 다양해졌다. 이렇게 변화무쌍한 환경에 적응하기 위해서는 지도자 자신이 가지고 있는 기존의 욕구성향, 인간관계, 정치적 이념 등도 적절히 조절할 필요가 있다. 지나치게 어떤 관념이나 이념에 얽매이다 보면 변화된 환경에 부드럽게 적응하지 못한다. 그러면 뒤쳐질 수밖에 없다.

물론, 시대가 변했다고 해서 자신의 기본 가치들을 변하시킬 수는 없다. 문제는 사고를 유연하게 하되 올바른 쪽으로 방향을 잡아가야 한다고 본다. 아무리 세상이 변했다 하더라도 잘못된 방향으로 자신의 신념이나 철학을 바꿀 수는 없다. 그것은 자신의 정체성 문제와 직결되어 있기 때문이다. 자신의 기본적인 목적과 방향을 지향하면서 수단방법을 융통성 있게 변화시킬 필요는 있다.

미국 16대 대통령 링컨(Lincoln)과 10대 대통령 타일러(Tyler)를 통해 사고의 유연성이 주는 교훈을 얻을 수 있다. 먼저, 링컨의 일리노이 주 선거구에는 소수의 노예폐지론자들, 다수의 옹호론자들, 그리고 노예제도를 거론하기 싫어하는 많은 사람들이 살고 있었다. 많은 유권자들은 링컨의 노예제 폐지론에 저항했다. 그래서 링컨은 궁극적으로 노예해방을 기대할 수 있는 정책을 수립하기 위해 그들의 편견을 일부 수용했다. 그는 연설을 듣는 사람들의 생각을 충분히 고려하면서 자신의 주장을 폈다. 이렇게 링컨은 다양한 수준에서 노예제도를 반대하는 사람들을 모두 끌어안았기 때문에 후일 대통령이 되었을 때, 이 문제해결을 위한 방법을 채택할 수 있었다. 링컨의 타협정신과 유연성이 돋보이는 대목이다.[62]

다음으로, 타일러는 고집이 센 대통령으로 유명하다. 그와 동시대에 살았던 사람들은 그를 황소처럼 고집이 센 사람으로, 지구상에는 그를 움직일 것이 아무것도 없는 것처럼 보인다고 평했다. 용기는 있지만 원칙주의자였던 그는 자기 당 내에서조차 적들을 많이 만들어 지지 세력의 부족을 가져왔다. 그의 완고함이 직무수행을 더욱 어렵게 했다는 평가가 있다.[63] 이들을 보면, 대통령의 사고 유연성은 주변으로부터 지지와 협조를 얻어 국정을 원활히 수행하는 데 필요하다.

사고의 유연성을 논의함에 있어 간과하기 쉬운 점이 있다. 지도자가 유연한 사고를 하면, 변화하는 환경에 순발력 있게 적응할 수 있고, 구성원들로부터 지지와 협조를 얻는데 유용하다. 그런데 이 '유연'은 사고의 문을 닫지 말고 열어 놓아 교류를 통하여 새로운 지식, 정보, 기술이 들어오게 해야 된다는 의미이다. 다시 말하면 외부로부터 에너지가 투입될 수 있도록 사고의 문을 열어놔야 한다는 의미이다. 그렇다고 이 사람 말 듣고 이렇게, 저 사람 말 듣고 저렇게 하는 것이 좋다는 의미는 아니다. 그렇게 되면 줏대없는 사람이 되어 일관성이 떨어져 신뢰를 잃고 지도자로서의 권위가 망가져 버린다.

마지막으로, 어떤 일에 어느 정도의 사고 유연성을 갖는 것이 좋을까? 구체적인 상황에서 충분히 있을 수 있는 문제다. 모든 상황에서 한결같은 유연성이 요구되는 것은 아니다. 가령 헌법, 법률, 규정을 제정 혹은 개정하는 일, 건학이념이나 교육목적을 설정하거나 변경하는 일과 같이 조직의 존재 의의와 목적 등을 변경하는 일에 사고의 유연성이 강조되기는 어렵다.

반대로, 과제 수행 절차를 정한다든지, 과제에 투입되는 인적, 물적 자원을 확보 조정하는 일, 과제 수행 수단과 방법을 정하는 일에서는 사고의 유연성이 더 요구될 수 있다. 상황에 따라 요구되는 사고 유연성의 질과 양에 대한 판단은 지도자 자신의 지혜와 능력에 달려 있다고나 할까? 다양한 상황이 전개될 때마다 누가 유연성의 강도를 가르쳐 줄 수도 없고, 또 그럴 사람도 없다.

5) 의지

사람마다 하는 일에 적극적인 성격이 있고, 소극적인 성격이 있다. 다른 조건이 통제(같다)되었다면, 적극적인 성격이 성공률이 높다. 일을 기획하고 실천하는 과정에는 항상 어려움이 따르기 마련이다. 하다가 싫증이 나기도 하고, 일 자체가 생각보다 어려운 경우도 있고, 다른 매력적인 일이 생겨 그쪽에 관심이 쏠릴 수도 있다. 어떤 경우든 여러 가지 어려움을 극복하고, 하고자 하는 일을 꾸준히 밀고 나가는 데 의지는 매우 중요하다. 아무리 사소한 일이라도 성취하겠다는 마음의 결의가 없으면 일을 성공적으로 끝내기 어렵다.

모든 일이 다 그렇지만, 국정의 목표가 적정 수준으로 설정되면, 이를 달성하겠다는 대통령의 굳은 의지가 필요하다. 목표달성에 대한 의지가 강해야 집중력이 생기고 성실도도 높아진다. '해도 그만, 안 해도 그만'이라는 생각, '일을 과연 해낼 수 있을까?' 하는 의심, 어느 대통령처럼 '아이, 못해 먹겠어' 하는 푸념, '하다가 안 되면 할 수 없지' 하는 등의 안일한 생각과 유약한 의지는 성취, 성공에 대한 열정과 노력을 유발시키지 못한다. 성취동기(끌림 동기)가 되었건, 의무동기(사명감, 소명의식)가 되었건, 할 수 있고, 해야 된다는 강한 의지, 즉 목적(목표)달성에 대한 강한 신념이 있을 때, 어려움을 극복하고 일을 꾸준히 추진할 수 있다.

과거 박정희 대통령은 '우리도 할 수 있다', '우리는 민족중흥의 역사적 사명을 띠고 이 땅에 태어났다. ……' 라는 자신감과 소명의식을 가지고 '조국 근대화'에 대한 강한 의지를 불태웠다. 이와 같은 강한 의지가 국민들의 자신감과 자조, 협동정신을 일깨워 그 많은 업적을 쌓을 수 있었던 것이다.

영국수상 처칠(Churchill)은 2차 세계대전 중, 1941년 어느 날 자신의 모교방문에서 학생들에게 "절대, 절대, 절대, 절대, 절대로 물러서지 마라. 양심과 임무에 따르는 ……"라고 외치듯 연설했다. 나치의 침공에 굴하지 않고 대항하는 이 같은 굳은 결의가 사람들의 마음을 사로잡은 것이다. 승리에 대한 그의 확고한 의지

가 휴전을 망설이는 정치인과 국민들에게 이길 수 있다는 자신감을 불어넣었다.[64]

특기할 것은 대통령이 어떤 국정과제에 대한 강한 의지가 있다면 이를 충분히 그의 각료, 그 아래 공무원, 국민들에게 이해시킬 필요가 있다. 아무리 의지가 강하다 하더라도 '국민의 반대'라는 커다란 난관에 부딪칠 수 있다. 국민의 반대가 워낙 심하면 일을 제대로 추진할 수 없다. 국민의 반대 표출 전에 과업에 대해 소상히 설명, 설득할 필요가 있다. 그래도 국민 대다수가 완강히 반대한다면 대통령은 그 국정과제를 재검토할 필요가 있다. 물론 다 그런 것은 아니지만, 경험적으로 볼 때, 정부 몇 사람의 생각보다 국민들의 생각이 옳은 경우가 더 많다. '민심이 천심'이란 말이 허튼소리가 아니다. 국민의 마음이 순리, 천리라는 뜻이다.

6) 엄격성

우리 현실에서 국가지도자, 대통령의 엄격성은 매우 시급하다. 대통령이 법질서 확립과 공직 기강 확립에 우물우물하면, 국민 전체를 괴롭히는 사회 독재자들을 양산하게 되는 끔찍한 일이 벌어진다. 매우 기이한 얘기다. 국가지도자가 착하고 흐물흐물하면 국민이 탄압 안 받고 자유로울 것 같지만, 이상하게 정반대다. 모든 인간들이 다 같지 않기 때문이다.

선한 사람도 있지만 물불 가리지 않고 법과 도덕은 아예 안중에 없는 '묻지 마' 인간들도 많기 때문이다. 이것이 작금의 우리 현실이다. 대통령이 엄격하고, 법과 질서가 엄격한 데서 국민 전체의 자유와 권리가 보장된다. 거기에서 민주주의가 실질적으로 실현된다.

대통령이 엄격해야 공직사회의 기강이 잡히고 법과 질서가 바로 선다. 특히 법치가 제대로 안 된 현실에서 더욱 그렇다. 기강이 서지 않으면, '관료의, 관료에 의한, 관료를 위한' 정치, 행정이 되고, '가진 자의, 가진 자에 의한, 가진 자를 위한' 사회가 되고 만다. 그들의 세상이 되었으므로 불법, 비리, 부정부패가 난무하고, 돈과 백으로 다 빠져 나온다. 국민들은 그들로부터 말할 수 없이 탄압받게 되고, 자유와 권리는 땅에 떨어진다. 돈과 백으로 청탁이다, 뭐다해서 빠져 나갈 구멍을 이미 다 만들어 놓고 국민들, 특히 서민들의 권익을 무차별적으로 짓밟는다.

국가 기강 해이로 사회적 약탈자들로부터 서민, 약자들이 약탈당해도 어디에 하소연하기도 어렵고, 할 곳도 마땅찮다. 정 · 행 · 경이 모두 한통속이기 때문에 당해낼 재간이 없다. 또, 당한 자들은 입증 자료가 없다. 약탈자들이 다 가지고 있는데 …… 이래서 항간에 '차라리 독재가 국민들에게는 오히려 낫다'는 자조 섞인 말이 나온다. 왜? 독재는 정치권력을 눈독 들이는 몇 사람에게는 불리할지 모르나, 권력이 무서워 가진 자들의 횡포가 줄어들고 그 결과 일반 국민들의 권익은 보호된다. 참으로 아이러니컬한 얘기다. 법과 질서가 사회에 착근되어 국민의 권익이 보호될 때까지는 국가지도자 대통령의 엄격성이 훨씬 더 요구된다고 확신한다. 이것이 실질적인 민주주의요, 국민 99.99%가 편히 사는 길이다.

≪손자≫에 장수된 자의 조건에 어짊(인: 仁)과 함께 엄격(嚴格)이 들어 있다. 중국의 역대 명군 송의 태종은 치세의 요체에 대해

다음과 같이 말했다. "나라를 다스리는 도는 관대함과 엄격함의 중간을 취하는 것이다. 너무 관대하면 정령이 서지 않고 너무 엄격하기만 하면 백성의 손발을 묶는다고 했다. 중국 고사에 공명은 너그러우나 두려움을 느끼게 만들고, 엄격한 가운데서도 자비를 베풀었다. 그것이 그를 두려운 존재이면서도 존경과 사랑을 받을 수 있었던 존재로 만들었다.[65]

'엄격'과 '너그러움'은 상황에 따라 조절, 적용되어야 옳다. 예컨대, 대통령이 공직자들의 공무에는 엄격성을 높이나, 국민들의 일반 생활에 엄격성을 보일 필요는 없다. 법질서를 엄격히 하는 것은 좋으나, 가정 도덕에까지 엄격성을 요구할 수는 없는 것이다. 또, 공공의 비리, 부정부패 척결에는 단호할수록 좋으나, 교통사고에 이와 같은 단호함이 좋다고 할 수 없다. 조건과 대상에 따라 엄격의 강도가 달라야 한다는 것이다. 지극히 상식적인 얘기다. 그러나 실천은 어렵다.

첨언하면, 여기에서 말하는 '엄격성'은 표정의 엄격성이 아니라, 일에서의 엄격성, 제도 운영의 엄격성이다. 공연히 굳은 표정과 자세를 취하여 자유로운 의사소통을 방해하고, 사기를 저하시키며, 독창성을 방해하는 것은 옳지 않다. 이것은 오히려 지도자에 대한 구성원들의 의타성을 높일 뿐만 아니라, 책임의식을 약화시킬 우려가 있다.

물론, 외양적인 엄격이 부정적이라고 하여, 실실 웃으면서 반농담조로 말하는 것은 바람직하지 않다. 아무리 농담이라도 그런 나사 풀린 태도는 바로 구성원들에게 전달되어 그들도 그렇게 될 수 있으며, 국정을 그런 식으로 대할 수 있다. 공무수행에 농담이 뭔 필요가 있나? 이것을 부드러운 소통이라고 보면 그것은 착각이다. 공무에서 소통은 과업을 가지고 얘기해야 소통인 것이다.

특히 위만 바라보고 일하는 우리의 공직사회 풍토에서 엄격성이 더욱 필요하다. 대통령이 엄격하지 않으면, 그 주변 사람들이 대통령의 권위를 우습게 보고, 국정을 농락할 수 있다. 이들은 밖에 나가 천하를 다 얻은 양 의기양양하여 국민들에게 거드름을 피우고, 심지어는 백과 힘이면 다 되는 것으로 착각, 여기저기에 청탁하여 부정, 비리를 마구 저지르게 된다.

권력이 인격화되지 말고 제도화되어야 민주주의가 실질적으로 발전한다. 국민생활의 안정성도 보장된다. 이유인즉, 사람의 마음은 제도보다 변덕스럽다. 솔직히 믿을 수 없는 것이 사람의 마음이다. 배신에 배신을 거듭하는 것이 인간들이다. 언제 어떻게 변할지 모르는 것이 사람의 마음이다. 믿었던 사람이 의리 없이 배신하는 것은 다반사다. 반면에 제도는 사람이 합의하여 고치기 전까지는 그대로 있다. 안정적이다. 비바람이 불어도, 눈이 와도 그대로 있다. 돈을 이웃보다 은행에 맡기는 것이 훨씬 안전한 이유가 여기에 있다.

권력이 제도화되고 지도자가 이를 관리하는 정치, 행정 문화가 정착되면 지도자 눈치 볼 것 없이 할 일을 하게 된다. 다시 말해, 제도에 따라서 행동하면 되기 때문에 매우 안정적으로 생활을 할 수 있다. 극단적으로, 권력이 제도화되어 안정된 국가에서는 대통령을 잘 못 뽑아도, 대통령의 권력이 제도화되어 있으므로 사회 자체가 흔들리지 않는다. 반면에 권력이 인격화되어 있는 우리의 경우는 대통령 잘 못 뽑으면, 국민들이 그만을 바라보기 때문에 그 여파가 더 크다. 그래서 현 상황에서 우리는 정말 좋은 대통령을 만나야 된다.

권위주의적인 우리나라에서는 지도자의 권력과, 권위가 인격화되어 있다. 그 결과, 김 아무개가 대통령이 되면, 자연인 김 아무개 속으로 대통령의 권력과 권위가 모두 들어간 것으로 의식하지만, 선진 민주주의 국가에서는 권력과 권위가 제도 속에 있는 것으로 의식하게 되고 대통령이나 수상은 그것들의 소유자가 아니라 단지 관리하는 사람으로 의식된다. 이런 식의 의식구조가 형성되어야 민주주의가 실제적으로 발전하고 국민의 자유와 인권이 보장되는 것이다.

권력과 권위가 소유된 것으로 보면 인간관계가 온통 상하 계급관계로 의식되기 때문에 대다수 국민인 약자들의 자유와 권리가 실질적으로 보장되는 민주주의가 실현되기 어렵다. 심하게 말해서 그들의 자유와 권리는 법조문에만 있을 뿐 실생활에서 보장되지 않는다는 말이다.

권한, 권력을 소유의 개념으로 의식하는 풍조가 조성되면 공익보다는 그것을 차지하려고 별짓을 다하게 되고, 권력잡은 사람 쪽으로 사람들이 쏠리게 되는 아주 좋지 않은 현상이 나타난다. 사람들이 해바라기처럼 권력자만 바라보게 되니 집권 초기에는 대통령의 힘이 있으니까 부정부패를 파헤치지 못하다가 임기 말 대통령의 힘이 빠질만하면 너도나도 달려들어 파헤치게 되어 임기 말에 볼썽사나운 일이 대통령 주변에서 터져 나오는 것이다. 이런 식으로는 사회가 맑아지지 않는다. 평소에도 너도나도 달려들어 부정부패를 짓밟아 버렸으면 이런 일이 벌어지지 않는다.

권력을 관리의 개념으로 의식하면, 막말로 대통령(수상)이 유고돼도 그가 국가경영 권력을 지니고 유고된 것이 아니라, 단지 관리자가 유고되었으므로 관리자만 보충하면 되기 때문에 국정 운영의 일관성과 안정성을 유지할 수 있게 된다. 그러나 권력을 소유의 개념으로 의식하게 되면, 대통령의 유고가 국가 권력이 유고된 것처럼 의식되어 국민들은 정신을 잃고 나라 전제가 흔들거린다.

7) 용기

용기는 국가지도자, 대통령에게 없어서는 안 될 기질(성격) 요소다. 비록 인격, 비전, 지혜를 갖췄다 하더라도 그 비전을 실현하는 데는 여러 장애가 있을 수 있다. 그 장애를 제거하는 데는 항상 크고 작은 모험이 뒤따른다. 전혀 모험을 하지 않고 장애물을 극복할 수 있으면 아무나 다 큰일을 할 수 있다.

용기가 없어 두려워하고 우유부단하면 국정을 제대로 추진할 수 없다. 용기가 없어 결정을 제때 하지 못하고 망설이면 믿음성이 떨어지고, 믿음이 떨어지면 구성원들의 힘을 모을 수가 없다. 특히 우리나라는 더 그렇다. 겁이 많고, '무서워, 무서워'하면 대내·외적으로 위기에 처한 국가를 경영할 수 없다.

국가를 위한 어떤 일도 모든 사람들을 100% 만족시키지 못한다. 더욱이 반대를 위한 반대도 많다. 올바르지 못한 부도덕한 심성을 가진 자들은 달려들어 흔들어 버리려는 속셈도 있다. 사리사욕이 가득 찬 악착같은 사람들이다. 그 악착같은 사리사욕 때문에 올바르지 못한 사람들은 물론 올바른 사람까지 죄다 해 넘기려고 한다.[66] 매우 전투적이다. 그들을 극복할 용기가 있어야 한다.

소크라테스(Socrates)는 "'용기'를 두려워할 것과 두려워하지 않을 것을 구별하고, 올바른 자기 소신을 지키는 것"이라 정의했다. 용기 있는 사람은 격정적인 부분(기개)이 두려워할 것과 두려워하지 않을 것들 중에서 이성이 지시해 준 것을 고통과 쾌락을 이겨내고 끝까지 지키는 것이라고 했다.[67] 참으로 깊은 뜻이 담겨 있다. 이것저것 가리지 않고 힘자랑하는 것을 용기라고 하지 않는다. 필요할 때와 필요치 않을 때를 구분하여 힘과 권력을 쓰는 것이 진정한 용기라는 것이다.

지도자들이 국민을(정부의 경우), 구성원들을(각 조직의 경우) 우습게 보고 국민, 구성원들의 뜻에 어긋나는 일을 거리낌 없이 해댄다면, 이는 용기가 아니라 만용이다. 국민을, 구성원들을 두려워할 줄 알 되, 적에게는 두려워하지 않는 것이 참다운 용기가 아닐까?

'올바른 소신'은 어떤 고통, 즐거움, 욕망, 공포에 굴하지 않고 이성에 따라 자기 소신을 끝끝내 보전하여 지키는 것이다. 우리의 정치 현실에서, 정부 각료나, 정당의 지도자가 대통령의 소신과 다른 소신을 유지한다는 것은 참으로 어려운 일이다. 국무총리나 장관은 더욱 그렇다. 이들이 대통령과 다른 국정 철학을 가지고 그 소신을 지키려 한다면 그 자리를 유지하기 어렵다. 자신의 소신을 지킨다는 것은 자리에 연연하지 않고 권력 욕구를 억제할 때 가능하다. 이것은 보통 용기가 아니다. 특히 자신의 생각과 다른 생각을 수용하기 싫어하는 정치풍토에서는 더욱 그렇다.

만일 대통령과 다른 소신을 가진 사람이 자리가 탐이 나서 그의 각료가 되었다면, 대통령의 뜻에 따라야 하므로 소신을 지키지 못한다. 그렇게 되면 소신 정치, 소신 행정을 펼 수 없는 것은 당연하다. 따라서 소신과 뜻이 통하는 지도자를 만난다는 것은 행운인 것이고, 그렇게 되었을 때 일할 맛도 나고, 적극적이며 생산적이다.

소신과 뜻이 통하는 근원은 사(私)가 아니라 공(公)에 있다. 왜냐하면 사(私)는 서로 공유하는 부분이 좁아 갈등하나, 공은 그 부분이 넓고 화합하기 때문이다. 쉬운 예로, 정부가 어떤 새로운 산업단지를 조성한다고 했을 때, 이 사업 의사결정에 참여한 사람들이 국가, 국민 전체보다는(공) 출신 지역이나 자신의 어떤 입지 구축에 이를 활용하려든다면(사), 그들 간 공통분모는 거의 없다. 사에 집착한 사람들끼리는 아무리 많은 이야기를 해도 우리가 좋아하는 소통(?)은 가능하지 않다. 적당히 타협하여 '나눠 먹기'는 있을 수 있다. 역으로, 사를 버리고 공을 취한다면, 즉 국가, 국민 전체만을 염두에 둔다면, 공유 면적이 넓어져 합의 도출이 용이하다. 정치집단 간 극단적인 싸움들도 알고 보면, 공보다는 사를 취해야겠다는 흑심에서 비롯되었다고 판단된다.

8) 결단성

결단력 없이 이리저리 머릿속의 계산기만 두드리는 사람이 훌륭한 대통령, 수상이 된 적은 없다. 뭔가 맺고 끊는 데가 분명한 국가지도자만이 난마같이 얽히고설킨 엄청난 양의 국정과업을 그때그때 결제하여 성공적으로 마무리할 수 있다.

우리가 사는 동안 공사 간에 크든 작든 많은 결단을 하게 된다. 전개되는 상황들은 이미 예측했던 것도 있지만, 예측에서 벗어난 돌발 상황도 허다하다. 돌발 상황을 접하여 신속하게 판단하고 결단해야 화를 면할 수 있고 성공할 수 있다. 상황과 조건을 면밀히 분석, 종합, 평가, 판단하여 제때에 현명한 결단을 내려야 한다.

그런데 지도자의 확고한 결단이 요구되는 위기에서 상황인식 부족으로 결단을 내리지 못하는 지도자도 있다. 또, 상황인식은 하고 있으나 용기가 없어 결단을 못하고 위기가 지나가기를 학수고대하는 지도자도 있다. 역으로 위기 상황과 조건을 면밀히 분석, 종합하고 제때에 슬기롭게 결단하는 현명한 지도자도 있다. 다음과 같은 교훈에서 결단시기가 얼마나 중요한지 알 수 있다.

孔子(공자)는 제자 자장(子張)에게 "자기가 꼭 해야 할 일은 머뭇거리지 말고 빨리 해야 한다. 게으르면 때를 잃는 것이다"라고 하였다.[68] 또, ≪오자≫에는 "결단할 때는 주저 없이 결단하는 용기가 필요하다. 잔걱정으로 결단의 시기를 놓치면 큰 재앙을 부른다"라는 교훈이 있다.≪예기≫에도 "3군의 재앙은 의심하여 망설이는 것에서 생긴다"고 되어 있다.[69] 이와 같이 결단이 필요할 때 망설이다가 그 시기를 놓치면 재앙을 부른다는 교훈들이다. 뭐든지 때가 있는 법인데, 아무리 합리적인 결정이라도 제때에 하지 못하면 그 효과가 반감된다. 위기 상황에서 결단을 망설이면 바로 망하는 수가 있다.

다음은 국가지도자의 신중한 결단이 돋보이는 예이다. 미국 3대 대통령 제퍼슨(Jefferson)은 초대 대통령 워싱턴(Washington)에 대해 다음과 같이 칭송했다. "그의 사고와 의지는 '초대 대통령'이라는 것을 염두에 두지 않고서도 위대하고 장렬하다. 그는 허구와 막연한 상상력을 배제하고 신중하게 일처리 했고, 확고한 결론을 이끌어 냈다. 가장 뛰어난 것은 신중한 분별력일 것이다. 제반 여건이 완벽하게 준비되었다고 판단될 때까지 행동하지 않는다. 그러나 일단 결정되고 나면 그 어떤 방해물이 있더라도 목표를 향해 질주한다."[70] 결단의 적기를 노리는 예리함과 일단 결단을 하면 목표달성에 매진하는 그의 강한 집념을 볼 수 있다.

미국 33대 대통령 트루먼(Truman)은 일본에 원자폭탄을 투하하여 2차 대전을 끝내던 끝내지 않던 무시무시한 결정을 내려야 할 상황에 봉착했다. 그는 일본 본토에 직접 침투하여 전쟁을 하면 50만 명의 미군 사상자를 낼 수 있다고 판단하고 원자탄을 투하했다. 그는 '모든 대통령의 일은 단호한 결정을 내리는 것'이라고 보고 원자폭탄 두 개로 일본을 항복시켰다.[71] 국가 위기 상황에서 대통령의 정확하고 신속한, 그러나 신중한 결단은 국가의 운명을 가를 수가 있다.

다음은 미국 15대 대통령 뷰캐넌(Buchanan)의 우유부단한 지도력을 비판한 내용이다. 뷰캐넌 대통령을 아는 사람들은 그를 심오한 종교적인 사람, 몹시 정직하고 온화한 사람으로 보증한다. 그는 여러 번 콜롬비아 자치구에서 자유주인 펜실베니 주로 노예들을 데리고 와서 그들을 해방시켜 주었다. 그는 의식적으로 도리에 어긋난 행동은 하지 않았고 대통령으로 있는 동안 공짜 기차여행조차 거절했다. 받은 모든 선물은 특허국으로 보낼 정도로 아주 청렴했다. 하지만 결단력 부족으로 국가의 위기 상황, 즉 연방탈퇴와 노예문제를 해결하지 못했다.

포크(Polk) 대통령은 뷰캐넌 대통령을 능력은 있지만 결단력 있는 판단을 하지 못한 채 사소한 일에도 때때로 늙은 하녀와 같이 행동하는 사람이라고 비판했다. 능력이 있어도 결단을 못하고 우유부단하여 일을 제때에 처리하지 못했다는 것이다. 그는 각 주들의 연방탈퇴와 노예문제를 효과적으로 다루는데 실패했다. 그는 다가오는 위기(남북전쟁)를 통찰하지 못하고 '국가가 분열되는데 빈둥거리며 놀던', 우유부단한 대통령이었다.[72] 아무리 도덕적이고 정이 많고 다른 능력이 있다 하더라도 용기가 없어 제때에 결단을 못하면, 모든 능력이 쓸모없게 되고 큰 재앙을 부른다는 교훈이다.

남북이 대치되고, 양극화가 심하고 부정부패가 만연한 우리 현실에서 대통령될 사람들이 새겨들어야 할 금과옥조다. 대통령이 필요할 때 결단을 내리지 못하고 '좋은 것이 좋다'고 어영부영하다간 임기 5년이 휙 지나가 남는 것은 없고, 무법질서와 칡넝쿨처럼 얽히고설킨 부정부패만 남게 되고 욕만 진탕 얻어먹게 된다.

9) 열정

'무슨 일을 하던 열정이 있어야 한다'는 교훈을 듣고 뜨거운 열정이 솟아나는 것은 아니다. 계산해 보고 이해관계에 따라 의도적으로 습득할 수 있는 것도 아니다. 눈으로 볼 수도, 귀로 들을 수도, 만질 수 없는 것이 열정이다. 그런데 이 열정 때문에 고달파도 맡은 일을 열심히 하게 된다.

'열정'은 텅 빈 허공에서 저절로 생기지 않는다. 사적이든 공적이든 강한 욕구에서 생긴다. 자기 자신을 위한 강한 욕구는 사욕이

요, 자기사랑, 이기심이다. 자기 자신의 욕심을 채우기 위해 열정적으로 일하는 사람이 여기에 속한다. 정도의 차이는 있지만 대부분 보통 사람들이 여기에 속한다. 반면에, 다른 사람, 국가, 국민을 위한 욕구는 공적 욕구로 이타적이다. 애국심, 애민심이다. 여기에서 열정이 생기면 공익을 위해, 국가와 국민을 위해 열정을 쏟고 큰 족적을 남긴다. 국민들은 당연히 전자의 대통령보다는 후자와 같은 대통령을 원한다.

국정에 대한 대통령의 순수한 열정은 국가와 국민 사랑에서 분출된다. 만일에 국가와 국민 사랑이 지극한 대통령이 있다면 그는 국정에 강한 열정을 가질 수밖에 없다. 오직 자신만을 위하고 자기 입지만을 꾀한다면 국정에 올바른 열정을 가질 수 없다.

사사로운 일에서는 일에 대한 열정이 개인의 욕구충족을 위해서 생긴다. 그러나 공적인 일에서의 열정은 사적 요구충족이 아니라, 공동 목표달성 의지에서 비롯된다. 공적인 일을 사적 욕구충족 수단으로 보고 일에 열정을 갖게 되면, 일이 본래 목적과 다른 방향으로 흘러가게 된다. 국정도 마찬가지다. 대통령과 그의 각료들이 과업성취의 목적을 공익에 두고 열정을 쏟는 것과 사익 추구에 목적을 두고 열정을 쏟는 것은 차원이 다르다. 같은 일을 같은 방식으로 해도 수행자의 동기에 따라 엄청난 차이가 난다.

특히 국가지도자, 대통령에게는, 사적인 욕구를 억제하고 오로지 국가발전과 국민사랑 실천을 위한 열정이 기대된다. 이러한 대통령의 열정은 온전히 국가, 국민 쪽으로 향하여 국부와 국민행복 창출로 이어진다. 그는 그 쪽으로만 생각하게 되고, 그 쪽 입장에서 매사를 고민하게 된다. 거기에서 길이 보이게 된다. 세계

최초로 전선을 만든 이순신 장군님의 아이디어도 높은 IQ에서 시작된 것이 아니라, 그분의 한량없는 나라사랑과 열정에서 시작되었다고 생각된다.

대통령이 아무리 야심찬 비전을 가지고 있고, 지혜가 있으며, 능력을 갖췄다 하더라도, 국가와 국민을 향한 애정과 열정이 식으면 소용없다. 같은 일을 해도 애정과 열정 없으면 능률이 오르지 않는다. 국정운영이 피곤하고, '못해 먹겠다'는 한숨만 나오게 된다. 무엇을 왜, 어떻게 하겠다는 의지와 열정이 있을 때, 능률이 오르고 효과도 크다.

3. 국가관, 비전 그리고 그 조건들

'국가관'은 말 그대로, 국가의 존재 의의와 목적 그리고 정치, 경제, 사회 체제에 대한 견해, 관점으로 정의된다. 한 마디로 국가 정체성에 대한 확고한 신념이라고 부를 수 있다. '비전'은 '내다보이는 장래의 상황, 장래 달성해야 할 이상, 꿈'이다. 국가지도자의 비전은 자신을 통해 달성하고자 하는 국가의 이상이나 꿈이다.

국가지도자인 대통령이 아무리 훌륭한 인품과 능력을 갖추었다 하더라도 올바른 국가관과 비전이 없다면 국가와 국민의 장래는 암담하다. 그의 국가관과 비전은 국가와 국민이 나아갈 방향을 제시해 주기 때문이다. 대통령 자신은 물론, 모든 국민의 역량이 그 방향으로 움직여 나가기 때문에 대통령이 올바른 국가관과 비전을 가지고 있어야 함은 당연하다. 만일 대통령이 비뚤어진 국가관과 비전을 가지고 있다면, 이는 마치 동쪽으로 가야 범을 잡는데, 서쪽으로 가자고 하는 것과 같다. 이렇게 되면 능력이 무슨 소용이며, 자원이 어떻게 쓰이겠는가?

우리나라에는 안보위기, 이념과 지역 갈등, 양극화 등이 유별나게 심하다. 지구상 유일하게 분단된 상태로 남아 있는 나라가 우리나라다. 분단으로부터 발생되는 정신적, 물질적 피해는 계산하기 어려울 정도다. 언제든 통일된 민주 대한민국을 탄생시켜야 한다. 누구보다 대통령의 짐이 무겁다. 희망찬 통일 대한민국을 건설하기 위해서 미래의 대통령들에게는 투철한 국가관과 확고한 비전이 요구된다. 기본적으로 정치 이념 및 헌법 정신을 바탕으로 국민과 같이 가는 국가관, 비전이 기대된다.

대통령에게 요구되는 바람직한 국가관과 비전은 덕담이나 조언으로 습득되는 것은 아니다. 일시적인 결심으로 세워지지도 않는다. 공부나 연구를 통해서 획득되지도 않는다. 비전은 인간관, 역사관, 소명감, 정치 철학 등 대통령 자신의 평소 소신에서 도출된다. 다음은 국가관 및 비전과 관련된 덕목을 간단히 논의했다.

1) 애국애민

나라사랑, 국민사랑이 지극할 때, 바르고 확고한 국가관과 비전을 가질 수 있다. 물론, 사랑이 국가관과 비전의 충분조건은 아니나, 사랑 없는 국가관, 비전은 허상이고, 뭔가 있다 해도 힘이 없다. 국가발전과 국민행복을 실현코자 하는 열정도 사랑 없이 생기지 않는다. 이처럼 대통령에게는 자신이 아닌, 국가와 국민에 대한 절절한 애정이 먼저 있어야 한다.

국가지도자, 대통령의 올바른 국가관과 비전은 애국애민심이 전제되었을 때 가능한데, 애국애민심은 훌륭한 인품에서 비롯된다. 맹자(孟子)도 인자한 사람은 사랑하지 않는 사람이 없다고 했다.[73] 인자한 인품을 가진 대통령이 모든 국민을 차별 없이 사랑할 수 있다는 뜻이기도 하다. 물론 인격, 인품을 갖췄다고 다 애국지사가 되는 것은 아니다. 그러나 충분조건은 아니지만 필요한 조건임에는 틀림없다.

국가와 국민에 대한 애정 없는 빈 마음에서 국가에 대한 올바른 이념과 철학이 싹틀 수 없다. 그 곳에서 국가와 국민의 장래에 대한 이상이나 꿈이 자라나지 않는다. 이와 같은 선행 요건들, 사랑, 철학, 비전이 갖춰졌을 때, 국가경영에 대한 능력과 경험을 키우고 쌓을 준비를 하게 된다. 텅 빈 상태에서 한때 욕심이 생겨 갑자기 국가지도자가 되겠다고 작심했다면, 그 자체로 국민 부담이다. 설령 이런 사람이 대통령이 된다한들 '그냥 한번 했다'하는 정도 이상 성공하기 어렵다.

사람은 누구나 사랑하는 대상에 관심을 쏟고, 그의 행복을 위해 최선을 다하기 마련이다. 관심 없고 좋아하지 않으며, 사랑하지 않는 사람이나 대상을 위해서 땀 흘리는 사람은 없다. 부모는 자식을 사랑하기 때문에 자식 위해 많은 것을 기꺼이 희생한다. 역대 애국지사들은 국가, 민족을 사랑했기 때문에 목숨까지 바쳤다. 이와 같이 사랑에서 책임감이 생기고 열정과 희생도 뒤따른다.

어떤 것에 대해 애정이 천성으로 매우 강한 사람은 그가 사랑하는 것과 동류이고 친근한 일체의 것을 좋아한다는 것이다. 어떤 삶에 있어서건 그의 욕구들이 어떤 하나의 것에 몹시 쏠리게 되면 다른 욕구들은 그만큼 약해진다. 마치 그 쪽으로 트인 물길처럼 그렇다.[74] 국가와 국민에 대한 사랑이 지극하면 모든 정성이 그쪽으로 쏠릴 것이고, 권력과 명예를 사랑하면 그 쪽에 온 정신이 팔릴 것이다. 너무 당연한 얘기다.

모든 공직자가 국가와 국민의 봉사자이므로 그들에게는 남다른 애국심과 애민심이 요구된다. 특히 최고 공직자인 대통령의 애국애민심은 열정적이기를 기대한다. 일반 어부나 농부, 상인한테 대통령에게 요구되는 정도의 애국심, 애민심을 요구할 수는 없다. 대통령과 이들이 하는 일의 목적이 다르고 미치는 영향과 그 범위가 다르기 때문이다.

대통령은 가장이 가족을 사랑하듯, 국가와 국민 전체를 사랑할 의무가 있다. 민생은 나 몰라라 하고 자기만 아는, 자신의 뒤치다꺼리에 바쁜 대통령은 진정한 국가사랑, 국민사랑이 없는 사람이다. 이런 사람은 대통령이 되지 말아야 한다. 이런 사람이 대통령 되면 안보위기, 경제위기는 언제라도 터질 수 있다. 잘못하다가는 국가가 통째로 넘어가는 상황이 올 수도 있다. 정말 '소통 어쩌고', '지역 어쩌고', '흥겨운 놀이(흥행)', 이런 유행어나 감정, 놀잇감이 대통령 선발에 영향을 미쳐서는 안 된다.

애국애민은 멸사봉공(滅私奉公)이다. 사(私)를 버리고 공(公)을 받드는 것이다. 구체적으로, 대통령 자신의 성공보다는 국민성공, 자신의 행복보다는 국민행복, 자신의 업적보다는 국민업적, 자신의 성취보다는 국민성취에 방점을 찍은 마음이다. 사(私)에는 재물욕, 명예욕뿐만 아니라 존경욕, 성취욕(자기중심)까지도 포함된다.

국민의 마음에서 나온 것이 아니고, 대통령 자신의 마음(개인 욕심)에서 나오면 모두 사(私)이다.

노자가 말하기를 "위정자(爲政者)는 백성의 마음으로 마음을 삼아야 한다"고 했다.[75] 지도자 자신의 마음으로 정치를 하지 말고, 국민의 마음으로 정치를 하라는 가르침이다. 대통령 입장이나 욕구가 아니라 국민의 입장, 국민의 욕구 충족을 위해서, 대통령 중심이 아니라 국민 중심으로 국정을 운영, 살펴야 한다는 의미이다. 이렇게만 하면 다소 우여곡절은 있을 수 있으나 종국적으로 국가, 국민이 발전하고 행복해진다. 이러면 대통령 자신의 꿈도 이루어지는 것이 아닐까?

대통령 개인의 욕구를 국정의 중심에 두면, 돈이든, 권력이든, 명예이든, 성취이든, 뭐든 모두 사(私)이고, 사리사욕이다. 이렇게 되면 국가, 사회에 청탁, 비리, 부정, 부패가 생길 수밖에 없다. 그 휘하 각료는 물론, 공무원들이 대통령 성향을 감지하고 공무를 사적으로 생각하고 그 쪽으로 움직이기 시작한다. 그러면 결과는 뻔하다. 국민은 차치하고 대통령 자신에게도 큰 불행이다. 수천만 명 중, 자신에게만 주어진 최고 권위를 이런 식으로 더럽히게 된다면, 이건 바보 아닌 바보짓이다. 큰 지식이 있어야 이를 깨닫는 것도 아니고, 그냥 건전한 상식만 있으면 알 수 있다. 현명한 대통령이 되어야 국민도, 자신도 좋다.

국민은 국가와 국민에게 봉사한다는 조건으로 대통령에게 상당한 대우를 해 주고 있다. 그것은 임기 동안 자신의 모든 것을 국가와 국민을 위해 내려놓고 봉사하라는 뜻이다. 재물은 물론 명예, 성취 등 자신과 관련된 모든 것을 내려놓으라는 의미다.

국민의 재산, 국민의 명예, 국민의 성취를 위해 헌신하라는 뜻이다. 역사적으로 많은 국가지도자들이 자신을 위해 그 직을 활용했기 때문에 문제가 생긴 것이다. 국가와 국민만을 바라보고 정치를 하다 보면 결국 자신에게도 득이 되는데 말이다. 잘못하여 임기 후 나쁜 대통령으로 몰리는 상황이 되면 얼마나 끔찍한가? 하루 세끼 이상 밥 먹겠다는 탐욕은 어리석은 일이다. 과식은 몸에도 안 좋다.

≪손자≫에서는 장수의 다섯 가지 조건을 용기, 지혜, 신용, 어짊, 엄격함을 제시하고 있는데, 어짊이 '사랑'이다. ≪논어≫에서 공자(孔子)도 인(仁)은 몸 가까이에 있다고 했다. 자신의 명예를 귀히 생각하면, 먼저 다른 사람의 명예를 중히 여기게 된다. 자신이 자유로우면 다른 사람의 자유를 존중하게 된다. 이렇게 자신을 늘 다른 사람의 입장에 두고 생각하는 것, 이것이 바로 인이라 했다.[76] 인(仁)이 먼데 있는 것이 아니라 남을 배려하는 자신의 마음 속에 있다는 의미로 해석된다.

공자의 인(仁)은 대통령의 입장에서 애국애민심이다. 대통령 자신 혹은 그 가족이나 측근의 편익, 명예, 자유, 편안함이 아니라 국가와 국민의 편익, 명예, 자유, 편안함을 생각하고 사랑하는 국가관, 국민관으로 통한다. 이와 같이 고상한 덕목을 가진 지도자는 국민중심으로 선정을 펼칠 수 있으나 이런 덕목이 부족한 지도자는 자기중심적으로 국정을 운영하기 때문에 선정은 고사하고 주변에서 비리, 부정부패 등 여러 가지 불미스러운 일이 자꾸 터져 나오게 된다. 이는 대통령 자신은 물론 국가와 국민의 불행으로 귀결된다.

박정희 대통령의 국민사랑 일면을 보여주는 실화를 소개한다.

논바닥에서 펑펑 울던 대통령

1960년대 극심한 가뭄으로 농민들이 고통을 겪을 때
아주 늦은 밤 마침내 기다리던
단비가 내렸다고 합니다. 모두 잠든 시간
박정희 대통령은 조용히 운전기사를 깨워
농촌 들녘으로 향하셨다고 합니다.
논이 보이자 차를 세우게 하신 박 대통령은
쏟아지는 비를 맞으며 논 한가운데로 저벅저벅 걸어
들어가셨는데 한참을 지나도 안 나오셔서 운전기사가
가까이 가 보니 논바닥에 주저앉은 박대통령이
어린아이처럼 펑펑 울고 계셨다고 합니다.
이 광경을 지켜보던 운전기사도
박 대통령을 따라 한참을 울었다고 합니다.[77]

2) 소명의식

칸트(Kant)에 의하면, 어떤 행동이 도덕적으로 선하려면 '도덕법'에 단지 순응하는 것만으로는 부족하다. 바른 이유로 올바로 행동하는 의무동기만이 높은 도덕적 가치를 가진다는 것이다.[78] '내가 하기 좋아서 하는 것이 아니라, 나에게 떨어진 올바른 명령에 올바로 복종하는 것'이 의무동기이다. 이것이 다른 말로 소명의식이다. 즉, 자기 자신이 받들어야 할 명령이 자신에게 부여되었다는 의식이다. 어떤 국가지도자가 국가와 국민을 책임지라는 어떤(역사적,

신적, 조상의 혹은 뭐든) 명령을 부여받았다고 의식한다면, 그에게는 소명의식이 있다고 말할 수 있다.

대통령 또는 그 지망자들에게는 소명의식이 요구된다. 그 소명의식은 재임 전이나, 재임 시나, 그 후나 할 것 없이 무한책임을 느끼게 한다. 투철한 소명의식은 잠깐 생겼다 없어지는 것이 아니다. 그리고 명석한 머리로 깊게 생각하고 고민한다고 소명의식이 소생하는 것도 아니다. 계산된 것은 더욱 아니다. 가슴 깊은 곳의 애국애민심에서 생긴다.

싱가포르 수상 이광요는 '모든 부존자원이 부족한 싱가포르가 어떻게 하면 먹고 살 수 있을까를 정치입문 후 평생 생각했다'고 말하고 있다.[79] 역사적인 소명의식 없이 평생 한결같은 생각을 할 수는 없는 것이다. 루스벨트(Roosevelt) 부인 엘리너(Eleanor)는 "루즈벨트는 언제나 역사의식을 가지고 있었으며, 무슨 일을 하든 역사적 관점에서 보았지요."라고 회고했다.[80] 이들은 국가지도자로서 자신조차 국가와 국민 속에서 그 존재 의의를 찾으려고 했던 위인들이었다.

역으로, 소명의식이 부족하다면 긴 안목에서 국정을 운영하기보다 임기 동안의 업적 쌓기에 집착하기 쉽다. 물론 임기 동안 좋은 치적을 쌓는 것이 별 볼일 없이 사고만 친 것보다야 백배 낫기는 하다. 그러나 긴 안목에서 국가경영이 이루어지고, 국정이 운영될 때 국가, 국민생활이 안정적이다. 자손대대로 그 혜택을 누릴 수 있다.

대통령이 진정한 나라사랑, 국민사랑을 가지고 있다면, 국가와 국민에 대해 소명의식, 무한책임을 느낄 것이다. 사랑 없이 소명의식을 가질 수는 없다. 만일, 대통령이 임기 잘 채우고 나가면 그만이라든지, 임기 중 정치 잘하여 국민 배불리 먹이고 즐겁게 해 주면 그것으로 끝이라든지, 임기 중 일자리 늘리면 그만이라고 생각하는 대통령이 있다면, 국가와 국민에 대해 무한책임을 느끼는 진정한 애국대통령이라고 부를 수 없다.

대통령이 진정한 애국심을 가지고 있다면, 임기 후가 더 걱정될지 모른다. 자신이 아닌 국가, 국민 걱정 …… 그런데 우리나라 정치지도자들은 이런 무한책임 의식이 부족한 것 같다. 무한책임은커녕, 임기 동안만이라도 잘했으면 좋겠다.

자신과 측근의 부귀를 염두에 두고 동시에 온전한 역사의식, 소명의식을 가질 수 없다. 대통령은 사(私)와 공(公)이 반반으로 적당히 섞인 소명의식을 가질 수는 없다. 인간의 의식구조가 그렇게 되어 있지 않다. 절절한 국가사랑, 국민사랑이 있으면서 사리사욕을 적당히 채울 수는 없는 것이다. 사람은 사랑(좋아)하는 대상이 사(私)이면 사이고, 공(公)이면 공인 것이다.

사람은 관심과 사랑이 있는 곳에 집중하고 소명의식을 갖게 된다. 사랑하지 않고 관심이 없는 일에 소명의식이나 책임감을 느끼지는 않는다. 대통령이 애국위민(愛國爲民)에 대한 소명의식이 강하면 그만큼 헌신도도 높아지고 결과도 좋다.

3) 희생정신

국가와 국민에 대한 소명의식의 실현은 자기희생으로 가능하다. 자기희생 없는 애국애민, 소명의식은 허구이다. 선전술일 뿐이다. 국가지도자의 희생은 바로 국가와 국민을 위해 자신의 목숨, 재물, 명예, 권리, 자유 등에 대한 욕구의 억제 또는 절제이다. 억제, 절제가 뒤따르지 않는 희생은 없다.

자신은 사(私)이고, 국가, 국민은 공(公)이므로, 희생은 멸사봉공(滅私奉公)이다. 자신의 희생을 감수하는 것보다 더 강한 희생은 없다. 자신의 명예, 권익, 재물은 물론, 하나밖에 없는 목숨까지도 내려놓을 정도이면 이보다 더한 희생, 헌신이 어디 있겠는가? 물론, 대통령보고 목숨까지도 희생하라고 욕구할 국민은 아무도 없다. 그러나 재물, 명예 정도의 희생은 기대하고 있을 것이다.

대통령을 포함, 모든 공직자는 국민의 혈세로 보수를 받고 있으므로 멸사봉공(滅私奉公) 정신으로 맡은 바 소임을 다해야 한다. 그런데 이 사(私)와 공(公)의 구분이 명확치 않은 때가 많다. 오늘날 국가, 사회의 많은 영역들이 전문화, 조직화됨으로써 순순한 사적 영역이 줄어들었다. 사와 공이 연결되어 있다. 사생활도 거의 대부분이 공적 생활과 연계되어 있다.

태어날 때도 병원이라는 조직의 신세를 져야 하며, 죽을 때에도 병원에서 죽는다. 생사는 사적인데, 이것이 병원이라는 조직의 신세를 지게 되다 보니 순수한 사생활은 과거에 비해 실제적으로 많이 줄었다. 식사도 다른 사람들과 같이 식당에서 하게 되니 먹는 것도 공동생활 속에서 일어난다. 버스 안에서 기침도 함부로 할 수 없는 세상이 되었다. 흡연 구역도 극히 제한되어 있는 것이 현실이다.

요새는 대부분 생활이 다른 사람들과 상호작용 속에서 영위된다. 사(私)와 공(公)이 얽히고설켜 인간사가 공사 복합적으로 되어 있다. 무 자르듯이 '여기까지는 온전히 사(私)이고', '저기까지는 온전히 공(公)이다'라고 단정 짓기 어렵다. 예컨대, 도지사와 군수의 저녁 식사도 분명 사적이지만 복잡한 공적 문제로 연결될 수 있다. 대통령은 더 하다.

대통령도 사람인 이상 일과 후 사생활을 한다. 분명 사생활이지만 원치 않게 공적으로 연결된다. 순수한 사생활이 공적 영역에 영향을 준다. 따라서 대통령직에 있는 한 순수한 사생활은 거의 없다고 보아야 한다. 어찌 보면 재미없고 고독한 직인지도 모른다. 이런 점에서 대통령이 된다는 것 자체가 자기희생이며 봉사인 것이다.

4) 비전

보통 사람들도 삶의 비전이 없으면 의욕이 생기지 않는다. 비전이 없으면 항로를 잃은 배처럼 어디로 갈지, 갈피를 잡지 못한다. 장래 이루고자 하는 확고한 꿈이 있을 때, 이를 달성하기 위해 계획을 세우고 거기에 따라 노력을 하게 된다.

대통령의 훌륭한 국가경영 비전은 애국위민 정신과 확고한 소명의식이 있을 때 가능하다. 물론, 사랑과 소명의식이 있다고 저절로 훌륭한 비전이 생기는 것은 아니나, 그러한 정신과 소명의식이 없이 텅 빈 마음에서 비전이 생길 수는 없다. 사랑을 실천하고 소임을 다하겠다는 확고한 의지가 있을 때 실현 가능한 구체적 비전을 갖게 된다.

대통령의 인격과 국가와 국민에 대한 사랑이 남다르다 하더라도, 국가 경영에 대한 구체적 비전이 없으면, 국정운영이 지향점을 잃고 중구난방으로 될 수 있다. 문제는 대통령의 국정 비전이 어떤 비전이냐다. 아무 비전이나 다 좋은 것은 아니다. 시대적 요청에 부응하고, 실현 가능성이 있어야 한다.

시대적으로 뒤떨어지거나, 국민의 지지와 호응이 없는 '나 홀로' 비전은 실현되기 어렵다. 치적이나 명예에 대한 대통령의 욕심이 너무 커 국민이 따라가기 힘든 비전을 세웠다면 이는 문제를 복잡하게 만든다. 이런 비전은 국민통합에도 도움이 안 되며 갈등을 일으킨다. 따라서 국가와 국민의 능력과 입장을 고려하고 시대 상황을 분석한 다음, 달성 가능한 최적의 비전을 세워 제시하는 것이 바람직하다.

공자(孔子)는 "…… 나라를 다스리는 동안 자기가 쌓은 업적이 두드러진다고 하더라도 백성들의 힘에 맞지 않으면 명령대로 따르려 하지 않는 법이다. 만약에 백성이 하지 못하는 일을 억지로 시키거나 백성이 능하지 못한 일을 억지로 요구한다면 백성들은 윗사람을 미워할 것이며, 그렇게 되면 간사해지고 말 것이다"라고 했다. 또, "…… 백성을 다스릴 때, 그들의 성품부터 잘 알아서 형편에 맞도록 해야 하고, 성품을 알고 또 형편에 맞게 해야 백성들이 명령을 따르게 되는 것이다."[81]라고 했다. 꼭 맞는 말이다. 특히 요즘 같이 정보화, 민주화된 세상에, 국민의 마음과 뜻으로부터 동떨어진 비전을 가지고 있었다면 적절히 수정, 보완할 필요가 있다.

흄(Hume)도 "사람들이 자신이 하는 일을 정당하다고 확인할 때, 지도자를 흔쾌히 추종한다"고 했다.[82] 실제로, 2차 세계대전시 미국 루스벨트(Roosevelt) 대통령이 조기 참전에 신중했던 이유 중의 하나가 다수의 여론이 반대했기 때문이다. 그의 부인에 의하면, 그는 항상 대통령이 추종자들보다 너무 앞서가면 안 된다는 말을 자주했다는 것이다.[83] 여기에서 시사점은 대통령이 국민과 동행할 수 있는 비전을 제시해야 지지를 받을 수 있고, 그 지지로 동기와 동력이 생길 수 있다는 것이다.

5) 안보관

우리 주변국은 우리에게 일시적으로 호의적일 수 있으나, 역사적으로 보면 언제 돌변할지 모른다. 중국과 러시아는 군사력이 막강하다. 이들은 아직까지 북한의 지배집단을 감싸고 있다. 일본 역시, 역사적으로 보더라도 자국의 이익을 위해서는 무슨 짓이던 저질렀던 지독한 국가이다. 이러한 틈바구니에서 번영과 행복을 누리기 위해서 안보의식은 무엇보다 중요하다.

우리나라는 안보 면에서 다른 나라와 사정이 다르다. 미국과도 다르고 일본과도 다르며, 러시아와도 다르다. 저 멀리 호주나 캐나다와는 더욱 다르다. 바로 머리 위에 있는 공산집단은 하루가 멀다 하고 섬뜩한 협박을 하고, 기회만 있으면 사고치려 한다.

국내에는 이념논쟁으로 어수선한 것이 어제 오늘 일이 아니다. 언제까지 이러한 혼돈이 지속될지 아무도 모른다. 이러한 위기 상황에서 대통령은 국토방위와 국민보호에 남다른 안보관을 가져야 한다.

남북 분단이 종결되고 통일 한국이 언제, 어떻게 이루어질지,

아무도 정확히 모른다. 앞으로 몇 십 년 걸릴지, 몇 백 년 걸릴지 아무도 장담할 수 없다. 통일이 된다 하더라도 우리는 지정학적으로 미국, 캐나다, 호주같이 안보 불안이 말끔히 가시기 어렵다. 따라서 우리나라는 언제나 안보관이 투철한 사람이 대통령이 되어야 한다.

4. 지혜 · 능력

1) 지혜

인생에서 '지혜'(슬기, 현명)처럼 필요한 것도 드물다. 지혜는 모든 인적, 물적 자원의 기능과 인간의 능력들을 총괄하는 힘이 있다. 언제 무슨 일을 하든지 지혜는 작용한다. 아주 보편적인 속성을 가지고 있다. 지도가가 아무리 선한 품성을 가졌다한들, 아무리 많은 전문 지식을 가졌다한들, 아무리 많은 능력과 기술을 가졌다한들 오른 방향으로 옳게 쓸 수 있는 지혜가 없다면 소용없다.

지도자가 지혜롭지 못하면 많은 자원들이 헛된 곳에 쓰이기 마련이다. 현실을 바로 보고, 미래를 정확하게 예측하며, 적절한 시기를 골라 올바른 방향으로 이들을 활용할 때 효과가 난다. 지혜로운 지도자는 마음을 열어 놓고 모든 가능한 변인을 상정하여 이들을 종합적으로 판단, 방향을 잡아간다.

인간 생활에 문제는 항상 있다. 가정, 학교, 직장, 사회, 국가 등 모든 곳에 정도의 차이는 있을지언정, 문제는 생기기 마련이다. 어찌 보면, 삶 자체가 문제를 해결하는 과정인지도 모른다.

손님대접을 어떻게 할까?, 시험을 어떻게 잘 볼까?, 차는 무슨 차를 살까?, 수업을 어떻게 효과적으로 진행할까?, 직장에서 밀린 일을 어떻게 현명하게 처리할까?, 몸이 이상한데 어떻게 풀까?, 빈부격차를 어떻게 해결할까?, 어떻게 해야 경제 민주화를 무리없이 실현할 수 있을까?, 인사는 어떻게 할까?, 입시정책을 어떻게 수립할까?, 내·외적 공격을 어떻게 방어할까?, 어수선한 사회풍조를 어떻게 진정시킬까?, 다른 나라들과 어떤 조건으로 조약, 협약을 체결할까? 우리생활 중, 문제가 아닌 것이 없다. 이처럼 수없이 많은 문제들에 대한 우리의 지식, 기술, 정보는 제한되어 있다. 그런데 인간에게는 이들을 두루 헤아려 판단할 수 있는 지혜가 있다.

지혜는 동원할 수 있는 모든 지식, 기술, 정보, 능력, 자원을 조정, 통합할 수 있는 힘을 가지고 있다. 자신의 모든 능력을 한 곳으로 모아, 이 때는 이렇게, 저 때는 저렇게 능력을 뽑아 쓸 수 있는 힘이 있다. 지혜로운 사람은 이런 방식으로 큰 탈 없이 많고 복잡한 문제들을 해결한다.

농민, 상인, 공장 근로자, 회사원, 교원, 교수, 사업가, 행정인, 정치가에 이르기까지 무슨 일을 어디서 하든지 지혜는 핵심이다. 특히, 국가지도자인 대통령에게는 더 말할 나위 없이 중요한 덕목이다. 실제로 대통령에게 필요한 것은 특정 전문지식이나 기술이 아니며, 내·외적으로 나라 전체가 어떻게 운영될 것인가를 숙의, 결정해 주는 지식이다.[84] 이것이 바로 지혜인 것이다.

대통령은 오만가지 얽히고설킨 국정을 수행하는 자로서 특정 분야의 전문 지식보다 자신의 지식과 기술, 정보를 조정, 통합하여 적용할 수 있는 지혜가 몇 십 배, 몇 백 배 더 중요하다. 특정 분야에 국한된 지식은 국가 전체를 아우르는 통합적인 능력을 발휘하는데 극히 일부이며, 그 자체로는 역동성도 없다. 캐츠(Katz)도 최고 행정가에게는 전체 파악적(종합적) 기술이 필요하다고 밝힌 바 있다.[85] 이 기술이 바로 지혜에 비견된다.

가령, 중국 고대 어느 황제의 통치체제 대한 전문지식, 고대 토기에 대한 전문지식, 조선시대 어느 지역의 물물 교류에 대한 전문지식, 철근 굵기와 건축물 견고성과의 관계에 대한 전문지식, 중학교 조직풍토와 학업성취도와의 관계에 대한 전문지식, 컴퓨터 활용능력이 학업성취에 미치는 영향에 대한 전문지식, 금융에 대한 전문지식, 어떤 상품 생산비용에 대한 전문지식 혹은 마케팅에 대한 전문지식이 그 자체로서 대통령의 국정운영에 얼마나 큰 의미가 있겠는가?

물론 지식이나 기술이 필요 없는 것은 아니나, 그 자체로서 국정운영에 큰 도움이 되는 것은 아니다. 문제는 가지고 있는 모든 지식, 능력들을 주어진 여건에 맞게 적절히 통합, 활용할 수 있는 능력, 즉 지혜가 필요한 것이다.

지혜는 지식, 정보, 기술, 경험 등을 활용하여 원하는 바를 생산할 수 있는 고등정신 능력을 종합하는 힘을 가지고 있다. 지혜는 이들 요인들이 제 기능을 할 수 있도록 지도한다. 따라서 국정은 다양하고 복잡한 요인들을 내포하고 있으므로 대통령의 덕목 중, 지혜만큼 필요한 것도 드물 것이다. 만일 지혜가 부족하다면 많은 능력과 경험들이 제구실을 못하고 오히려 엉뚱한 데에 쓰일 수 있다.

현실은 기존의 지식, 기술, 경험 이상을 요구하고 있다. 즉, 현실문제는 늘 새로운 모습으로 다가오기 때문에 기억된 지식을 단순히 재생하거나 설명할 수 있는 정도로는 턱없이 부족하다. 실제는 얽히고설킨 수많은 요인들로 이루어졌고 그 깊이와 범위가 자신의 지식, 기술, 경험을 벗어나는 경우가 많다. 또, 구체적인 실제문제는 태반이 학술적으로 분석, 검증되지 않은 상태로 남아 있다.

물론 지혜로운 지도자라고 모든 문제를 100% 완벽하게 해결할 수는 없지만 그는 가능한 요인들을 적절히 통제, 조절하고 다가올 상황을 예리하게 통찰, 지혜로운 판단을 내릴 수 있기 때문에 성공률은 그만큼 높아진다. 국가와 국민의 운명을 책임진 대통령은 지혜를 짜내는 노력을 아끼지 말아야 한다. 늘 소통하고, 공부하며, 사색하는 자세를 견지할 때 지혜가 생기는 것이다. 공자도 종일 밥을 먹지 않고 생각을 해보았으나 남는 것이 없다고 했다. 배워서 아는 것을 따를 수 없다고 가르치고 있다. 자신의 생각만 가지고 끙끙대지 말라는 교훈이다. '이러이러한 상황에서 현명한 국가지도자들은 어떠한 판단을 내릴까?' 하고 질문을 던지면서 그에 대한 응답을 찾는 다양한 노력이 필요하다.

지혜는 옳게 판단하고 지식, 경험, 이해 등에 기초하여 사리분별하는 행위들을 일으키는 힘으로 정의되고 있다.[86] 모리야 히로시는 상황을 정확하게 이해하는 능력 혹은 정황에 효율적으로 대처하는 유연한 사고력이라고 했다.[87] 예전부터 지혜는 하나의 덕목으로써 높이 평가되었다.

동양 사회에서 군자의 4 덕목을 '인(仁)', '의(義)', '예(禮)', '지(智)'라 하는데, 이 지(智)가 지혜로움(슬기로움)에 해당된다. 지혜는 덕목으로 올바른 일에 쓰이는 것을 지혜라 하지, 올바르지 못한 일을 위해 사용하는 계략을 지혜라 하지 않는다. 따라서 지혜는 공동선을 목표로 자신의 모든 지적, 정신적, 기술적 능력과 경험 및 물질적 자원들을 상황에 맞도록 재구성하여 균형적으로 적용, 능률과 가치를 창조해 내는 힘이라고 정의할 수 있다.

아무튼 지혜는 인간의 상위 인지능력과 관계가 있으며, 특정 사물이나 사건에 관련된 것이 아니라, 약방에 감초처럼 무슨 일을 하든지 언제 어디서나 꺼내 쓸 수 있는 힘이다. 어떤 지식, 기술, 경험이 바로 그 어떤 분야에 국한된 것이라면, 지혜는 이들 모든 분야에 공통된 것이다. 따라서 지식은 극히 제한적이나 지혜는 보편성을 띠고 있다.

정치, 경제, 사회, 교육, 과학, 문화 등의 모든 세부 분야를 다 아는 사람은 이 세상에 한 사람도 없다. 과거, 현재, 그리고 미래에도 단 한 사람도 나오지 않을 것이다. 그래서 제한적이지만, 자신이 접근 가능한 지식, 정보, 기술 등을 최대한으로 적절하게 통합하여 이를 현실에 적용할 수 있는 능력, 지혜가 필요하다. 링컨 대통령도 보통 사람들과 같이 평범한 재능을 가졌으나, 그의 재능들이 너무나 자연스럽게 조화를 이루어 위대한 일을 할 수 있었다는 것이다.[88] 그는 남보다 뛰어난 능력을 가진 것은 아니나 평범한 능력들을 조화롭게 사용할 수 있는 지혜를 가졌다는 것이다.

이광요 싱가포르 수상이 정치학이나, 경제학을 전공한 것도 아니고 박정희 대통령도 마찬가지다. 그런데 그들이 국가경제를 드높인 것은 그들의 경제전문 지식이 아니라, 지혜가 있었던 것이다. 그들은 특정 분야의 지식이나 기술에 뛰어났던 것이 아니었다.

워싱턴, 링컨도 전쟁기술이나 전략에 뛰어난 재능이 있어서 독립전쟁과 노예해방 전쟁에서 승리할 수 있었던 것도 아니다. 그들에게는 공히 지혜가 있었던 것이다. 고등 정신능력, 즉 창의력, 예측력, 통찰력 등 제반 능력이 통합적으로 발휘될 수 있도록 지도하는 힘, 즉 지혜가 있었던 것이다.

마찬가지로, 처칠과 루즈벨트가 2차 세계대전을 승리로 이끈 것도 지혜의 덕분이다. 또, 이병철, 정주영 회장이 우리나라 산업발전에 크게 기여한 것도 경제학적 전문 지식 때문이 아니다. 달리 말하면, 문제에 대한, 그리고 주변 정황에 대한 인식과 지식, 정보, 경험, 기술 등을 때와 장소에 맞게 재구조화하여 종합적으로 판단할 수 있는 힘, 지혜를 가졌기 때문이다.

다음과 같이 '지혜'의 특성과 이에 대한 교훈, 이론 및 경험을 논의해 보았다. 지식이나 기술은 우리의 감각기관을 통해서 상대적으로 쉽게 습득할 수 있으나, 지혜는 이를 통해 습득되는 것이 아니라 지식, 정보, 훈련, 경험 등에 대한 사고과정을 통하여 생성된 것이다. 지식은 밖에서 자신 안으로 유입된 것이지만, 지혜는 이미 유입된 것들을 인지적 재구성 과정을 통해서 적절하게 전환할 수 있는 힘이다.

지식이나 정보는 특별한 사고과정 없이 습득되는 경우가 많지만, 지혜는 깊은 사고과정을 통해서 생긴다. 다른 말로 하면, '지식은 자기 자신이 만든 것이 아니나, 지혜는 자신이 만든 것이다.' 그래서 지식은 본래 내 것이 아니므로 현실 적용 순발력이 약하나, 지혜는 내 것이므로 순발력이 강하다. 자유자재로 쓸 수 있는 것이 지혜다. 그래서 지식은 정태적이나 지혜는 동태적이다.

≪전국책(戰國策)≫에서 보면, "지혜로운 자는 아직 일이 일어나기 전에 그것을 안다."라는 구절이 있다. ≪공자가어(孔子家語)≫에는 "지혜로운 자는 때를 놓치지 않는다."라는 말이 들어 있다.[89] 지혜로운 자는 언제 무슨 일이 일어날지 예측하고, 해결할 방도를 찾아 제때에 쓸 수 있다는 의미이다. 이는 분절적인 지식이나 기술과 다르다.

아리스토텔레스(Aristoteles)에 의하면, 지도자는 이런 상황에서 이런 정책을 이렇게 펴고, 저런 상황에서 저런 정책을 저렇게 펴는 정도의 국가 정책에 식견이 있어야 한다고 말하고 있다.[90] 그는 지혜를 여러 능력들이 적재적소, 적당한 시기에 효율적, 융통성 있게 활용되는 길을 제시하는 식견으로 설명하고 있다. 지혜는 지식, 기술, 정보 등을 포함한 능력을 생산적으로 현실과 연결시켜 주는 가교 역할을 한다고 보면 된다.

≪한비자(韓非子)≫에서는 "군주가 현명하면, 신하는 대비하여 경계를 늦추지 않으나, 그렇지 못하면, 신하가 어떻게 대처해야 할지 갈피를 잡지 못한다. 신하는 군주가 현명하다고 판단되면, 자신의 결점을 보이지 않으려고 하지만, 그렇지 않다고 판단되면 위압적인 태도로 왕권을 위협한다"고 가르치고 있다.[91] 이 현명함이 바로 지혜인 것이다.

소크라테스(Socrates)는 말하기를, 지혜는 이성이 기개(분개)에 지도하여 욕망을 지배하는 때에 생긴다고 설파했다.[92] 이를 뒤집어 보면, 욕망이 이성과 기개에 의해 통제되지 않고 극성을 부리면 지혜가 생기지 않는다는 말이다. 지혜는 이성의 작용인데, 욕망이 극성을 부려 머리와 가슴을 지배하면, 이성은 힘을 쓸 수 없기 때문에 지혜가 생기지 않는다는 뜻으로 이해된다.

블룸(Bloom)의 『교육목표분류학』에서 보듯, 인지적 영역은 지식, 이해, 적용, 분석, 종합, 평가의 6개 단계로 분석되고 있다.[93] 지혜는 지식, 이해를 넘어, 고차적인 정신 능력인 적용, 분석, 종합, 평가 단계를 수행할 수 있는 능력과 관계가 있다. 지혜를 통해 문제의 경중을 판단할 수 있고, 우선순위를 정할 수 있다. 문제를 효율적으로 해결하려면, 여러 대안과 수단을 분석, 평가하여 그 중에서 가장 적절하다고 판단되는 것을 선택, 활용하는 데에 지혜가 필요하다.

우리가 흔히, '저 사람은 아는 것은 많은데 일을 잘 못해'라고 한다. 이는 지혜가 부족하다는 말로 들린다. 배운 것, 아는 것이 많다 할지라도 이를 제대로 활용할 수 없으면 그 지식은 죽은 지식이나 마찬가지이다. 뿐만 아니라, 우리에게는 시간, 재정 등 여러 요인들이 제한되어 있기 때문에 모든 문제를 해결하겠다고 무한정 자원을 투입할 수도 없는 것이다. 문제에 대한 정확한 인식, 상황을 고려한 대안의 분석, 결정 및 실천에 필요한 것이 지혜이다.

링컨(Lincoln)은 지혜로운 대통령이었다. 그는 민중이 미국 독립선언을 찬양하고, 모든 인간은 평등하게 창조되었다는 그 선언의 내용을 존중하고 있다는 것을 알았다. 또, 만약 그들이 조금이라도 노예제도에 찬성한다면 독립선언을 존중하는 자신의 정체성을 훼손하는 일이 되고 만다는 것도 알았다. 그는 이를 알고 독립선언문을 기초로 노예해방 문제를 접근했다.[94]

링컨은 독립선언을 존중하는 국민들의 정체성에 기초를 두고 이를 활용, 노예문제를 접근한 현명한 대통령이었다. 그는 누구든지 자신의 정체성이 망가지는 것을 바라지 않는다는 사실을 노예해방 전략에 활용했던 것이다.

지혜는 맑은 정신과 깊은 사고과정에서 생기나, 이를 높이는 방법이 있지 않을까? 그 중 하나는 문제를 단지 결과로만 보지 말고, 변인관계로 파악하려는 노력이 필요하다. 즉, 왜 이런 일이 일어날 수밖에 없을까? 어떤 변인들이 작용했을까? 직접적으로 작용한 변인은 무엇이고, 간접적으로 작용한 변인은 무엇일까? 이 문제는 또 어떤 문제를 야기하는 독립 혹은 매개 변인으로 작용할까? 이러한 변인들을 어떤 방법으로 통제할 수 있을까? 등과 같이 원인과 결과가 되는 변인관계로 문제를 접근하는 노력이 필요하다. 단순히 사건이 터지면 비난하거나 한탄하면서 주먹구구식으로 해결하는 식은 문제를 근본적으로 해결할 수 없다.

방금 모당의 공천 뇌물 사태가 벌어졌는데, 왜 이런 일이 터지고, 그것은 또, 우리 사회에 어떤 나쁜 영향을 주는지를 변인관계로 파악하는 노력이 필요하다. 단순히 들추어서 벌주자는 방식은 근본적인 해결책이 아니다. 벌주지 말고 상 주라는 뜻이 아니라 근본적인 해결책을 찾자는 것이다.

부정한 돈을 받을 수밖에 없는 원인(변인)들은 무엇, 무엇이 있는지?, 그러한 불미스런 사태는 또, 어떤 문제의 원인(독립변인)이 되는지?, 그 변인들을 어떻게 통제할 수 있는지? 등과 같은 질문에 응답하는 형식으로 문제의 본질에 접근하는 지혜가 필요하다. 단지 당리당략에 치우쳐, 혹은 어떤 반사 이익에 눈이 어두워 누구에게 책임을 돌릴까?를 고민하는 자세는 속보이는 짓으로 근본적인 해결책이 못된다. 한 예로, 현 세비 수준이 의원들의 의정활동에 적정한지? 아니면, 어떻게 할 것인지, 무턱대고 짜게만 주는 것이 능사는 아니며, 오히려 이것이 비리를 부추기는 요인으로 작용할 수도 있다. 줄 것 주고받을 것만 받는 청렴한 풍토가 조성되어야 한다. 주어야 할 것을 제대로 안 주는 것은 소위 청탁, 뇌물보다 더 나쁜지도 모른다.

2) 능력

국가지도자인 대통령이 훌륭한 인품과 국가관 및 비전을 가지고 있다 하더라도 이들을 실현하는 데 필요한 능력을 갖추지 못했다면 모든 것이 '그림의 떡'이다. 아무리 바탕 그림이 그럴듯해도 거기에 무슨 색을 칠해야 할지 모른다면 아름다운 그림을 만들 수 없는 것과 같다.

대통령은 국정운영에서 요구되는 다양한 능력들을 갖추고 있어야 그의 소임을 다 할 수 있다. 물론 대통령이라고 오만 가지 구체적인 문제까지 해결할 능력을 갖출 수는 없다. 또, 그럴 필요도 없다. 그러나 국가전체를 총괄, 경영하는데 필요한 능력을 갖출 의무가 있다. 능력 없이 청와대 들어가면 정말 골치다.

대통령에게 요구되는 다양한 능력들은 국정에 독립적으로 기능하기보다는 균형과 조화를 이루면서 연계되어 기능할 때 효과가 크다. 국가경영이라는 큰 틀 속에서 여러 능력들이 조화롭게 통합되어 나타날 때 안정적이다. 예컨대, 국가경영에 정치능력이 편중적으로 작용해도 안 되고, 경제성장에 관련된 능력이 편중적으로 작용해도 안 좋다. 그렇다고 복지, 교육 발전에 대한 능력에만 매달려서도 안 된다. 여러 분야의 능력들이 융합되어 국가경영에 활용되어야 국가가 균형적으로 안정감 있게 발전할 수 있다.

능력은 분야에 따라 여러 하위 능력으로 세분될 수 있다. 이들은 국가, 국민이 처한 상황에 따라 그 중요성이 달라진다. 예컨대, 안보위기 상황에서는 위기관리 능력의 중요성이 돋보일 것이고, 평화 시에는 의사소통 능력이 돋보일지도 모른다.

조직의 규모나 목표 및 과업 성격에 따라 리더십이 융통성 있게 발휘되어야 한다. 의회지도자로서의 리더십과 대통령으로서의 리더십이 같을 수는 없다. 또, 군지도자의 리더십과 지방자치단체장의 리더십도 그 성격이 다르다. 이를 반영하듯, 훌륭한 군사지도자가 꼭 훌륭한 국가지도자가 되는 것은 아니라는 것이 그랜트(Grant)장군을 통해서 경험적으로 입증되었다. 그는 군지도자로서는 유능했으나 국가지도자인 대통령으로서는 실패했다. 또 존슨(Johnson)은 상원의 빼어난 지도자이었으나 대통령으로서는 그렇지 못했다.[95] 지혜로운 지도자라면 조직의 목표나 특성 및 상황에 적합한 리더십을 융통성 있게 구사할 수 있어야 한다.

다양한 능력이 리더십 행사에 유익한 것은 사실이다. 그러나 어느 상황에서나 한결같이 유익하거나 무익한 능력은 없다. 조직과 구성원 및 주변 환경의 특성에 따라 요구되는 지도 능력이 다르다. 학자들도 관점에 따라 지도자에게 요구되는 능력을 다양하게 제시하고 있다. 여기서는 여러 능력 중, 국가지도자, 대통령에게 상대적으로 더 필요하다고 추정되는 능력들을 편의상 일반능력과 실천능력으로 나누어 논의했다.

(1) 일반능력

① 지력

'아는 것이 힘이다'라는 격언이 있다. '알아야 면장을 한다'라는 말도 있다. 무슨 일이든지 아는 것과 모르는 것은 엄청난 차이가 있다. 남을 시켜서 일을 해도 모르고 시키는 것과 알고 시키는 것은 차원이 다르다.

'인사가 만사'라고 하지만, 당장 지도자가 무지하면, 휘하 직원들이 일을 잘 했는지, 혹은 못했는지를 점검할 수가 없다. 대통령이 각료들의 과업성취를 점검, 평가할 수 없다면 곤란한 일이 아닌가? 이쯤 되면 국정이 어디로 가는지 모른다. 그냥 권력에 취해 마냥 흥겨울 뿐이다. 따라서 지도자, 특히 대통령이 되고자 하는 사람은 국정 전반에 대해 많은 지식을 가지고 있어야 한다.

대통령이 되고자 하는 사람들은 국정과 관련해서 보고 듣고 사색하면서도 많은 것을 배워 익혀야 한다. 이는 그의 권리가 아니라 의무이다. 이에 대해 공자(孔子)는 우리에게 훌륭한 교훈을 남겼다. 그는 '종일 밥을 먹지 않고 하룻밤을 꼬박 새우며 생각해 보았다. 그렇지만 도움이 되는 것이 없다. 배워서 아는 것에는 좇아갈 수 없다.'고 했다. 혼자 고민만 하지 말고 배워 익혀 지식을 쌓으라는 금과옥조 같은 교훈이다.

중국 후한 광무제는 군무에 쫓기면서 손에서 책을 놓아 본 적이 없었다고 한다.[96] 링컨도 전쟁에 관한 책을 공부하면서 남북전쟁을 승리로 이끌었다고 한다.[97]

삼국시대 오나라 여몽은 전투에 능해 장군 자리에 올랐다. 그런데 가난하여 교육을 받지 못해 교양이 없었다고 한다. 그러다 보니 부하들을 통솔하는 데 부족한 점이 많았다는 것이다. 그래서 손권이 ≪손자≫, ≪좌전≫, ≪육도≫, ≪국어≫, ≪국책≫, ≪서기≫, ≪한서≫ 등을 공부하도록 다그쳤다 한다.

≪손자≫, ≪육도≫는 병법에 관한 책이고, ≪국어≫, ≪국책≫, ≪서기≫, ≪한서≫ 등은 역사에 관한 책이다. 장수에게 역사책을 권한 것은 싸움만 잘한다고 전쟁에 이기는 것이 아님을 말해 주고 있다. 승리하려면 병법만 익히는 것이 아니라 이를 임기응변의 운용에 숙달할 필요가 있다는 교훈이다.[98] 전략 전술과 더불어 지도력, 인간관계 등이 장수에게도 필요하기 때문에 역사책을 읽힌 것이다.

지도자가 특정분야에 뛰어난 지식과 기술을 갖췄더라도 교양과 학문을 갖추지 못하면 부하들로부터 지지를 받을 수가 없다. 대통령은 더 말할 나위가 없다. 아무리 막강한 권력과 특정 전문지식을 가지고 있다 하더라도 교양을 갖추지 못하여 함부로 행동하면, 부하들로부터 신뢰를 쌓을 수 없어 그들의 마음을 살 수 없다.

② 통찰력

통찰력이란 예리한 관찰을 통해 사물을 꿰뚫어 보는 능력, 또는 새로운 사태에 직면하여 장면을 이루고 있는 요소들을 재구성함으로써 문제해결 방법을 신속하게 착상하는 능력으로 볼 수 있다.

마치 정주영 현대그룹 회장이 아산만 방조제 공사에서 바다의 급물살로 공사가 어렵게 되자, 상황 요소들의 관계를 관찰한 다음, 폐 선박을 가라 앉혀 이를 막아 문제를 해결한 것은 그의 통찰력 덕분이라고 할 수 있다. 이와 같은 문제 장면은 이론이나 논리로 설명되기 어려운 것으로 우리 생활에 흔히 일어날 수 있는 일이다.

갑자기 어린이가 물에 빠졌다든지, 갑자기 도둑이 집안에 들었다든지, 기타 무슨 사고가 일어났다든지 등 예기치 않은 돌발 사건이 일어날 수 있다. 이와 같은 위기 상황에 봉착했을 때, 지도자는 문제를 둘러싼 제 요소들 간의 관계파악을 정확히 하여 해결방법을 신속히 도출해 내는 능력을 가져야 한다. 통찰은 이론적 혹은 개념적 추리 과정을 통해서가 아니라, 문제 장면 요소들에 대한 지각 내용을 재구조화함으로써 가능하다.

모든 조직경영이 다 그렇지만, 특히 국가경영에 있어서는 예측하기 어려운 문제가 많이 발생한다. 특히 남북이 대치된 우리 현실에서 더욱 그렇다. 천안함 폭침 사건, 연평도 포격사건에서 볼 수 있듯이, 국가의 위기 상황이 도래했을 때 대통령의 통찰력은 위기 극복에 절대적이다. 위기를 신속하게 극복하지 않으면 큰 피해를 보게 된다. 문제 상황 요소들 간의 관계를 예리하게 관찰, 해결책을 신속히 내 놓아야 피해를 최소화할 수 있다.

다른 나라와 경제 및 외교전에서도 신속한 대응이 필요할 때가 있다. 실기하면 큰 손해를 입고 남의 나라 좋은 일만 시키게 된다. 정황을 예의주시, 정확하고 신속하게 대안을 찾아 대응해야 국익을 확보할 수 있다.

③ 창의력

창의력이 부족하면 과거에 사용했던 방식을 고수하게 되기 때문에 변화된 환경에 적응하기 어렵다. 창의력은 신상품 개발은 말할 것도 없고, 정치, 경제, 사회, 교육 등 모든 분야의 발전에 불가분의 요소다.

우리에게 날마다 부닥치는 문제들은 엄격히 말해서 모두 다르다. 완전히 똑같은 모습으로 다가오지 않는다. 국가경영에서도 마찬가지다. 따라서 과거에 대응했던 방식으로 현안 문제를 다루게 되면 많은 부작용이 생긴다. 구태의연하게 미래의 문제를 대비할 수는 없다. 변화된 국민의식을 쫓아갈 수도 없고 효율성도 낮다. 열린 마음으로 필요한 많은 지식과 정보를 수용하여 이를 창조적으로 재구성, 적용할 때 발전을 기할 수 있다.

과거의 지식, 기술 및 경험들은 매우 제한적이다. 우리의 지식과 기술 및 경험들은 그 당시 해당 분야와 문제에 맞는 것이지, 새로운 시대, 새로운 분야와 문제에 맞는 것은 아니다. 물론 과거의 지식, 기술 및 경험이 현재와 미래에 도움은 되겠지만, 과거와 똑같은 효과를 낼 수 있는 것은 아니다. 따라서 이들을 창조적으로 재편성, 아이디어를 창안하여 새로운 사태에 적용하는 지혜가 필요하다.

창의력은 우연히 생기지 않는다. 이는 사고의 유연성을 조건으로 한다. 사고방식이 고착화되면, 외부로부터 에너지가 투입될 공간이 없기 때문에 새로운 생각이 자라나지 않는다. 문제에 민감하고 사심 없이 집중할 때 창의력이 생긴다.

문제에 집중하려면 문제를 민감하게 받아들여야 한다. 문제를 심각하게 받아들이지 않고 우습게 받아들이면 창의력이 싹틀 수가 없다. 해도 그만, 안 해도 그만이라는 무사 안일한 사고에서는 창의력이 생기지 않는다.

창의력 계발에는 문제에 대한 변인관계를 치밀하게 분석하는 노력과 훈련이 필요하다. 즉, 이런 문제를 일으킨 독립변인들은 무엇이고, 문제(종속변인)와 독립변인들 간에 있을 수 있는 매개변인들은 무엇이며, 이들은 또 어떤 영향을 서로 주고받는지를 예의 주시하고 분석, 종합, 평가함으로써 새로운 아이디어가 착상된다. 한 마디로 창의력은 깊은 사고과정을 통해서 생긴다.

④ 의사소통 능력

전두환 정권에서 노태우 정권으로 정권 재창출 당시, 유행하는 말이 뭐였느냐 하면, 바로 '정치보복'이었다. 정치 얘기를 하는 곳에는 '정치보복'이란 단어가 빠지지 않았다. 그 당시 군사정권이 권력을 연장하기 위해서 만들어 낸 구호가 아닌가 생각된다.

'김모 후보가 정권을 잡으면 엄청난 보복이 뒤따를 것이다. 이는 정치 발전을 위해 있어서는 안 될 일이다. 그러니 이런 사람에게 정권이 넘어가서는 안 된다'라고 선전하면서 국민 불안, 정치 불안을 부채질하여 반 공포 분위기를 조성한 적이 있었다. 그리하여 그들 뜻대로 정권을 연장하여 노태우 정권이 들어섰다. 지금은 물론 정치가 민주화되고 상황이 많이 달라져 이런 말을 쓸 필요가 많이 줄어들었다. 대신 요새는 그 당시 '정치보복'이란 말만큼이나

이 '소통'이란 유행어가 등장했다.

그 동안 뭐하고 있다가 '소통'을 이렇게 유행가 부르듯이 강조하고 있는지 모르겠다. 이건 정상이 아니다. 일정한 시점, 아마 한 2년 전부터 소통이란 말이 봇물처럼 쏟아져 나오고 있다. 이 말이 이렇게 많이 회자될 정도의 상황이 변한 것도 아닌데 말이다. 소통이 그렇게 중요하면 그전에 입 밖에 내지 않은 이유가 뭐냐 이거다. 필자가 보기에는 그때그때 표를 얻기 위한 감언이설이 아닌가 싶다. 때로는 특정인이나 특정세력이 '뭐' 들어 달라고 칭얼거리는 소리 같기도 하다. 진정성 없이 하는 얘기로 들린다.

마치 자신은 국민과 매우 가까운 양, 큰 소통이나 하고 있는 양 위장하기 위해 '소통'이란 말을 끌어다 덕담처럼 쓰고 있는 것으로 보이기도 한다. 아마 이 유행어 '소통' 소리는 진정성 있는 '소통' 여부와 관계없이 줄잡아 몇 년 후면 바람처럼 우리 곁을 지나가 버릴 것이다. 이건 이상하다. 좀 더 진실해야겠다. 소통이 중요치 않다는 뜻이 아니다. '소통'을 말로 하지 말고 진실 된 행동으로 보여 달라는 것이다. 그것이 소통이지, '소통', '소통'이란 말을 많이 한다고 소통되는 것은 아니다.

의사소통의 목적은 자신의 생각이나 정책을 알려 이해를 구하고, 다른 사람들로부터 새로운 지식, 정보, 기술을 얻기 위함이다. 어떤 조직의 지도자도 의사소통의 필요성은 있기 마련이다. 사람의 능력은 한계가 있으므로 다양한 채널을 통해 의사소통을 함으로써 자신의 능력을 신장시킬 수도 있다. 그런데 '소통', '소통'하는데 의사소통에는 가장 중요한 조건이 있다. 즉, 진정성을 가지고 있을 때 가능하다.

사리사욕에 공적인 일의 초점을 맞추고 '소통'하자고 한다면, 이건 진정한 의사소통 의지가 아니다. 하루 종일 만나 예기를 해도 사욕을 채우려는 속셈을 가지고 있으면 소통이 이루어질 수 없다. 정상적으로 잘 해 보겠다는 의지가 있을 때만 진정한 의사소통이 가능하다. 그런데, 지도자가 추종자의 진정성 있는 충언을 수용하지 않으려 하고 자기 생각만 옳다고 주장한다면, 조직은 폐쇄적이 되어 변화, 발전할 수 없다. 천하에 어떤 사람도 완벽할 수 없다. 자신의 부족함을 인정하고 상대방의 의견을 수용할 줄 아는 지도자야말로 겸양지덕을 갖춘 지도자라고 할 수 있다. 의사소통과 관련된 성현들의 가르침을 다음과 같이 알아보았다.

공자(孔子)는 배우기만 하고 생각하지 않으면 어둡고, 생각만 하고 배우지 않으면 위태로워진다. 즉, 사람이 배우기만 하고 그 의의를 사색치 않으면 도리에 어두워지며, 또 사색만 하고 배우려고 하지 않으면 독단에 빠지기 쉽다고 했다.[99] 배운다는 것은 자신의 부족함을 채우는 것이고, 앎을 더해 가는 것이다. 배움은 자신의 부족을 인정하는 것이 되므로 겸양지덕과도 통한다.

배움은 책을 통해서도, 여러 의사소통 매체를 통해서도, 대인관계를 통해서도 가능하다. 국정에 바쁜 대통령이 책을 읽는다는 것은 사실상 어렵다. 주로 다른 사람들과 의사소통을 통해서 앎을 높일 수 있다. 대통령 지망자들은 미리 많은 독서와 의사소통을 통해서 국정에 대한 지식, 지혜를 높이는 것이 유익하다.

공자(孔子)는 또, "사람이 자주 오는 것을 노엽게 여기면 송사가 벌어지게 되며, 간하는 사람을 물리치면 생각이 막히게 된다."고 했으며, "무슨 일을 혼자서 하면 큰일을 이루지 못한다."고도 했다. 그는 "백성을 다스리기 위해서는 여러 사람의 뜻을 들어 보아야 하며, 백성들을 이기려면 많은 사람의 말을 막지 말아야 한다. 또, 백성들을 다루려면 많은 사람의 생각을 들어야 한다."는 의미 있는 교훈을 남겼다.[100] 국민과의 의사소통을 통해서 국민의 뜻을 알고, 이를 받들어 정치를 해야 문제가 생기지 않는다는 의미로 해석된다.

의사소통은 지도자와 구성원간의 간극을 좁히는 효과가 크다. 의사소통을 통하여 서로의 이해도를 높이고 구태를 벗고 발상을 전환하는 기회를 얻을 수 있다. 이는 국민통합을 이루고 국정의 협력을 유인하는 데도 효과가 있다. 특히 오늘날의 국가지도자는 '나 홀로' 국정을 이끌어 갈 수 없다. 반대가 심하면 곤란하다. 국민과 같이 가는 지도자가 국정을 원활히 이끌어 갈 수 있다.

루스벨트(Roosevelt)는 추종자보다 지도자가 너무 앞서 가서는 안 된다는 의식을 가지고 있었다고 한다. 그가 2차 세계대전 당시 조기 참전을 유보한 것은 미국이 독일과 이탈리아에 맞서 일찍부터 전쟁을 하면 안 된다는 83% 국민여론 때문이기도 하다. 그러나 1941년 12월 일본으로부터 진주만을 공격받자 대일 선전포고를 요구받고 바로 다음 날 이를 승인했다.[101]

누구보다도 애국심과 용기가 대단했던 독립군 사령관 출신, 미국 초대 대통령 워싱턴(Washington)도 정적들로부터 비겁하다는 소리를 들을 정도로 국민에게는 약했으며, 국민여론에 매우 민감했던 것이다.[102] 국민과 뜻을 같이 하는 훌륭한 국가지도자의 모습으로 보인다. 뜻을 같이 하려는 의식이 있어야 '소통'이고 뭐고 되는 것 아닌가 싶다.

미국 후버(Hoover) 대통령이 미국의 경제공황 극복에 실패한 원인은 많지만 그 중 하나는 국민과의 소통 부족으로 인해 정책의 효용성이 국민들에게 제대로 알려지지 않아 공론화되지 못했다는 평가가 있다. 후버 대통령은 고아 출신으로 모든 사람이 부러워하는 박애주의자이었다. 앞선 두 정부에서 상무장관으로서 경륜을 쌓았다. 그러나 너무 낙관적이고 자신의 정책을 제대로 국민에게 알리지 못했고, 이를 공론화하는데 실패했다는 지적이 있다.[103] 이처럼 대통령의 소통 부족으로 정책에 대한 국민들의 이해도를 높이지 못하면 아무리 좋은 정책이라도 낭패를 볼 수 있다.

지금 우리나라 국민 소득은 2만 불을 넘었다. 국민의 민주의식 수준도 상당히 높아졌다. 100불, 1000불 하던 시대의 구태의 눈으로 국민을 바라보고 정치를 하면 곤란하다. 여론을 무시하고 국정을 운영하면 국민과 정부 간의 갈등은 필연적이다. 일단, 의사소통을 통하여 국민의 뜻이 어디 있는지 확인하고, 설득할 것이 있으면 설득하면서 국정을 같이 운영해야 갈등을 줄일 수 있다.

정책 분야에 따라 국민의 관심과 이해관계도 다르다. 아무리 공정하게 설정된 정책이라 하더라도 혜택을 더 보는 계층이 있는가 하면, 그렇지 못한 계층이 있다. 모든 사람이 다 만족할 수는 없다. 그러나 국민 다수가 어느 쪽을 원하는지 여론을 보면 알 수 있다.

만일 A라는 국책 사업이 국민들의 의해관계에 직결되고 많은 국민이 극구 반대한다면 그 사업은 성공적으로 실현되기 어렵다. 억지로 밀어붙이면 그 실현으로부터 생기는 효과보다 그 수행비용과 유형무형의 사회적 갈등 비용의 합이 더 클 수도 있다.

물론 국민도 계층별로, 지역별로 각각 이해관계가 대립되기 때문에 100% 국민 여론에만 의존할 수는 없으나, 아무튼 의사소통과 설득을 통하여 국민적 합의를 도출하는 것이 무엇보다 필요하다.

국민 반 이상이 사는 수도권은 행정수도 이전에 반대하고, 행정수도가 이전되는 충청지역 주민들은 찬성하게 되니 그들 간의 갈등은 불가피하다. 이런 경우, 찬성과 반대의 수가 중요한 것이 아니라, 정부의 의사소통 능력과 설득력이 중요하다. 정부가 일방적으로 밀어붙이기보다 충분한 토론과 설득 및 대민 홍보를 통하여 국민을 이해시키고, 여론을 환기시켜 국익에 보탬이 되는 쪽으로 의사결정을 해야 한다.

국민과 정부 간의 의사소통은 상당 부분 지도자의 인품과 능력에 달려 있다. 같은 정책이라도 신뢰로운 대통령은 소통을 통해 국민적 합의를 더 쉽게 끌어낼 수 있으나 그렇지 못한 대통령은 끌어내기 어렵다. 정부의 한 정책에 대해 국민들의 거부감이 다소 우세하다고 치자. 그런데 대통령이 국민으로부터 신뢰를 받고 능력도 있다고 하자. 대통령이 '이렇게 해야 국익에 도움이 됩니다'라고 호소하면, 국민은 '아, 믿음직한 대통령이 하자는데 얼마나 국민 편에서 생각을 했겠나' 하면서 믿고 호응할 개연성이 높다. 그런데 신뢰롭지 못하고 욕심만 그득한 무능 대통령은 같은 정책을 놓고도 호응을 얻기 힘들다. 국민들이 '또 무슨 사고를 치려고 그러나' 하고 걱정 먼저 하게 된다. 신뢰가 있어야 공감대가 형성되어 소통도 된다.

신뢰로운 대통령과 그렇지 못한 대통령 사이에는 엄청난 차이가 있다. 전자는 지지 및 이해를 얻고 후자는 반대 및 갈등을 일으킨다. 이는 대통령에 대한 국민의 수용태세가 다르기 때문이다. 이 수용 태세에 따라 소통도 되는 것이지 엉큼한 말만 많이 한다고 없던 신뢰가 생기는 것이 아니다. 이를 간과하는 것 같다.

국가 장래를 위해서 압도적인 지지를 받는 신뢰로운 대통령이 선출되는 것이 좋다. 그래야 국민과 대통령 간 수용영역이 넓어져 의사소통이 잘 되고 갈등이 줄어들어 쓸데없는 사회비용을 줄일 수 있다. 너무 지지를 많이 받아 대통령이 오만해지는 것이 아닌가, 할지 모르나 그건 기우다. 이미 정치 독재는 지난지 오래다.

⑤ 판단력

'순간의 선택이 평생을 좌우한다'는 말이 있다. 판단은 선택의 선행 조건이므로 순간의 판단이 평생을 좌우한다는 말과 같다. 매사에 상황을 정확히 판단하면 성공하고, 잘 못 판단하면 낭패를 본다. 힘으로 싸울 때도 그렇지만, 머리로 싸울 때 더욱 예리한 판단력이 요구된다. 냉정하게 상황을 읽고 정확하게 판단해야 승리할 수 있고 위기를 극복할 수 있다. 국가와 국민의 입장에서 유불리를 정확하게 분석, 판단하여 결정을 내려야 한다.[104]

특히, 남북이 대치하고 있고, 북한이 불안한 상태에 놓여있는 현 상황에서 대통령의 정확한 판단은 어느 때보다 중요하다. 어떠한 상황이 전개될지 아무도 정확히 예측할 수 없다. 대통령의 신속하고 정확한 판단이 국가의 운명을 가르는 상황이 언제 닥칠지 모른다. 국내 · 외 정황과 남북관계를 정확하게 인식, 판단하여 적절히 대응하면 국운이 크게 틀 수 있고, 그렇지 못하면 아주 나쁜 일이 생길 수 있는 시기가 올 수도 있다. 대통령은 이렇게 중대한 기로에 서 있다는 의식을 가져야 한다. 대권 잡았다고 마냥 흥겨울 수는 없다.

존 컬훈(John Calhoun)은 미국 5대 대통령, 먼로(Monroe)를 칭송하기를 "그보다 재기가 뛰어난 사람은 아무도 없다. 지혜에 있어 그와 견줄 수 있는 사람도 없다. 이 나라를 위한 확고한 신념과 헌신을 한 인물 중에서도 그는 단연 앞선다. 그는 훌륭하고 지적인 인내심을 가지고 있다. 어떤 중요한 사안을 결정할 때, 그것에 연관되는 모든 관련성을 다 파악할 때까지 문제에 집중하여 해결점을 잡아내는데 누구보다 강하다. 너무나 정확한 판단을 한다는 것이 그의 높은 자질이다."라고 했다.[105] 먼로는 인내심을 가지고 현안 문제에 집중, 제반 관련성을 파악, 정확히 판단하여 해결점을 잡아내는데 탁월했다는 의미다. 현 시점에서 우리 대통령에게 필요한 모델이 아닌가 싶기도 하다.

20세기 전반 미국의 경제 대공황이 후버(Hoover) 대통령에 의해서는 극복되지 못했지만, 루스벨트(Roosevelt) 대통령은 2차 세계대전 와중에도 이를 극복했다. 그 성공과 실패의 분수령은 인식의 차이, 판단의 차이였다.

후버는 대통령 되기 전 많은 경력을 쌓았다. 1차 세계대전이 발발하자 연합국 구제활동 책임자, 구제위원회의 의장, 식량청장, 두 번의 상무장관을 지낸 위대한 인도주의자였다. 정치, 행정 경력이 전혀 빠지지 않았다. 그 바로 다음 대통령 루스벨트보다 경제, 상무 면에서 경험이 단연 앞선다. 루스벨트는 주지사, 상원의원, 해군차관, 해군장관 출신이다. 그런데 경제 대공황에 대한 상무장관 출신 후버는 안이한 인식과 오판에 빠졌다. 반대로 해군장관 출신 루스벨트는 경제공황을 위기로 인식, 정확하게 판단했다. 그 결과, 후버는 실패로, 루스벨트는 성공으로 귀결되었다.[106]

이처럼 아무리 경륜을 많이 쌓아도 판단력이 부족하면 무용지물이 된다. 자세히 보면 경제위기도 뭘 잘 모르는 대통령의 무사안일한 인식과 정치 공학적 판단에서 비롯된 측면이 있다.

예리한 판단력은 어떻게 길러질까? 판단력 뿐만 아니라 관찰력, 통찰력, 적응력, 예측력, 분별력, 분석력, 종합력, 평가력 등 고등정신 능력들은 사심을 다 버리고 맑은 정신으로 대상에 집중, 깊은 사고에 빠질 때 생성된다. 딴 생각하고 있으면, 아무 능력도 길러지지 않는다. 그 다음에 공부, 연구도 필요하고, 경험과 훈련도 의미가 있다.

⑥ 정치력

정치가 매우 포괄적이므로 '정치력'은 다의적으로 해석될 수밖에 없다. 그 중 하나는, 정치지도자가 역량과 수완을 발휘하여 다양한 계층을 지지 세력으로 규합, 이들로부터 참여와 협조를 유인하고, 정치집단 간, 계층 간, 세대 간, 지역 간 이해갈등을 최소화하여 공동목표를 향해 이들을 통합해 내는 능력으로 볼 수 있다. 한 마디로, 다양한 갈등을 최소화하여 공동목표 쪽으로 국민 역량을 모으는 힘이라고 볼 수 있다. 밖으로는 다른 나라의 협력을 유인하는 것이고, 안으로는 다양한 세력들을 하나로 묶어 국가발전과 국민행복에 기여토록 하는 것이다.

뭐든지 지도자 혼자, '나 홀로' 할 수는 없다. 싫든 좋든 상대가 있기 마련이다. 이들을 잘 다룰 수 있는 능력이 현실적으로도 중요하다.

다른 분야도 그렇지만, 5천만 국민이 모두 찬성하는 국정과제는 없다. 국정에는 서로 공통적인 이해뿐만 아니라 상충되는 이해도 내포되어 있기 때문에 갈등은 필연적이다. 심지어는 무조건 훼방만 놓으려는 집단, 개인도 있다. 이들의 이해를 잘 조율하여 이들로부터 협조를 이끌어 내는 일은 참으로 중요하고도 어려운 일이다.

국가지도자인 대통령이 아무리 훌륭한 비전을 가지고 있다 하더라도 냉엄한 현실을 읽어 내지 못하고 정치력이 부족하면 소기의 비전을 구현하기 어렵다. 그렇다고 반대를 위한 반대까지도 수용하면서 국정을 운영하라는 뜻은 아니다. 아무튼 현실적으로 반대파를 어떻게 슬기롭게 다룰 수 있느냐, 없느냐는 정치력 테스트의 중요한 척도가 될 수 있다. 정치력의 중요성을 다음과 같은 실례를 통해 확인할 수 있다.

미국 6대 대통령 애덤스(Adams)는 어떤 대통령들도 부러워할 만한 도덕성, 정직, 용기, 독립성을 갖추고 있었다고 한다. 그는 정직과 성실을 최고의 가치로 보았다. 당시 국무장관 클레이(Clay)는 "행정부에서 그와 같이 일할 때, 나는 그 어떤 사람에게서도 찾아볼 수 있는 최소한의 비난거리조차 그에게서 찾아볼 수 없었다."고 술회했다. 그러나 독립적인 태도 때문에 혹독한 대가를 치르게 되었다는 것이다.

온화하지 못한 쌀쌀한 태도, 말똥말똥한 검은 눈의 애덤스는 정치적으로 적은 물론, 친구들조차 우호적인 관계를 유지하는 데 서툴렀다. 그의 성격 때문에 의회에서 융통성을 발휘하지 못했으며, 의원들을 교묘히 처리하지 못했다. 정치력의 부족 현상이었다. 그의 무뚝뚝함과 외관상 친밀감이 없어 보임은 사람들의 마음을 끌 수 없어 통합이 어려웠다. 그의 계획과 프로그램이 의회에서 통과되지 않았고, 국익에 도움이 되는 계획조차 그러했다는 것이다.[107] 그런데 지도자로서 독립심이 필요한 때가 있는데, 이 독립성이 강하면 그만큼 유연성 부족과 정치력 부족으로 나타나기 쉽다. 두 특성은 서로 상관성이 낮기 때문에 그렇다고 본다. 이것이 큰 딜레마다.

미국 10대 대통령 타일러(Tyler)도 유연한 사고와 정치력의 부족으로 성공하지 못한 대통령으로 평가되고 있다. 그의 기질은, 자신이 옳다고 생각할 때는 황소처럼 고집이 셌다는 것이다. 마치 지구상에는 그를 움직일 수 있는 것이 아무것도 없는 것처럼 보였다고 한다. 그 결과, 그는 용기 있고 원칙주의자였지만, 많은 정적을 만들었고, 특히 자신의 당에서도 그러했다는 것이다. 그칠 줄 모르는 완고함으로 지지 세력이 부족하여 국정수행에 어려움이 많았다고 한다.[108]

가난한 통나무집 출신, 미국 17대 대통령, 존슨(Johnson)은 공식적인 교육을 받지 못했고 어렸을 때 재봉사 기술을 익혀 먹고 살았다고 한다. 재임 중에도 정직하고 청렴하여 백악관을 나올 때도 가난한 모습으로 나온 대통령이었다. 링컨(Lincoln) 대통령은 그를 '국익을 위해 그만큼 고통을 겪고 일해 보지 않은 사람은 그 어떤 면에서든지 존슨을 평가할 수 없다'고 극찬했다.

존슨 정부는 소련에 7200만 달러를 주고 알래스카를 사는 성과를 올렸다. 노예제를 금지하는 수정헌법 13조, 모든 미국인에게 시민권을 주는 14조를 승인했다. 존슨은 정직, 청렴, 용기를 가지고 있었으나 정치력과 소통 능력이 부족하고 고집이 세서 의회와 자주 충돌하였다. 그래서 그는 많은 업적을 쌓을 기회를 잃었다고 한다.[109]

지금까지 정치력 부족이 국정 수행에 치명적이라는 실례를 미국의 세 대통령을 통해서 알아보았는데, 한국과 미국은 정치제도나 조건 및 의식이 많이 다르다는 것을 감안할 필요가 있다.

⑦ 인사관리 능력

어떤 조직의 지도라도 '나 홀로' 조직을 운영할 수 없다. 만일 혼자 다 한다면 그는 이미 지도자가 아니다. '조직', '지도'에는 벌써 '다른 사람들과'라는 의미가 내포되어 있다. 그러므로 지도자에게는 공동 목표를 향해 유능한 인사들을 선발, 이들이 협조적으로 일할 수 있도록 제반 조건과 환경을 조성해 줄 역할이 있다.

사람을 잘 뽑아 그들이 제 역할을 충실히 해줘야 지도자로서 성공할 수 있다. 지도자가 인사를 잘 못하여 인격과 사명감, 능력이 턱없이 부족한 사람들로 조직이 채워졌다면, 지도자 혼자 잘 하려고 애써도 소용없다. 물론 대통령이라고 휘하 각료들의 내막을 샅샅이 알 수는 없지만, 아무튼 적임자 발굴에 각별한 노력이 필요하다.

대통령만 출중하고 각료를 포함, 주변 인사들이 형편 없을까?

물론 그렇지는 않다. 대체로 대통령이 훌륭하면, 각료 및 그 휘하 직원들도 우수하다. 대통령이 형편없으면 그 아래 사람들도 그와 비슷하다. 무능한 대통령 밑에 유능한 각료가 있다 하더라도 그 각료는 대통령을 닮아 갈 수밖에 없다. 닮지 않으면 견딜 수가 없다. 따라서 신념이 강한 유능한 각료는 그런 대통령과 같이 일하기 어렵다. 그 이유는 공자(孔子)의 교훈에 잘 나타나 있다.

공자는 "군자와 함께 일하기는 쉬우나 그를 기쁘게 하기는 어렵다. 도(道)로서 기쁘게 하지 않으면 그는 기뻐하지 않는다. 그는 사람을 재능에 따라 기용한다. 반면에 소인은 그와 함께 일하기는 어려우나 그를 기쁘게 하기는 쉽다. 정도가 아니라도 그를 기쁘게 하면 기뻐하기 때문이다"라고 했다.[110] 그러니까 대통령이 반듯하고 유능해야 휘하 각료들도 그렇게 되는 것이다. 따라서 동물은 물론 사람도 서로 같거나 비슷한 유들이 모여 살기 마련이다.

소크라테스(Socrates)는 "자기 안에 있는 것들과 유사한 것들을 밖에서 찾기 마련이다. 닮은 것이 닮은 것을 불러들인다."고 설파했다.[111] 개미들도 서로 비슷한 것끼리 모여 다니지, 개미가 날파리와 같이 다니지는 않는다. 물소도 물소끼리 다니지 범과 어울려 다니지 않는다. 사람도 마찬가지로, 어린이들은 어린이들과 같이 놀지, 다 큰 처녀 총각들과 놀지 않는다. 술꾼도 술꾼들과 어울리지, 술 못하는 사람과 잘 어울리지 못한다. 연구도 연구하는 사람들과 어울려 이런저런 얘기도 하지, 연구 없이 노는 사람들과 많은 얘기를 주고받지 않는다. 정치인도 비슷한 생각과 성향을 가진 정치인과 어울려 소통도 하지, 전혀 생각이 다른 사람들과 그렇게 하지는 않는다. 대통령도 예외가 될 수 없다. 누구나 비슷한 성향의 사람들을 찾아 일을 하기 마련이다.

설령, 대통령과 그 각료들 간 다소 견해 차이가 있을지라도 기본 철학과 이념이 비슷하면 소통이 잘 되어 견해 차이를 쉽게 좁힐 수 있다. 그들 간에는 일하기도 수월하고 갈등도 적다. 기본 가치가 같으므로 그들의 사고와 행동이 대통령의 의중에 수렴되기도 쉽다. 그래서 '인사가 만사'라지만, 우선 인사하는 지도자, 대통령이 유능한 각료 및 휘하 직원을 유인할 수 있는 유인 태세를 갖추고 있어야 한다. 그 태세의 핵심은 뭐니 뭐니 해도 추구하는 기본 가치이며, 사(私)가 아니라 공(公)이다. 사로는 서로의 공유면적이 좁아 유인하기 어렵다.

단적으로 지도자, 대통령이 먼저 훌륭한 인품과 능력을 갖추고, 인사를 공적(公的)으로 잘 할 생각을 했다면 자기와 비슷한 사람이 몰리기 마련이다. 시경에 "덕행이 위대하니, 사방의 나라들이 따른다"고 되어 있다.[112] 사방의 나라들도 따른다는데 같은 국민끼리 못 따를 이유가 없다.

'유유상종'이라고 하지만, 괜찮은 지도자가 인사를 잘못하여 낭패를 보는 경우도 더러는 있다. 대통령 자신도 중요하지만, 주변 사람들도 깨끗하고 성실해야 되는데, 그렇지 못한 경우가 있었다. 대통령이 '나만 청렴하고 일 잘하면 그만이지' 하는 생각을 하기 쉽다. 이것은 크게 잘못된 생각이다. 엄밀히 말해서 이는 공(公)적 사고가 아니라, 사(私)적 사고인 것이다. 국정을 혼자 이끄는 것이 아니지 않는가? 이런 식으로 사고하면, 그 휘하 구성원들이 마구 비행을 저지르고 국정을 농락할 개연성이 높다. 자신뿐만 아니라 대통령 주변을 깨끗이 하고 나아가 전 국민을 성실히 지도할 책임이 있다.

전설적인 남북전쟁 영웅 그랜트(Grant) 장군은 국민의 요구로 대통령직에 올랐다. 조지 워싱턴 이래 처음으로 대장군에 임명되어 전쟁영웅으로 명성을 얻어 대통령에 당선되었다. 그러나 이 정직하고 용감한 대통령은 공공의 신뢰를 요하는 고위 공직에 친한 사람을 임명해서 이들이 개인 이익을 위해 매점매석, 투기, 세금 포탈, 사취 등을 저질러 정부를 타락시켰다. 그는 고귀하고 좋은 의도를 가졌으나 비극적인 인사정책으로 모두 물거품이 되었다.

윌슨 대통령도 그랜트 대통령을 "이 단순하고 천진난만한 군인은 대통령직에 대한 위신을 더해 주지 못했다."고 평했다. 그랜트 자신도 "나는 대통령이 되지 말았어야 하는데" 하고 실패를 자인했다.[113] 비극적인 인사로 애국지사가 엉망이 된 딱한 사례다.

하딩(Harding) 대통령의 화려한 말솜씨와 강한 인상을 주는 외모는 그가 공화당 고위층으로 올라가는 데 큰 도움이 되었다. 그는 역대 대통령 선거에서 가장 큰 표차로 대통령에 당선되었다. 그러나 그의 부패와 무능으로 친구들을 너무나 중요한 직위에 임명했다. 권모술수가에게 법무장관, 친구에게 내무장관 자리를 주었으며, 다른 친구들에게도 중요한 자리를 나누어 주었다. 그들은 정부의 의약품을 팔아 횡령하고, 정부 창고에서 술을 빼내고, 돈 받고 무죄 방면, 돈 받고 정부 주도의 일을 친구들에게 넘겨주는 등 국정을 완전히 타락시켰다.[114]

선유(先儒)는 인사에서 도덕성을 매우 강조했다. 그는 "재주와 덕이 겸전하면 이를 성인이라 하고, 재주와 덕이 아울러 없으면 이를 우인이라 한다. 덕이 재주보다 나으면 이를 군자라 하고, 재주가 덕보다 나으면 이를 소인이라 이른다"고 하였다. 선유는 또, "사람을 취하는 방법에 소인을 얻는 것보다 우인을 얻는 것이 낫다는 것은, 소인이 재주를 끼고 나쁜 짓을 할까 깊이 두려워하는 까닭이다."라고 했다.[115] 인격을 갖추지 않으면 재주건, 재능이건, 지식이건, 기술이건 다 소용없다는 말이고, 오히려 나쁜 쪽으로 사용될 위험 소지까지 있다는 말이다.

우리는 더러 '저런 사람은 차라리 지식과 재능이 없었어야 하는데……' 하는 생각을 하게 될 때가 있다. 그의 온갖 것들이 죄다 나쁜 쪽, 해코지하는 쪽으로 사용되는 경우다. 아주 악질적이다. 이런 자들이 권세를 부리는 사회가 되면 보는 대로 낚아채, 보통 사람들이 어렵게 된다.

공자(孔子)는 상서롭지 못한 것이 5가지가 있는데, 그 중 하나는 왕이 어진사람을 버리고 어리석은 사람을 택해 일을 맡겨, 성인은 숨어 버리고 어리석고 못난 자들로 하여금 권세를 부리도록 하는 것이라 했다.[116] 인사의 잘못이 주는 피해가 얼마나 심각한지를 단적으로 표현한 교훈이다. 마치 우리 정치, 행정에 주는 교훈 같기도 하다.

인사는 우수한 인재를 선발하는 데 그치지 않고 선발된 인사를 잘 관리하고, 그들이 공동목표를 향해 매진할 수 있도록 사기를 진작시키는 일도 매우 중요하다. 고대 중국 항우와 유방 전에서 보듯, 중국 한나라 유방은 초나라 항우를 전투에서 도저히 따라갈 수 없었으나 승리했다. 항우는 혼자 용전분투했고, 범증이라는 걸출한 인물이 있었지만 그 한 사람도 제대로 쓰지 못했다. 유방은 부하들의 힘을 최대한 끌어모아 집단의 힘으로 싸워 이겼다.

사마천(司馬遷)에 의하면, "항우는 자신의 공적을 코에 걸고 자신의 지혜만 믿을 뿐, 다른 어떤 의견도 받아들이지 않았다. '패왕은 무력으로 천하를 정복한 사람'이라며 스스로를 칭송했다." 반면에 천하를 얻기까지 유방이 한 일이라곤 '응, 응, 그래, 그렇지' 하며 부하의 진언에 귀를 기울이면서 앉아 있는 것이 전부였다고 한다. 이 차이가 천하 주인을 결정한 것이다.[117] 이처럼 선발된 인물들의 동기를 유발시키고 사기를 북돋워 주는 인사관리 능력이 승리와 패배를 갈라놓은 것이다.

링컨(Lincoln) 대통령도 남북 전쟁에서 자신의 군사전략이 미흡하다는 것을 인정하고 그랜트(Grant) 장군에게 연방군의 명령권을 넘기면서까지 부하들의 능력을 최대한 활용했다. 여기에 시사점이 많다. 대통령 혼자 국민들로부터 인정받으려 하지 말고, 그 아래 구성원들에게 공을 돌리는 아량과 용기가 필요하다는 말이다.

공자(孔子)는 위와 비견되는 교훈을 남겼다. "착한 일을 할 때에도 자기 혼자 하는 것으로 알지 말고, 가르쳐 줄 때는 능하지 못해도 가르치는 것을 게으르게 해서는 안 되며, 남에게 잘못이 있더라도 그것을 들추어 내지 말아야 한다."[118]라고 가르치고 있다. 공이 돌아가는 일이라도 지도자 혼자 한 것처럼 하지 말고, 서로 나누는 겸양지덕을 갖추라는 것이다. 그리고 남의 잘못을 들추어 꾸지람을 주거나 망신을 줄 것이 아니라, 깨닫도록 정성을 다해서 지도하라는 교훈이다.

안타깝게도 우리사회에는 자기만 잘났다고 표를 내는 풍조가 있다. 자기 동료의 업적이나 지지를 깎아 내리지 못하여 안달하는 모습들이 너무 노골적이다. 공은 자기가 차지하고 과는 남에게 떠넘기는 모습들 말이다. 만일, 대통령이 이런 식이라면 운이 좋아 적당히 임기를 넘길 수 있으나, 국민들의 힘을 모을 수가 없으므로 크게 성공하기는 어렵다.

어떤 지도자가 뭐든지 혼자 잘 하려고 한다면, 그는 지도자라기보다 하나의 노동 단위에 불과한 똑똑한 '일꾼'일 뿐이다. 구성원들이 창의와 협력을 바탕으로 주도적으로 일할 수 있도록, 각자 자기 분야에 지도자가 될 수 있도록 유도하는 슈퍼리더십(superleadership)을 발휘해야 한다.

공산주의가 생산성이 떨어져 망한 이유 중의 하나가, 공산주의 체제 속성으로부터 파생될 수밖에 없는 '구성원의 주도성 결핍'으로 이어지는 슈퍼리더십의 결핍에 있다고 본다. 자신의 직무에 대한 권한이 없으니, 주도성이 있을 수 없고, 창의력이 생기지 않아 생산성이 떨어질 수밖에 없다.

(2) 실천능력

만일, 지도자들이 훌륭한 인품과 올바른 비전, 그리고 지혜롭고 다양한 능력을 가졌다면, 그들은 지도자로서 맡은 바 소임을 성공적으로 해낼 수 있을까? 만일, 이들이 그렇지 못했다면 정치, 행정, 지도력에 대한 탐구는 의미가 없을 것이다. 이런 정도의 훌륭한 지도자들이라면 상당한 지도성과를 낼 수 있다고 판단된다. 그러나 그들 간에도 성과의 차이는 분명 있다. 아주 똑같을 수는 없다. 조직이 처한 시대 상황과 조건에 따라 차이나 날 수 있으며, 지도자가 과거에 어떤 경험을 어떻게 쌓았는지, 그의 실천 의지와 실천력은 어느 정도인지에 따라 성공도는 차이날 수밖에 없다. 여기서는 경험과 실천력이 주는 의미와 기능에 대해 간단히 논의했다.

① 경험

인간의 행동은 일반화되는 경향이 있다. 어떤 일정 자극에 대한 반응은 일관성이 있다. 유사 자극에 대해 비슷한 반응을 나타내는 경향이 있다는 것이다. 속담에 '집안에서 새는 바가지 밖에서도 샌다'는 말이 있다. '제 버릇 개 못준다'는 말도 있다.

인간의 사고방식이나 행동양식은 갑자기 변하지 않는다. 갑자기 자주 변한다면, 한 몸이 오늘은 이 사람, 내일은 저 사람이 되는 것이다. 그렇다면 이름을 굳이 붙여서 그 사람을 나타내는 것은 헛수고가 될 것이다. 자아정체성 없이 날마다 다르니 얼굴은 한 사람이나 정신은 누가 누군지 모르는 혼란이 생겨 살 수 없게 된다. 조물주는 인간을 사랑하사 그렇게 창조하지 않았다.

과거 A 상황에서 보인 행동들은 현재, 미래에 그와 유사한 상황에서 재연될 개연성이 높다. 따라서 현재, 미래의 그를 알려면 과거의 그를 알아보는 수밖에 없다. 그가 어떤 경험을 하고 어떤 자세와 행동을 보여 왔는지를 보고 현재의 그, 미래의 그를 판단하고 선택해야 한다. 대통령 선발도 마찬가지다.

만일, 누가 자신의 본 모습을 벗어나는 자세나 행동을 자주 보인다면, 그것은 위장이다. 매우 경계해야 할 인물이다. 언제 뒤통수 때릴지 모른다. 물론 사람은 누구나 그때 그때 조금씩 위장을 한다. 화를 내다가도 금방 웃는다든지, 심할 때는 막 싸우다가도 언제 그랬냐는 듯, 악수하며 시시덕거리며 웃는다. 그게 '사나이답다'고들 한다. 이 '사나이답다'도 우리의 독특한 문화라면 문화인지 모른다. 전 세계가 다 그렇지는 않다.

경험? 그것은 겪어야 할 좋은 경험도 있고, 겪지 말아야 할 나쁜 경험도 있다. 지도자인 대통령도 그렇고 일반인들도 마찬가지다. 나쁜 경험은 많다. 많은 결혼경험은 추천할 일이 못된다. 일보다 사람 비위 맞추는 일에 능한 경험도 그렇다. 공익에 이롭지 못하다. 과업보다는 내·외부와 결탁하여 청탁을 많이 해 본 장기간의 공직경험이 대통령의 직무 수행에 유익할 리 없다. 국익보다는 사리사욕, 당리당략을 위한 정치 싸움에 능한 정치경험은 대통령, 의원, 도지사, 시장 등의 직무 수행에 득이 되지 않는다. 물론 어떤 때는 이것들도 필요할 때가 있다고 생각할 수 있으나 국익 차원에서 볼 때, 궁극적으로 플러스보다 마이너스에 가깝다.

필리핀 대통령 선거전에서 마르코스(Marcos) 후보가 코라손(Corazon) 후보에게 경험이 부족한 아마추어라고 비판했다. 그러자 코라손 후보는 시원하게 반격했다. 그녀는 "경험이라는 점에서 나는 마르코스 씨를 당할 수 없다는 것을 인정합니다. 나에게는 국민을 속이고, 물건을 훔치고 거짓말하며, 정적을 암살하는 경험이 전혀 없기 때문입니다"라고 했다고 한다.[119] 정곡을 찌르는 명답이다. 이런 좋지 못한 경험은 아무리 많다 해도 국가적 손실이다.

대통령의 역할 수행에 관계없는 경험도 별 의미가 없다. 그런 유의 경험을 쌓았다는 것은 국정보다는 그것에 많은 시간을 보냈다는 것을 의미한다. 그만큼 대통령의 과업과 관련된 일에는 신경을 안 썼다는 뜻도 된다. 예컨대, 동식물 연구에 수십 년을 바친 사람은 정치나 행정에는 그 동안 관심이 적어, 혹은 없어 정치, 행정 마인드가 형성되지 않았을 것이다. 주가 변동을 깊이 연구하여 달인이 된 사람도 정치, 행정에는 상대적으로 어두울 것이다. 연예계에서 두각을 나타낸 연예인도 마찬가지다. 사업가도 그렇다. 이들은 '종합예술'인 국정을 펴는데는 생소할 수밖에 없다. 정리하면, 어떤 경험을 어떻게 했느냐가 중요하지, 무조건 경험 많다고 좋은 것은 아니다. 자신이 맡아야 할 소임과 관련된 성공적인 경험이 좋은 것은 틀림없다.

좋은 경험은 지도자가 맡아 해야 할 과업 속성과 닮은 일을 성공적으로 장기간 해 본 경험이다. 이런 경험은 많을수록 좋다. 그렇다고 이런 경험이 적거나 없다고 훌륭한 지도자, 대통령이 될 수 없다는 뜻은 아니다. 다만, 좋은 경험이 많으면 많을수록 과업수행에 적응이 빠르고 유리하다는 뜻이다.

경험이 중요하기 때문에 공사조직에서 경력자를 우대하는 것 아닌가? 경험이 필요 없다면 연습도 필요 없을 것이요, 연구도 필요 없고 실험도 필요 없을 것이다. 교육실습도 필요 없을 것이다. 다른 변인이 통제되었다면(같다면), 국정과 관련된 경험이 없는 사람보다는 관련성이 높은 좋은 경험을 많이 쌓은 사람이 대통령이 되었을 때, 위기를 제때에 잘 극복하고 큰 업적을 낼 확률이 훨씬 높다.

문제는 수년 혹은 수십 년의 총리, 장관, 국회의원, 도지사 혹은 시장 경력이 대통령직 수행에 중요한 게 아니라, 조직의 위기를 극복하고 성공한 경험이 있느냐가 중요하다. 그냥 적당히 지낸 경력은 큰 의미가 없다. 오히려 매너리즘(mannerism)에 빠져 국정의 역동성과 창의성에 해가 될 수도 있다.

대통령직은 연습이나 실험하는 자리가 아니다. 시행착오를 거듭하면서 국정을 운영할 수는 없다. 그러면 나라 전체, 국민 전체가 좌표 없이 흔들린다. 아무리 원대한 비전과 잠재력이 있다 하더라도, 시시각각으로 새롭게 다가오는 현실 문제를 척척 해결하기 위해서는 좋은 경험이 많이 필요하다.

경험만큼 순발력을 가진 것은 없다. 단순한 정보나 지식은 추상적인 개념들로 현실 적용성이 약하다. 습득한 정보, 지식, 또는 기술을 다 기억할 수도 없거니와, 기억하고 있다 하더라도 이들이 실제에 쉽게 연결되지 않는다. 이들을 실제와 연결시키는 데는 그래도 매개변인, 경험이 강력하다.

물론, 대통령 지망자들이 대통령이 되기 전에, 국정경험을 직접 할 수는 없다. 국정과 유사한 과업을 두루 수행해 보거나 성공한 대통령 옆에서 그를 보좌해 본 경험(간접경험)을 할 수밖에 없다. 시장, 도지사, 의원, 당대표 등으로 성공적이고 유익한 경험을 쌓을 수 있다.

미국의 역대 대통령들은 대체로 변호사 경험은 기본이고, 주지사, 주의원, 연방의원, 주 혹은 연방 정부 각료로서의 다양한 경험을 쌓은 후, 대통령에 출마하는 것이 보통이다. 그리고 군에서 용기 있는 지도자로 활약한 다음 대통령이 된 사람들도 적지 않다.

대통령직은 모든 직 중에서 가장 막중하기 때문에 많은 성공적인 경험들을 필요로 한다. 그래서 미국 대통령들은 많은 정치 혹은 행정 경험을 쌓은 다음 대통령에 도전한다.

대통령이 되기 전, 성공적인 경험들을 많이 쌓았다면 유리한 면이 한두 가지가 아니다. 뜻밖의 일이 닥치더라도 노하우가 있으므로 신속하게 판단, 이를 해결할 수 있다. 성공적인 경험이 전혀 없으면 결단을 내리지 못하고 우왕좌왕하게 되고 시행착오를 일으킬 개연성이 높다.

성공적인 유사 경험이 풍부하다면, '아 그거, 전에도 많이 해봤는데 이런 식으로 하면 돼!' 하고 자신감을 가질 수 있다. 그런 경험이 전혀 없으면, '도대체, 어떻게 돌아가는 것이야?' 하고 이리 묻고, 저리 물을 것이다. 양자 간 차이는 크다. 마치 등반을 수없이 한 사람과 전혀 해 보지 못한 사람이 새로운 바위산을 바라보는 심정과 같을 것이다.

과거의 경험이 현재, 미래의 새로운 사태에 100% 그대로 직접 적용될 수는 없지만, 의식의 흐름은 광속과 같이 빠르기 때문에 자신의 성공적인 다양한 경험들을 이리저리 신속히 창조적으로 재구성하여 적용시킬 수 있다. 좋은 경험이 있는 것과 없는 것의 차이는 이렇게 크다. 훌륭한, 성공한 대통령 옆에서 같이 장기간 경험을 공유했다면 더할 나위 없이 좋다.

정리하면, 다른 조건이 같다면 대통령 되기 전에 국정과 유사한 성공적인 경험을 많이 쌓는 것이 국정 수행에 훨씬 유리하다. 그 이유인즉, 지식은 현장 적응력이 경험만 못하다. 단순한 지식은 현실적응에서 순발력이 경험에 비해 약하다. 그래서 학교에서 실습하고 회사에서 경력자를 우대하는 것이다. 지식은 오래 파지되기 어려우나 경험은 오래 파지된다. 오늘 공부하여 습득된 지식은 내일모레 잊기 쉬우나 해 본 경험은 쉽게 잊혀지지 않는다. 만일 경험이 유익하지 않다면 지금 익히고 있는 일을 중단하라!

② 실천력

우리는 생활에서 크고 작은 많은 결정과 선택을 한다. 어떤 색의 옷을 골라 입을까?, 어느 대학에 진학할까, 내년에는 사업을 확장할까, 말까? 등 여러 대안 중 해야 할 것, 하고 싶은 것을 결정, 선택한다. 그런데 결정과 선택보다 더 중요한 것이 현실적으로 실천에 옮기는 일이다. 많은 대안 중 우선순위를 정확하게 알아내어 결정, 선택하기란 참으로 어렵다. 이것이 인간의 한계이기도 하다. 따라서 현실적으로 정확한 결정, 선택보다는 선택된 것을 성공적으로 마무리 짓는 실천이 더 중요할 수밖에 없는 경우가 허다하다. 이번 휴일에 등산을 하든, 낚시를 하든, 수영을 하든, 선택보다는 선택된 것을 즐겁고 보람차게 실천하는 것이 더 중요한 경우가 많다는 말이다. 국정에서도 그런 때가 많을 것이다.

'그림에 떡', '구슬이 서 말이라도 꾀어야 보배다'라는 말이 있다. 아무리 훌륭한 국가관, 비전, 목적을 가지고 있다 하더라도 이를 실현시키지 못하면, 그야말로 그림 속의 떡이다. 그 동안 쌓았던 지식, 기술, 경험, 기타 능력도 실천을 대비해서 쌓고 기른 것이지, 머리에 그냥 묻어 두려고 쌓고 기른 것은 아니다. 따라서 이런 모든 가치들은 실천을 전제로 했을 때 존재의의가 있다. 실천이 없으면 다 무용지물이다.

우리는 '저 사람은 말은 잘 하는데, 실천을 못해', '저 사람은 아는 것은 많은 것 같은데, 하는 일이 시원치 않아'라는 말을 자주 듣거나 한다. 충분히 그럴 수 있다. 아는 것과 실천하는 것은 차원이 다르다. 아는 것은 단순히 어떤 대상을 이해하고 설명할 수 있는 차원이고, 실천은 알고 있는 것을 현재 및 미래 상황에 적용, 목표를 달성하는 과정이다.

실천은 지식과 기술을 전제로 하지만, 이것만 가지고는 안 된다. 그 위에 의지, 용기, 자신감, 열정, 경험, 환경조건 등이 수반되어야 가능하다. 지도자가 이런 성격 혹은 기질요인들을 가지고 있을 때, 즉 이들이 이미 몸에 배어 있을 때, 능동적으로 실천할 수 있다.

5. 미국 대통령들의 도덕성과 능력

숲 속에서 산 전체의 아름다움을 볼 수 없고, 우물 안 개구리도 우물 밖 세상을 볼 수 없다. 사람은 바깥세상은 물론 자신의 현실조차 정확히 진단하고 무엇이 문제인지 알기 어려운 때가 많다. 따라서 한국 대통령들만 알아보고 훌륭한 대통령감을 찾는데는 한계가 있다. 그것은 대통령감에 대한 우리의 관점들이 이미 우리 대통령들의 모습들로 제한되었기 때문에 객관성이 떨어질 수밖에 없다. 대통령제 국가인 초강대국, 미국의 역대 대통령들을 탐색해 보는 것은 한국의 훌륭한 대통령상 설정에 큰 보탬이 될 수 있다.

1) 도덕성과 능력

영국으로부터 1776년 독립한 미국은 오늘날 명실상부한 초강대국으로 세계 구석구석에 영향을 미치고 있다. 독립국가로서 230여 년이라는 비교적 짧은 역사를 가졌지만, 43명의 대통령이 배출되었고 민주주의 문화가 정치, 경제, 사회에 뿌리내렸다. 이런 성공 뒤에는 국민 전체의 큰 힘이 있었지만, 역대 대통령들의 공로를 무시할 수 없다. 물론 이들도 사람인지라 실수도 있고 흠결도 있었지만, 대체로 인간으로서의 기본 양심과 도덕심은 다 갖췄고, 맡은 바 책임의식(사명감)이 강했으며, 용기가 있었다. 여기서 기본 양심과 도덕심이란 특별한 것이 아니다. 대통령, 그 가족, 혹은 친인척이 줄줄이 해 먹고 걸린 사람은 단 한 사람도 없었다.

미국 대통령들은 최소한 임기 중 사리사욕에 눈이 멀지는 않았다. 물론 애국 전쟁 영웅 18대 대통령 그랜트(Grant)와 개념 없는 29대 대통령 하딩(Harding) 등, 극소수는 무사안일과 그릇된 인사로 그 휘하 각료들이 비리를 저질러 곤욕을 치른 경우는 있었다.[120] 그러나 미국 대통령들은 거의 '인격'이라는 예비고사를 통과한 사람으로 보면 될 것이다.

미국 대통령들의 특이점은, 징병제가 아닌데도 적지 않은 대통령들이 지원 입대하여 전쟁터에서 나라를 위해 목숨을 걸었던 경력이 있었다. 역대 대통령 43명 중, 12명을 제외한 31명이 군필자다. 그 중 장군 출신이 12명, 영관급 장교가 12명, 위관급 장교가 6명, 그리고 사병 출신이 1명인 것으로 조사되었다.[121]

어느 조직, 어느 사람이나 설립 초기와 출생 초기가 중요하듯, 국가도 마찬가지로 보인다. 건국이 어떤 방식으로 되었고, 초기에 지도자들의 정신 자세와 비전은 국가의 앞날에 정치적으로, 문화적으로, 상징적으로 엄청난 영향을 미친다. 마치 건물을 지을 때, 초석을 놓는 것과 같다.

재미있는 기록 중 하나는, 미국의 역대 대통령들 중, 건국 대통령으로 칭송되는 대통령은 5명이다. 초대 대통령 워싱턴 (Washington), 2대 애덤스(Adams), 3대 제퍼슨(Jefferson), 4대 매디슨(Madison), 5대 먼로(Monroe) 등이다. 신기하게도 이들 중, 애덤스, 제퍼슨, 먼로 등 3명의 대통령이 미국 독립기념일인 7월 4일에 타계했다. 이를 두고 미국 국민들은 미국이 신의 축복을 받았다는 징후로 믿고 있다. 이들의 인격 혹은 능력의 한 측면을 짧게 소개해 보았다.[122]

먼저, 초대 대통령 워싱턴은 지도자로서의 덕목을 고루 갖춘 대통령으로 최고의 추앙을 받고 있다. 적을 보고 도망가는 오합지졸들을 이끌고 대영제국의 강군을 물리친 뜨거운 애국심과 용기로 똘똘 뭉친 독립전쟁 영웅이며, 오늘날 최강대국의 초석을 놓은 위대한 대통령이다.

2대 애덤스에 대해 한 여론조사 토론자는 “나는 그의 정직을 사랑한다. 그는 자신의 인기에 앞서 이 나라의 이익을 마음에 두었다”고 썼다. 또 다른 토론자는 “고집이 강하지만 정직한 사람”으로 평가했다. 밝고 맑은 정신, 지성을 갖춘 대통령으로 높이 평가되고 있다.

3대 제퍼슨은 미국 독립선언서 기초자이자, 버지니아대학 설립

자로 '걸어다니는 도서관'이라 불릴 정도로 다재다능했다. 다음 대통령 매디슨은 그를 "현명하고 선한 사람, 과학자, 자유의 성직자, 애국심의 전형, 인류의 은인으로 영원히 살아 있을 것이다."라는 찬사를 보냈다.

4대 메디슨은 헌법의 아버지로 미국헌법과 권리장전이 그에 의해 작성되었다. 제퍼슨은 그에 대해 "나는 참된 공화국을 위해 그만큼 공평하고 사심이 없으며 헌신적인 사람을, 그만큼 순수하고 고결한 사람을 이 세상에서 본 적이 없다. 나는 이것을 내 양심을 걸고 말할 수 있다. 뿐만 아니라, 미국은 물론 영국 어디에도 그만큼 능력 있는 지성인을 찾을 수 없다고 자신한다."라고 칭송했다.

5대 먼로는 혁명전쟁 영웅으로, 애국자로, 입법자로, 내각인사로, 대통령으로 늘 친근하고 겸손을 유지했던 대통령이다. 그에 대해 존 컬훈은 "그보다 재기가 뛰어난 사람은 없다. 지혜에 있어 그와 견줄 사람도 없다. 이 나라를 위한 확고한 신념과 헌신에 있어서도 단연 앞선다. 중요한 사안을 결정할 때, 그것에 관련된 모든 사항을 파악할 때까지 문제에 집중한다. 그리고 문제의 해결점을 잡아 내는데 누구보다 강하다. 너무나 정확한 판단을 한다."라고 찬사를 아끼지 않았다.

물론 위와 같은 매우 긍정적인 평가와 달리, 관점에 따라 비판이 없는 것은 아니다. 그러나 많은 평가 전문가들은 그들이 모두 미국을 건설한 훌륭한 지도자였다는 점을 공히 인정하고 있다.

2) 도덕성 및 능력평가 분석

(1) 연구 절차 및 방법

저자는 라이딩스-매키버 대통령 여론조사팀(Radings-McIver Presidential Poll)이 역대 미국 대통령 41명에 대해 조사한 자료를 통계·분석했다.

위 여론조사팀은 1989년부터 1996년까지 초대 대통령 워싱턴(Washington)부터 42대 대통령 클린턴(Clinton)에 이르기까지 총 41명(22, 24대 클리블랜드 대통령 중임)을 조사·평가했다. 조사, 평가된 영역은 종합, 지도력, 업적 및 위기관리, 정치력, 인사, 성격과 도덕성 등 6개 영역이었다.

조사 참여자는 미국, 캐나다의 대학에서 미국사를 전공한 719명의 전문가, 영국, 프랑스, 독일의 여러 역사가들, 미국의 여러 대학교수들 및 정치가들 등 방대하고 다양했다.[123]

저자는 연구변인으로 대학교육 유무 간, 그리고 정당(공화당과 민주당) 간, 위 6개 요인에 대한 평가가 어떤 차이를 보이는지 통계·분석했다. 그리고 이들 간의 상관관계를 분석했다. 또, 이들 5개 요인, 즉 지도력, 업적 및 위기관리, 정치력, 인사, 성격과 도덕성 등의 평가가 종합평가에 어떤 설명력을 가지고 있었는지 분석했다.

자료는 SPSS를 통해 유의도 수준 $p < .05$ 혹은 그 이상에서 분석·검증되었다. 대학교육 유무 간, 그리고 공화당과 민주당 간 차이분석은 T-test로, 6개 요인 간 상관관계는 Pearson r로 분석·검증되었다. 그리고 지도력, 업적 및 위기관리 능력, 정치력, 인사, 성격과

도덕성 등 5개 독립변인이 종속변인-종합평가에 어느 정도 설명력을 가지고 있는지는 다중회귀분석(Multiple regression analysis, enter method)법으로 분석 · 검증되었다.

다중회귀분석에서 지도력, 업적 및 위기관리 능력, 정치력, 인사, 성격과 도덕성 등 5개 요인을 독립변인으로, 그리고 대통령에 대한 종합평가를 종속변인으로 설정한 이유는 다음과 같다. 위 5개 요인별 평가 결과가 높으면, 이것이 종합평가에 영향을 주어 종합평가 결과도 높을 것이고, 반대로 전자가 낮으면 후자도 낮을 것이라는 가정 하에 독립변인과 종속변인을 설정했다.

(2) 연구결과

① 대학교육 수학유무 간 대통령의 도덕성 및 능력평가 비교

역대 미국 대통령들이 대학교육을 받았느냐, 아니면 전혀 받지 않았느냐에 따라 종합, 지도력, 업적 및 위기관리 능력, 정치력, 인사, 성격과 도덕성 등 6개 영역에서 어느 쪽이 더 나은 평가를 받고 있는지를 T-test로 분석했다.

〈표 1〉에서 보듯, 초대 대통령 워싱턴(Washington)부터 42대 대통령 클린턴(Clinton)에 이르기까지 역대 미국 대통령 41명(22대, 24대 중임) 중, 전문교육인 대학교육(사관학교 포함)을 다소라도 받은 대통령은 33명이었고, 전혀 받지 않은 대통령은 8명인 것으로 나타났다.[124] 이들 두 집단 간, 종합평가와 지도력, 업적 및 위기관리 능력, 정치력, 인사, 성격과 도덕성 등에 대한 평가 순위를 비교했다.

대학교육 수학 유무 간 위 6개 요인에 대한 평가 순위 차이를 T-test한 결과, 대학교육을 받은 대통령 집단과 그렇지 않은 대통령 집단 간 모든 요인에서 유의미한 차이가 없었다. 만일 상기 조사팀의 조사 결과가 타당성, 신뢰성, 객관성이 있다면 대학교육 수학이 대통령의 도덕성과 능력 요인에 대한 평가 결과에 별 의미가 없음을 보여주고 있다.

〈표 1〉 대학교육 수학 유무 간 대통령의 능력평가 비교 (T-test)

요인/대학교육 (유, 무)	인원 (명)	평균 (Mean)	표준편차 (SD)	t	p
종합평가/					
유	33	19.125	14.653	-.489	.628
무	8	21.455	11.459		
지도력/		17.500	14.462	-.919	
유	33	21.849	11.394		.364
무	8				
업적, 위기관리/				-.423	
유	33	19.375	14.050		.674
무	8	21.394	11.635		
정치력/				-.587	
유	33	18.750	14.587		.560
무	8	21.546	11.457		
인사/				-.260	
유	33	20.000	13.016		.796
무	8	21.242	11.916		
성격, 도덕성/				-.719	
유	33	18.250	11.560		.476
무	8	21.667	12.157		

* 평균 점수는 평가받은 순위(등수) 평균임 (순위가 높을수록 낮은 수이고, 순위가 낮을수록 높은 수임)

② 출신 정당 간 대통령의 도덕성 및 능력평가 비교

공화당과 민주당 중, 어느 당 출신 대통령들이 아래 6개 요인에서 더 우수한 평가를 받았는지 분석했다. 종합평가, 지도력, 업적 및 위기관리 능력, 정치력, 인사, 성격과 도덕성 등에서 받은 순위의 차이를 T-test하여 알아보았다.

〈표 2〉 출신 정당 간 대통령의 능력평가 비교 (T-test)

요인/ 공화당 출신 민주당 출신	인원 (명)	평균 (Mean)	표준편차 (SD)	t	p
종합평가/					
공화당	16	25.500	9.536	1.788	.085
민주당	14	18.286	12.523		
지도력/					
공화당	16	25.063	9.774	1.591	.123
민주당	14	18.286	13.470		
업적, 위기관리/					
공화당	16	25.000	9.960	1.517	.141
민주당	14	18.714	12.718		
정치력/					
공화당	16	23.938	9.855	1.371	.181
민주당	14	18.000	13.767		
인사/					
공화당	16	26.688	9.638	2.140*	.041
민주당	14	18.286	11.861		
성격, 도덕성/					
공화당	16	24.313	10.423	.254	.802
민주당	14	23.286	11.763		

*p〈.05

주: 평균 점수는 평가받은 순위(등수) 평균임 (순위가 높을수록 낮은 수이고, 순위가 낮을수록 높은 수임)

〈표 2〉를 보면, 민주당은 7대 대통령 잭슨(Jackson)부터 시작하여 14명의 대통령을 배출하였고, 공화당은 16대 대통령 링컨(Lincoln)부터 시작하여 16명의 대통령을 배출하였다.[125] 공화, 민주 출신 대통령 간 종합평가와 지도력, 업적 및 위기관리 능력, 정치력, 인사, 성격과 도덕성 등의 평가에서, 모두 민주당 출신 대통령들의 순위가 평균적으로 높은 것으로 보이나(순위는 수자 크기와 반대임), 오직 인사에서만 의미 있는 차이를 보일 뿐, 여타 요인에서는 그런 차이를 보이지 않았다. 즉, 인사에서만 민주당 출신 대통령들이 공화당 출신 대통령들보다 우수한 평가를 받았고 나머지 요인에서는 차이가 없었다.

③ 종합평가와 도덕성 및 능력 요인들 간 상관관계(Pearson r)

역대 미국 대통령 41명(22대, 24대 중임) 평가에서 나타난 종합평가, 지도력, 업적 및 위기관리 능력, 정치력, 인사, 성격과 도덕성 등 6개 요인에 대한 평가 순위 간 어떤 개별 상관관계가 있는지를 Pearson r로 분석한 결과, 〈표 3〉과 같이 나타났다. 이들 모든 변인들이 모두 p〈.05 혹은 그 이상에서 의미 있는 상관성을 보이고 있었다. 6개 요인들이 서로 같은 방향으로 높아지고 낮아지는 경향을 보였다.

이들 요인들 간의 개별 상관성이 가장 높은 것은 대통령의 종합평가와 업적 및 위기관리(r = .961; r^2 = .924)가 가장 높았고, 종합평가와 인사(r = .946; r^2 = .895)가 다음으로 높았으며, 그 다음이 종합평가와 지도력 (r = .937; r^2 = .878)이었다. 개별 상관성이 가장 낮은 것은 성격 및 도덕성과 정치력(r = .369; r^2= .136), 그 다음이 성격 및 도덕성과 지도력(r = .553; r^2= .306)인 것으로 나타났다.

대통령의 종합평가와 업적 및 위기관리 간의 결정계수는 r^2= .924이었다. 종합평가 변화량의 92.4%를 업적 및 위기관리 능력으로 설명, 예측할 수 있다는 것이다. 역으로 업적 및 위기관리 능력 평가의 변화량도 그 만큼 이 종합평가로 설명하고 예측할 수 있다는 것이다.

가령, 다른 요인들이 모두 통제(한결같다)되었다고 볼 때, A 대통령과 B 대통령의 종합평가의 차이가 10 중의 2라고 본다면 그 2의 92.4%가 업적 및 위기관리 능력으로 설명된다는 것이다. 나머지도 같은 원리로 설명된다.

개별 상관성이 가장 낮은 것은 성격 및 도덕성과 정치력인데, 그 결정계수는 r^2= .136이다. 이것도 성격 및 도덕성 평가 변화량의 13.6%를 정치력으로 설명, 예측할 수 있다. 그리고 역으로 정치력의 변화량의 13.6%도 성격 및 도덕성으로 설명, 예측할 수 있다. 다음으로 낮은 것은 성격 및 도덕성과 지도력인데, 결정계수는 r^2= .306으로 나타났다. 이들의 설명력, 예측력도 위와 같은 원리이다.

모든 요인들, 즉 대통령의 종합평가, 지도력, 업적 및 위기관리 능력, 정치력, 인사, 성격과 도덕성 등의 6개요인들 간에는 모두 유의한 상관성을 가지고 있었다. 그러나 다른 요인들은 모두 높은 상관성을 가지고 있으나, 성격, 도덕성은 정치력과 낮은 상관성(r = .369; r^2= .136)을, 지도력과는 보통 정도의 상관성(r = .553; r^2= .306)을 가지고 있는 것으로 나타났다. 이들 요인들의 변화량을 설명하고 예측하는데, 성격 및 도덕성 요인이 상대적으로 약하다는 뜻으로 해석된다. 특히, 대통령에 대한 종합평가에 그의 업적 및 위기관리 능력, 인사정책, 지도력 등 3개 요인이 각각 90%가 넘는 아주 강한 상관성을 가지고 있다는 점에 주목할 필요가 있다.

〈표 3〉 종합평가, 성격과 도덕성 및 능력 요인들 간 상관관계
(Pearson r; N: 41)

요 인	1. 종합평가	2. 지도력	3. 업적, 위기관리	4. 정치력	5. 인사	6. 성격, 도덕성
1. 종합평가	1.000					
2. 지도력	.937**	1.000				
3. 업적, 위기관리	.961**	.923**	1.000			
4. 정치력	.870**	.894**	.880**	1.000		
5. 인사	.946**	.845**	.900**	.765**	1.000	
6. 성격, 도덕성	.719**	.553**	.627**	.369*	.751**	1.000

*p〈.05, **p〈.01

④ 5개 독립변인이 종속변인-종합평가에 미친 효과 분석 (Multiple regression analysis, enter method)

5개 독립변인 — 대통령의 지도력, 업적 및 위기관리 능력, 정치력, 인사, 성격과 도덕성 등의 조합(통합)이 종속변인 — 그의 종합

평가에 어떤 영향을 미치고 있는지를 다중회귀분석법으로 유의도 수준 p<.05 혹은 그 이상에서 분석 · 검증하였다.

〈표 4〉에서 보는 바와 같이, 이들 5개 독립변인을 enter법으로 동시 투입한 결과, 다중상관계수는 R = .991로, 결정계수는 R^2 = .983으로 아주 높게 나타났다. 이들 독립변인들의 조합(통합)은 종속변인-종합평가에 상당한 영향을 미치고 있었다. 즉, 대통령들의 종합평가의 변화량 중 98.3%가 이들 독립변인들의 조합(통합)에 의해 결정되고 있었다.

〈표 4〉 대통령의 성격과 도덕성 및 능력이 그의 종합평가에 미친 영향

독립변인	비표준화 계수		표준화 계수	t-값	sig(p)
	B	표준오차	β		
(상수)	-2.060	.641		-3.212**	.003
지도력	.236	.066	.236	3.583**	.001
업적, 위기관리	.213	.078	.213	2.738*	.010
정치력	.205	.062	.205	3.316**	.002
인사	.261	.062	.261	4.184***	.000
성격, 도덕성	.184	.040	.184	4.606***	.000

*p<.05, **p<.01, ***p<.001

주: R = .991; R^2 = .983; Adjusted R^2 = .980

- 독립변인: 지도력, 업적 및 위기관리, 정치력, 인사, 성격과 도덕성,
- 종속변인: 종합평가

이들 독립변인들이 통합적으로 작용할 때 그들의 중요도를 보

면, 큰 차이는 없었으나 인사(β = .261)가 가장 중요했다(설명력이 가장 높았다). 다음이 지도력 (β =.236), 그 다음이 업적 및 위기관리(β =.213), 정치력(β =.205), 성격과 도덕성(β =.184) 순이었다. 다시 말하면 대통령에 대한 종합평가에 가장 많은 영향을 미치는 요인이 인사, 다음이 지도력, 그 다음이 업적 및 위기관리, 정치력, 성격과 도덕성 순이라는 것이다.

(3) 정리

먼저, 대학교육 수학 여부에 따라 미국 대통령들의 종합평가, 성격 및 도덕성, 정치력, 인사, 지도력, 업적 및 위기관리 등에 대한 평가결과가 차이나지 않았다. 즉, 대학교육 수학 여부는 이들 요인들의 기능에 별 의미가 없었다. 이를 통해 보면, 대통령의 국정수행은 대학교육을 뛰어넘는, 즉 대학교육 수학 여부로 비교될 수 없는 고도의 철학적, 지적, 정의적, 경험적 영역이 아닌가 싶다.

역대 대통령들의 출신 정당도 그들의 평가 결과에 큰 의미가 없는 것으로 나타났다. 물론, 민주당 출신 대통령들이 공화당 출신 그들보다 단지 인사 영역에서만 좀 더 잘한 것으로 평가되고 있었지만 말이다. 다른 영역에서는 모두 의미 있는 차이를 보이지 않았다. 이는 대통령의 자질과 역량이 민주, 공화 양당 간 차이에서 생기는 것이 아님을 알 수 있다. 다시 말하면, 대통령의 도덕성과 업적이 당이 달라서 다르게 나타나는 것이 아니라는 얘기다. 이는 미국 정치문화가 여야로 일반화되었다는 점을 시사해 주고 있는 대목이다.

상관관계 및 다중회귀 분석 결과를 보면, 대통령의 종합평가, 성격 및 도덕성, 정치력, 인사, 지도력, 업적 및 위기관리 능력들은 모두 유의한 상관성이 있는 것으로 나타났다. 따라서 하나를 잘하면 다른 것도 잘할 수 있다는 교훈을 얻을 수 있다. 마찬가지로 하나가 몹시 취약하면 다른 것들도 잘못하게 된다는 점도 시사해주고 있다. 국정수행에 있어서 여러 능력(학습)들 간 전이가 일어나는 것으로 보인다. 극단적으로, 성격과 도덕성이 엉망인 대통령이 정치력과 인사를 잘할 리 없다는 것이다.

또, 지도력도 없고, 인사망사로 자기편을 고위직에 줄줄이 앉히는 개념 없는 대통령이 훌륭한 업적을 쌓고, 위기를 효율적으로 극복할 수 없다는 말도 된다. 마치 국어를 전혀 못하는 학생이 영어와 국사를 잘하기 어려운 것과 같다. '하나를 보면 열을 알 수 있다'는 속담이 틀린 말은 아니다.

대통령의 성격 및 도덕성, 정치력, 인사, 지도력, 업적 및 위기관리 능력들이 그의 종합평가에 모두 유의한 영향을 미치고 있는 것으로 나타났다. 그 중요도(영향)에서는 다소 차이가 있었으나, 이들 중 어느 것 하나라도 소홀이 할 수 없다.

굳이 대통령의 종합평가에 어느 요인이 상대적으로 더 중요하게 작용하고 있는지를 따진다면, 인사가 가장 중요하고, 다음이 지도력, 그 다음이 업적 및 위기관리, 정치력, 성격과 도덕성 순이라고 할 수 있다.

이 연구에서 분석된 결과는 한국 대통령들과 그 지망자들의 도덕성 및 역량을 높이거나 혹은 평가하는데 유익한 참고자료는

될 수 있으나 일반화되기에는 어렵다. 그 이유 중의 하나는 한국과 미국은 위 연구변인 외에 정치, 국방, 외교, 경제, 사회, 문화, 국민성 등 여러 면에서 크게 다르기 때문이다.

훌륭한 대통령 탄생

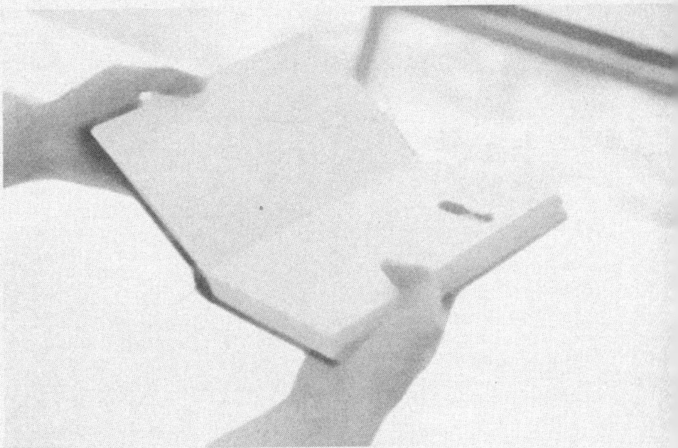

III

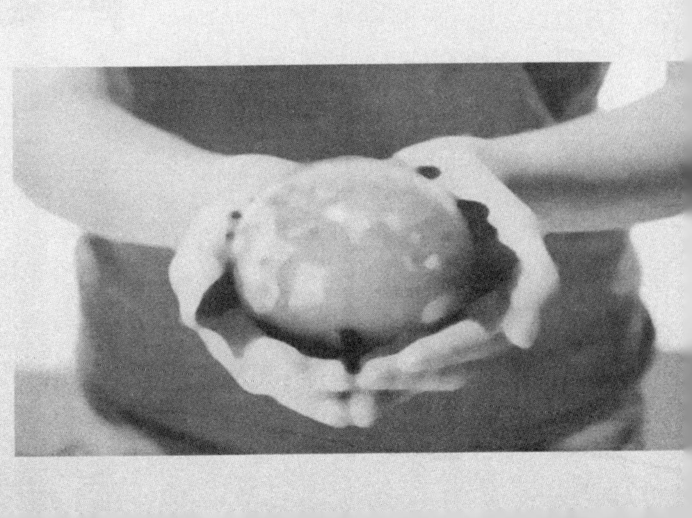

나라 발전과 국민행복의 결정 요인은 한둘이 아니나, 가장 핵심적이고 현실적인 요인은 국가, 국민에게 가장 큰 영향을 미치는 국가지도자, 대통령(제도에 따라 수상, 총리)이다. 그를 제외하고 그렇게 큰 영향을 실질적으로 미치고 있는 사람은 없다. 그래서 어느 나라 국민이건 훌륭한 국가지도자들이 출현, 국가 발전과 국민행복에 기여해 주기를 바라고 있다.

그런데 훌륭한 지도자들은 저절로 생기는 것이 아니다. 그들을 낳을 수 있는 모태, 즉 정치 환경과 그들을 선발하는 국민의식이 높아야 한다. 이 두 조건이 성숙되지 않으면 언제 나올지 모르는 '개천에서 용'을 기다려야 한다. 입 벌리고 감나무 아래에서 감 떨어지기를 기다리듯 해야 한다. 반면에, 두 조건이 성숙되면 대통령 입문 예비고사가 어려워 비리, 부정부패자들, 무능하나 정치공학에는 도가 튼 인간들, 무단 병역 미필자들, 부동산 투기자들, 세금 포탈자들, 거짓말을 밥 먹듯이 하는 사람들, 청탁과 뇌물에 물든 사람들은 청와대 근처도 생각하기 어렵다.

1. 정치환경과 동기

1) 정치환경

요새 기대했던 정치인들 사이에서도 정치자금과 관련된 비리가 속출하고 있다. 참으로 안타까운 일이다. 한편으로는 오죽 답답하면 그 위상에 그렇게까지 했겠는가? 하는 동정심이 들기도 한다. 돈 없이 정치할 수 있고, 최소의 정치자금은 국가가 좀 더 부담할 수는 없는 것인가? 정치를 안 할 것도 아닌데 정치인 입다고 무조건 짜게 주고 사람만 잡는다고 일이 풀리는 것은 아니다. 그렇게 되면 결과적으로 돈 없는 사람은 정치할 수 없게 되고 돈 많은 사람만이 정치를 하게 되어 금권정치가 판을 치게 된다. 이를 좋은 정치 환경이라고 볼 수 없으며, 이런 환경 속에서는 참 좋은 대통령감, 지도자감이 길러지지 않는다. 지혜로운 대책을 세워야 한다.

많은 사람들은 잘잘못을 사람한테만 돌리는 경향이 있다. 물론 사람이 중요한 것은 재론의 여지가 없다. 그러나 모든 생물이 다 그렇듯, 사람도 환경의 지배를 받는다. 현대 인류학의 주류는 사람의 관습은 전적으로 문화적 산물이며, 사람은 문화와 괴리된 속성을 가지고 있지 않다고 했다.[1] 환경론자들도 유전보다 환경을 더 강조한다. 따라서 어떤 환경에서 보고 배우고 자랐느냐에 따라 사람은 크게 차이가 난다. 정치인도 마찬가지다.

순자(荀子)는 "오나라나 월나라나 오랑캐의 자식들은 태어났을 때는 같은 소리를 내지만 자랄수록 달라지는 것은 가르침이 다르기 때문이다"라고 했다.[2] 가르친다는 것은 다름 아닌 환경의 제공인 것이다. 이와 같이 사고방식과 행동양식이 한국사람, 미국사람, 일본사람에 따라 다른 것은 서로 다른 나라의 환경 탓이다. 한국 DNA, 미국 DNA, 일본 DNA가 따로 있어서 이들 나라 국민들이 서로 다른 것은 아니다.

정치 환경은 매우 포괄적인 개념이다. 그것은 정치상징, 정치체제 및 제도, 정치관행 및 문화, 정치행태, 국민의 정치의식과 참여, 각종 정치 · 사회적 갈등 등 많은 요인들을 내포하고 있다. 이들 요인들의 조합, 즉 정치 환경이 대체로 그 나라 정치지도자들의 모습을 빚어낸다. 한국 대통령들의 모습들은 한국의 정치 환경에 의해, 미국 대통령들의 모습은 미국의 정치 환경에 의해 형성된다. 이것이 시사하는 바는 지도자 개개인의 특성 못지않게 정치 환경이 중요하다는 것을 말해 주고 있다.

극단적으로 말하면 미국과 북한 간의 리더십 차이가 엄청나게 큰 것은 양 개별 나라 안의 지도자 차이보다, 양 국가 간의 정치 환경의 차이에서 비롯되었다. 통계적으로 집단 간 다르다는 의미는 각 집단 내의 개개인의 차이 평균보다 집단 간의 차이 평균이 더 크다는 의미다. 미국의 훌륭한 지도자가 북한에서 정치하면 김일성이나 김정일과 유사한 리더십을 발휘할 수밖에 없다는 말도 된다. 마찬가지로 링컨이나 루스벨트가 한국 정치를 담당했다면 그렇게 빛나지 않을 수 있다는 얘기다. 따라서 국가지도자 특성도 중요하지만 정치 환경을 잘 조성해야 훌륭한 지도자가 배출될 확률이 높다고 정리할 수 있다.

우리나라는 훌륭한 지도자 나오기가 어려운 문화, 풍토인 것 같다. 법과 원칙이 제대로 작동하지 않고 봐주기, 청탁, 비리, 부정이 판지는 풍조다. 그러다 보니 나쁜 짓을 요령껏 잘하는 자들이 앞서나가 지도자로 뽑히게 된다. 반대로 법과 질서가 바로서고 도덕과 원칙이 살아 있었다면, 건전한 기풍에서 모범적인 사람이 앞서가 모범적인 인재들 중 더 모범적인 사람이 대통령으로 뽑혔을 것이다. 이렇게 되면, 꼼수 잘 쓰고 부정부패에 연루된 적이 있는 자는 지도자로 선발될 수 없다.

정치토양이 기름지면 좋은 지도자 재목들이 무럭무럭 자라난다. 선진 민주주의 국가에서 훌륭한 지도자가 많이 나오는 것은 좋은 정치환경과 성숙된 국민의식에서 비롯되었다고 본다.

우리나라의 대통령, 국회의원, 지방자치단체장 선거에 입후보한 후보자들의 면면을 보면, 알만하다. 그 개인을 비난할 생각은 없다. 땅 투기, 위장전입 등 비리와 부정부패로 구설수에 오르거나, 전과, 세금미납, 병역미필로 국민의 지탄을 받는 후보자 비율이 일반 국민들보다 높다.

2011년 모 시의 한 구청장을 뽑는 후보 5명 중 3명이 전과자란다. 보통 사람들은 이 정도는 아니다.[3] 또, 2010년 6. 2 지방선거 후보등록 마감 결과, 시 · 도지사 후보의 40%가, 기초단체장 후보의 13%가 각각 전과자로 나타났다. 또, 시 · 도지사 후보자의 43%, 기초단체장 후보자의 15%가 병역면제를 받은 것으로 나타났다.[4] 이것은 한 예에 불과하다. 일반 국민들을 조사해 보면 이 정도는 아닐 것이다. 이런 사람들이 지도자가 되겠다고 앞에 나서는 것이 우리의 현실이다. 안타깝게도 국민은 이런 나쁜 선택지를 받아들고 투표소로 나서게 된다.

시 · 도로 올라갈수록 나쁜 비율이 높다. 그럼, 위로 올라가기 위해서는 많은 전과를 쌓아야 한다는 결론에 도달한다. 다른 말로 말하면, 도덕이고, 질서고, 원칙이고, 법이고, 뭐고 따지면 손해가 되는 것이다.

많은 사람들의 하는 소리가 '시 · 도지사, 교육감 모두 보통 인간들이 아니라는 것이다.' 요령과 돌려치기, 배신이 능수능란하다는 것이다. 그래서 그렇게 해 먹는 모양이다. 이런 자들이 지도자가 될 수 있는 비정상적인 문화, 풍토가 바로 한국병이다. 시급히

고쳐야 할 풍토병이다. 개별적으로 누구누구할 것 없다. 정도의 차이만 있을 뿐이다. 환경을 바꿔야 한다.

타락된 정치 환경에서는 유능한 사람이 올라갈 수 없다. 전과자, 병역 미필자, 요령잡이, 청탁의 대가, 슬슬 뒤로 주고받기 잘하는 사람, 자기 것은 잘 챙기고 인색한 욕심쟁이들이 막 앞으로 치고나가 국가지도자, 시장, 도지사, 국회의원, 교육감, 교육장이 되는 것이다. 맑고 깨끗한 샌님들은 뒤처지는 것이다.

사리사욕에 악착같은 사람들은 권력, 돈, 명예가 공직쟁취의 동기가 되기 때문에 권력을 잡으면 끝이지, 잘 하고 못 하고는 둘째다. 경제 위기가 오는지, 가는지 의식도 없고 세만 부리고 즐기면 되는 것이다. 이런 상황에서 인자하고 배려심이 강하고, 절제 있는 사람, 능력 있는 사람은 밀리기 마련이다. 원균이 득세하고 이순신 장군이 고생, 고생하는 풍토가 되는 것이다. 이런 풍토 속에서 정의, 도덕, 민주는 구호에 불과하다.

개천에서 '용' 나오기만을 기다릴 것 아니라, 용이 나오도록 좋은 정치 풍토와 문화를 조성해야 한다. 법과 질서를 확고히 하여 청탁, 부정부패를 없애고 원리원칙과 도덕이 살아 숨쉴 수 있도록 해야 한다. 사람이, 권력이 이들을 엄히 다스리는 것이 아니라 제도와 문화가 엄히 다스려 악이 더 이상 사회에 발을 붙이지 못하도록 해야 한다. 그렇지 않으면 유야무야되어 만날 그 타령이다.

훌륭한 지도자를 길러 뽑아 쓸 수 있는 환경을 만들어야 한다. 이 일은 어렵지만 앞으로 나올 대통령들이 확고한 의지만 있다면 가능하다. 그들에게 상당부분 달렸다. 물론, 이 일은 박정희 대통령이 배고픔을 해결한 것보다 만 배 더 힘들다고 말한 이도 있다.[5] 공자(孔子)도 국민의 배고픔을 해결하면 인자(仁者)를 넘어 성자(聖者)에 이른다고 설파했다.[6] 이 말이 맞는다면 성자 대통령 만 명이 나와도 어렵다는 것인가? 어느 정도 어려운지는 정확히 알 수 없지만, 알 수 없는 수많은 요인들로 엮어져 생성된 정치 환경을 바꾼다는 것이 어디 쉽겠는가?

어떤 인류학자는 사람들의 관습, 문화를 형성하는데 무려 300년 이상이나 소요된다고 했다. 이를 통해서 보면, 잘못된 우리 정치문화가 쉽게 바뀌지긴 어렵다. 행동이 선명하고 강렬한 신념의 '철의 여인'으로 불리는 대처(Thatcher) 총리가 영국의 저비용 · 고효율 경제구조를 치유했다는 영국병은[7] 우리의 이런 문화, 풍토병과 비교하면 병도 아니다. 영국병의 발병원인은 뚜렷하여 잡을 수 있었지만, 우리의 정치병은 너무 요인이 복잡하고 추상적이며 은밀하여, 이를 잡기가 어렵다는 데 문제가 있다.

그런데 이광요 싱가포르 수상은 혼란스런 나라를 독립시키고, 맑고 깨끗한 선진국으로 도약시켰다. 핀란드도 800년간 스웨덴, 100년간 러시아 지배로부터 벗어나 세계가 부러워하는 일류 국가가 되었다. 지도자들이 앞장섰던 것이다.[8] 우리도 훌륭한 국가 지도자들이 연속적으로 출현, 지혜롭게 국가를 경영한다면 좋은 정치 환경을 조성할 수 있고 국가를 한 단계 도약시킬 수 있다. 대통령의 짐이 무겁다.

모든 인간은 환경과 문화의 산물이므로 정치 문화가 한 단계, 한 단계 높아지도록 해야 좋은 대통령, 좋은 국회의원, 좋은 시장, 좋은 도지사, 좋은 교육감, 좋은 교육장이 나올 수 있다. 개인윤리에만 의존할 수는 없다. 정의롭고 민주적이며, 법과 도덕이 통하는 좋은 환경 속에서 좋은 대통령이 배출되고, 좋은 지도자들이 길러진다. 그러므로 너무 지도자 탓만 할 것이 아니라 정치, 사회의 문화와 풍토를 개선해야 한다. 물론, 전임 대통령들의 공과를 반면교사로 삼을 수는 있다. 하지만, 옛날 옛적 떠난 과거 대통령들의 공과에 집착하여, '누가 잘했네, 못했네'하고 평하고 다투는데, 이것은 시급한 정치현안이 아니다. 평하고 다투는 데 너무 많은 시간을 쓰고 있다. 백날 논쟁해 봐야 답이 없는 것에 노력을 쏟고 있다.

미국 의원들은 공화, 민주당으로 편을 짜, '닉슨이 어떻고', '존슨이 어떻고', '케네디가 어떠했다'고 다투는 데 시간을 그렇게 쓰지는 않는다. 그 보다는 지금, 장래를 위해 무엇을 어떻게 할 것인가를 궁리하고 소통한다.

2) 정치동기

'왜, 많고 많은 직종과 직책 중에서 하필이면 국가지도자가 되려고 하는가?'이다. 대통령되려는 동기가 무엇이냐는 말이다. 대통령되고자 하는 동기는 국민의 입장에서 매우 중요하다. 어쩌면 이것이 국가와 국민의 명운을 갈라놓을 수 있다. 이것으로 발전과 퇴보, 행복과 불행으로 갈릴 수도 있다.

대통령직에 도전하는 사람들의 유형을 분류할 수 있는데, 동기면에서 크게 두 부류가 있다. 먼저, 소위 높은 사람 되고 싶어 하는, 지도자가 되고 싶어 하는 사적 동기가 강한 사람들이 있다.

일반적으로 사람들은 지도하는 사람이 되고 싶지, 지도받는 사람이 되기를 원하지 않는다. 부귀영화를 누리고 싶어 한다. 그래서 지위 획득을 위해 노력하고, 때로는 위험한 뇌물도 바친다. 선거 때는 더하다. 이 욕구가 열정(pathos)으로 이어져 마음을 움직이고 몸을 움직이는 것은 사실이다.

욕구가 강한 사람이 적극적이므로 경쟁에서 이긴다. 이 때문에 성장, 발전도 한다. 생존경쟁에서 자연스럽게 나타날 수 있는 욕구이다. 이런 사(私) 동기는 국가지도자, 대통령되는 데까지는 유리할지 모르나, 문제는 되고 나서 위대한 업적을 내기가 어렵다는 것이다.

다른 부류의 국가지도자 지망자들도 있다. 공익추구의 동기를 가진 지망자들이다. 대통령되려는 동기가 나라와 국민을 위하는 공익 추구에 있다. 나라사랑, 국민사랑(애국애족), 나라 걱정, 국민 걱정에서 출발한 사람들이다. 흔치 않지만 위대한 업적을 남긴 지도자들은 그러했다. 흔치 않은 사람이기에 위대한 것이다. 그렇지 않고 위대한 업적을 쌓을 수는 없다. 그 이유는 간단하다.

대통령이 '나 한 몸' 혹은 그 주위 몇 사람에 집착하면 별 노력하지 않아도 쉽게 만족시킬 수 있다. 그러나 국가, 국민에 집착하면 그 범위와 깊이가 엄청나기 때문에 보통 노력으로는 만족시킬 수 없다. 그래서 더 노력을 하게 되는 것이다. 그 결과 후자에서 큰 업적이 나온다.

열정적 사랑이 없는데 열정적 헌신이 있을 수 없고, 그 헌신이 없는데 위대한 업적이 나올 리 없다. 따라서 위대한 업적을 남긴 것만을 보고 그 지도자의 인격을 판단해도 크게 빗나가지 않는다.

나쁜 지도자가 역사적인 업적을 남길 수 없기 때문에 그렇다.

사익 동기는 열정의 순수성이 떨어지나, 공익 동기는 열정의 순수성이 높다. 후자의 열정은 몸과 마음을 움직여 어려움을 뚫어 내는 힘이 더 강하다. 그 동기를 '소명동기'라고 부르고 싶다. 칸트(Kant)의 '의무동기'와 비견된다. 소명동기(의무동기)는 사욕이 아닌 크고 넓은 공적인 욕구와 관계가 있으므로 더 많은 노력과 희생을 요구한다. 이에 응답하게 되므로 위대한 업적이 나온다.

대통령직에 대한 사동기(私動機: 끌림동기)와 소명동기(召命動機 혹은 의무동기)의 기능에 대해 더 논의해 보자. 사동기(끌림동기)로 대통령직에 도전하는 사람들은 지위 획득 욕구가 강하므로 소명동기로 도전하는 사람들보다 대통령직에 오를 확률은 더 높을 수 있다. 특히 이 두 동기 차이가 변별되지 못하는 정치풍토에서(무시되는 풍토) 더욱 그렇다. 쉽게 말해 사동기로 대통령직 획득에 악착같은 사람이 대통령될 확률이 높다는 뜻이다. 따라서 소명동기에서 출발한 정치가는 사동기에서 출발한 정상배보다 몇 배 더 노력을 해야 한다. 그래야 뜻을 이룰 수 있다.

또, 사동기로 출발한 정상배는 절제가 안 되기 때문에 이것저것 수단 방법을 가리지 않고 그때 그때 여러 방법과 수단을 동원하나, 소명동기에서 출발한 정치가는 올바른 몇 가지만 골라 사용하기 때문에 권력 쟁취에 불리하다. 그러나 전자의 노력은 사리사욕을 향하므로 좋은 업적이 나오기 어렵고, 후자의 노력은 공익을 향하므로 좋은 업적이 나올 수밖에 없다. 국가와 국민의 입장에서 당연히 후자를 원하지, 한 개인 출세시키려고 전자를 택하지는 않는다. 두 동기가 변별되는 정의롭고 지혜로운 훌륭한 정치, 사회

문화와 풍토를 조성해야 후자와 같은 훌륭한 대통령이 배출될 확률이 높아진다.

2. 대통령 선발

전체적으로 볼 때, 훌륭한 대통령을 많이 배출하려면, 정치의 환경 조건이 좋아야 함은 당연하다. 개천에서 용 나듯이, 나쁜 정치 환경에서 어쩌다 한번 훌륭한 대통령이 나왔다고 국가와 국민의 앞날이 지속적으로 보장되지 않는다. 일단 환경은 접어두고, 제한된 범위 내에서 나마, 그 중 좋은 후보를 대통령으로 선발할 수밖에 없다. 그 역할은 100% 유권자인 국민의 몫이다.

자유민주주의 체제에서 정치인들은 유권자의 표를 먹고사는 '표식동물'(票食動物)이다. 표를 의식하는 것은 그들의 생존본능이다. 결국 표에 응답해야 하는 처지에 놓인 사람들이다. 이들의 포퓰리즘을 두둔하고 싶어서 하는 소리가 아니다. 그들의 생리상 어쩔 수 없다는 말이다. 따라서 표만 의식하여 정치한다고 탓해봤자 소용없다. 탓하기 전에 유권자인 국민이 그들의 정치행태가 올바른지 어떤지, 생산적인지 아닌지를 판별하고 표를 올바로 주면 모든 것이 깨끗이 해결된다. 표를 바로 주지 않으면 백약이 무효다!

요는 감정에 치우치지 말고 이성적, 합리적으로 후보자 자신의 자질과 능력, 정책을 면밀히 검토한 후 표를 주면 답이 나온다. 그래야 좋은 대통령, 국회의원, 시장, 도지사가 탄생된다. 결국 정치가 잘 되고, 못 되고는 종국적으로 국민 손에 달려 있다. 모든 것을 '내 탓'으로 생각하자! 이것이 국민 된, 유권자 된 도리다. 정치인들만 탓할 것 없다! 그들에게 답이 있는 것이 아니라, 유권자인 '나'한테 답이 있다는 숨은 진리를 깨달아야 한다.

지역감정으로, 세대 간 감정으로, 사회, 경제적 지위를 보고 잘못 선발해 놓고 '대통령 잘못 뽑았네!' 하는 후회나 푸념은 누어서 침 뱉는 꼴이 된다. 대통령을 잘못 뽑으면 국민이 그 대가를 반드시 치를 수밖에 없다. 영국 격언에도 "왕이 길을 잃고 헤매면, 백성들이 그 대가를 치른다"는 말이 있다.[9]

현재 노출된 것만 가지고는 그 후보자가 누구인지 잘 모른다. 누구든지 당선되는 일이라면 무슨 거짓말인들 못하겠는가?, 무슨 허풍인들 못 떨겠는가? 후보자들이 현재 무슨 말을 하고 있느냐 보다는 그가 지금까지 어떻게 살아왔는지를 알아보고 고르는 것이 좋다. 후보들은 당연히 당선이 목적이다. 당선에 유리하다면 무슨 말인들, 무슨 정책인들 못 내놓겠는가? 이것으로는 과장인지, 아닌지, 지킬 약속인지, 못 지킬 거짓 약속인지를 판별하기 어렵다.

우리는 어쩔 수 없이 후보자들의 성장 배경과 행적을 통해 그들을 알아볼 수밖에 없다. 가정환경은 어떤지, 부모는 어떤지, 학교생활, 직업생활은 건전한지, 경륜은 어떤지 등 그들의 삶의 궤적과 경험이 국정과 어떤 관계가 있는지를 관련지어 보아야 한다. 그리고 그들이 지금까지 보여준 '사람 됨됨이', 대통령이 되고자 하는 동기, 국가와 국민을 바라보는 시각과 장래 비전, 실천 의지 및 용기, 신용, 창의력, 결단력, 과업수행 능력 등을 소통을 통해 알아보고 상호 비교하여 선발에 임하는 자세가 필요하다. 거저 좋은 대통령을 만날 수 없다!

소크라테스(Socrates)는 플라톤이 쓴 ≪국가(정체)≫에서 다음과 같이 가르친다. "…… 만약에 어떤 사람이 어떤 경우에나 좀처럼 홀리지 않고 의젓하며 …… 모든 경우에 자신을 단정하고 조화로운 사람으로 드러내 보인다면 그런 사람이야말로 자기 자신과 나라를 위해서도 가장 유용한 사람일걸세. 그리고 아이들 사이에서나 청년들 사이에서 그리고 어른들 사이에서 언제나 그런 시험을 거쳐 더럽혀 지지 않은 것으로 판명된 사람이 나라의 통치자 및 수호자로 임명되어야 하네 …… 슬기롭고 유능한 사람들이어야 하며, 나아가 나라에 대해 마음 쓰는 사람들이어야 되지 않겠는가? 사람은 자기가 사랑하는 것에 대해 어쨌든 제일 마음 쓸 걸세. …… 이들이 전 연령의 단계마다 그 신념을 지키려는 마음의 상태에 있는지를, 그래서 나라를 위한 최선의 것들을 해야만 된다는 소신을 홀려서도 강제에 의해서도 잊거나 내팽개치는 일이 없는지를 지켜보아야만 된다고 생각하네."[10] 이를 풀어 보면, 삶이 미혹되지 아니하고 소신 있고 단정, 깨끗하며 국가와 국민사랑이 지극한 지혜와 능력을 갖춘 자를 지도자로 뽑아야 한다는 것이다.

대통령감은 한 마디로 국가발전과 국민행복의 길을 알고 이를 실천할 수 있는 사람이다. 구체적으로 홍익인간의 이념 아래 확고한 국가관을 가지고 국가발전과 국민행복에 헌신할 수 있는 자로서, 바르고 깨끗하게 살아오고, 상황에 따라 뭐가 문제인지를 정확하게 짚어 내고, 어떻게 해야 좋은지 정확히 판단, 결정할 수 있으며, 열정적으로 실천할 수 있고 사고와 행동이 선명, 강렬하며 솔직한 사람이면 어떨까? 그런 사람은 다음과 같은 조건을 갖췄다고 판단된다.

① 믿을 만한 인품(인격)을 갖춘 사람
② 애국위민 정신이 투철한 사람
③ 지혜와 용기(자신감)가 있는 사람
④ 우리나라에서 뭐가 문제인지를 정확하게 인식하고 우선순위를 알고 있는 사람
⑤ 비전과 국정에 종합적 안목을 가진 사람
⑥ 투철한 국가관, 안보관 및 통일관을 가진 사람
⑦ 보편적 민주주의(정치, 경제, 사회 등, 모든 영역)를 구현할 수 있는 사람
⑧ 법질서를 생명처럼 알고 사심 없이 국가, 국민에 봉사할 준비된 사람
⑨ 부정부패를 혐오하고, 이에 물든 적이 없는 사람
⑩ 약자에 대한 애정과 보호 능력이 있는 사람
⑪ 실천의지와 능력을 갖춘 사람
⑫ 일생 동안 국가발전과 국민행복에 무한 책임을 느끼는 사람
(자신의 임기만 채우면 끝이라고 생각하는 사람은 좋은 대통령감이 아님)

참고 문헌 및 자료

I. 살기 좋은 나라, 대통령의 도전과제

1. William J. Ridings and Stuart B. McIver 저. 김형곤 옮김. 2000. 『위대한 대통령 끔직한 대통령』. 서울 : 한국언론자료간행회.
2. Platon 저. 박종현 옮김. 1997. 『국가(정체)』. 경기 : 서광사.
3. James Q. Wilson 저. 안재욱 · 이은영 옮김. 1997. 『도덕감성』. 서울 : 자유기업센터.
4. Michael J. Sandel 저. 이창신 옮김. 2010. 『정의란 무엇인가』. 서울 : 김영사.
5. 황효순. 2002. 3. 19(칼럼), "공자의 국가관"
http://cafe.daum.net/fainchina/Cydb/132?docid=AWMI|Cydb|132|20020319221938&q=%B0%F8%C0%DA%C0%C7%20%B1%B9%B0%A1%B0%FC
6. 최태웅 옮김. 2011. 『노자의 도덕경』. 서울 : 새벽이슬.
7. "인격수양 속담/격언" 2010. 3. 25(칼럼),
http://kin.naver.com/qna/detail.nhn?d1id=11&dirId=110302&docId=107183347&qb=66qF7JiI7JqVIOyGjeuLtA==&enc=utf8&section=kin&rank=2&search_sort=0&spq=0&pid=g1VpS35Y7tVsstH%2B6blssc--301669&sid=T1spQhYZW08AAF8rEsg

8. 진교훈 외. 2009. 『인격』. 서울 : 서울대학교출판문화원.

9. 나준식 옮김. 2010. 『공자』. 경기 : 새벽이슬.

10. William J. Ridings and Stuart B. McIver, 앞의 책.

11. 나준식, 앞의 책.

12. 박준희. 2011. 12. 9(칼럼), "우리나라 부패주체 1위는 정치인". http://media.daum.net/politics/others/cluster_list.html?clusterid=471914&newsid=20111209135140240&clusternewsid=20111209135140240&p=munhwa)

13. 오작교. 2010. 12. 30(칼럼), "2011년 다시 보고 싶지 않은 부패뉴스는?" http://blog.daum.net/615815/8084733)

14. 같은 칼럼.

15. 같은 칼럼.

16. 양길모. 2007. 10. 30(칼럼), "문국현 후보, 부정부패로 인한 25조원을 교육예산으로". http://media.daum.net/politics/others/view.html?cateid=1020&newsid=20071030144311599&p=newsis,

17. 황장수. 2012. 3. 20(칼럼), "총선에서 전、현 모든 권력형 비리 다 밝히고 가라", http://blog.naver.com/pjbjp24/110134349376

18. "김용철 변호사, 삼성 '떡값' 검사들 명단 폭로". 2007. 10. 31(칼럼), http://www.vop.co.kr/A00000090183.html

19. "부패비리 검사 즉각 수사하라". 2010. 4. 26 (칼럼), http://www.peoplepower21.org/Judiciary/522512

20. "공정택 비리 28억 환수는 사필귀정, 투명교육 행정으로 부패비리 근절을!" 2010. 5. 18(칼럼), http://blog.naver.com/PostView.nhn?blogId=lordjim1&logNo=10086486477

21. "교육기자재 납품비리 교장 등 파면 · 해임"(1996년 11월 5일자 경향신문) 외, http://search.naver.com/search.naver?sm=tab_hty&where=nexearch&query=%B1%B3%C0%B0%BA%F1%B8%AE;

22. "학교급식 납품관련 교육비리 22명 적발" (2010년 12월 6일자 하광신문), (www.hagwang.kr/news/service/article/refer.asp?P_Index=3536

23. "족벌 경영、사학 비리 이 곳뿐이겠나" 2007. 12. 12(칼럼), (http://cafe.naver.com/minseofbc/33).

24. http://news.chosun.com/site/data/html_dir/2010/06/09/20100609014 …… (2010. 06. 10 칼럼).
25. 장래찬. 2010. 『교육행정 및 교육경영의 이해』. 서울 : 태영출판사.
26. 전수일. 1999. 『관료부패론』. 서울 : 선학사.
27. 같은 책.
28. James Q. Wilson, 앞의 책.
29. 심상근. 2002. 5. 7(칼럼), "박근혜 소명과 박정희 장군 혁명 비교분석" http://www.breaknews.com/sub_read.html?uid=205901
30. 김해동. 1972. "관료부패에 관한 연구"(1). 「행정 논총」. 서울 : 서울대 행정대학원, Vol. 10. No. 1, pp. 171-173. 전수일 저. 1999. 『관료부패론』. 서울 : 선학사에서 인용.
31. 김신일. 1997. 교육사회학. 서울 : 교육과학사.
32. Platon, 앞의 책.
33. D. P. Ausubel, *Educational Psychology : A Cognitive View* (NY : Grune & Stratton, 1968).
34. Dennis W. Organ and Thomas S. Bateman, *Organizational Behavior* (Homewood, IL : Richard D. IRWIN, Inc., 1991); James W. Guthrie and Rodney J. Reed, *Educational Administration and Policy.* (Englewood Cliffs, New Jersey : Prentice-Hall, Inc., 1986).
35. Michael J. Sandel, 앞의 책.
36. 심상근, 앞의 칼럼
37. 안재성. 2012. 3. 7(칼럼), "멈추지 않는 대기업 몸집 불리기" http://fn.segye.com/articles/article.asp?aid=20120307000556&cid=0501010000000
38. Platon, 앞의 책.
39. 모리아 히로시 저. 소화중 옮김. 2011. 『성공으로 가는 리더십』. 서울 : 새벽이슬.
40. 경향신문, 2011. 7. 4.
41. James Q. Wilson, 앞의 책.
42. Michael J. Sandel, 앞의 책.
43. Dennis W. Organ and Thomas S. Bateman, 앞의 책.
44. J. S. Bruner, "The act of discovery," *Harvard Educational Review,*

31(1) (1960), pp. 21-23.
45. Richard D. Lewis 저. 박미준 옮김. 2008.『미래는 핀란드에 있다』. 경기 : 살림출판사.
46. 나준식 옮김. 2010.『맹자』. 경기 : 새벽이슬.
47. 나준식,『공자』, 앞의 책.
48. 나준식,『맹자』, 앞의 책.
49. 진교훈, 앞의 책.
50. 나준식,『공자』, 앞의 책.
51. http://cafe.daum.net/parkgunhye/(2012. 5. 3)
52. William J. Ridings and Stuart B. McIver, 앞의 책.

II. 대통령의 자질과 능력

1. William J. Ridings, and Stuart B. McIver 저. 김형곤 옮김. 2000.『위대한 대통령 끔직한 대통령』. 서울 : 한국언론자료간행회.
2. http://kin.naver.com/qna/detail.nhn?d1id=11&dirId=1112&docId=59412788&qb=66+46rWtIOuMgO2GteuguSDsl7DsnoTsoJwg7Iuc7J6R&enc=utf8&section=kin&rank=1&search_sort=0&spq=0&pid=g9/j0F5Y7tlssbGMeEdssc--364109&sid=T9-a0hGz308AAG4OGlQ (2007. 11. 26 칼럼).
3. 모리아 히로시 저. 소화중 옮김. 2011.『성공으로 가는 리더십』. 서울 : 새벽이슬.
4. Chester Barnard, *The Function of Executive* (Cambridge, MA : Harvard University Press, 1938).
5. C. A. Gibb, "Leadership," In G. Lindzey and E. Aronson(eds.), *The Handbook of Social Psychology,* 2nd ed. Vol. 4 Reading (MA : Addison-Wesley, 1969), p. 213.
6. R. I. Katz, "Skills of Effective Administrator," *Harvard Business Review,* 33(1), (Jan.-Feb. 1955), pp. 33-42.
7. Ralph Stogdill, *Handbook of Leadership.* (New York : The Free Press, 1974), pp. 7-16.
8. William J. Ridings and Stuart B. McIver, 앞의 책.

9. "인격수양 속담/격언" 2010. 3. 25(칼럼), http://kin.naver.com/qna/detail.nhn?d1id=11&dirId=110302&docId=107183347&qb=66qF7JiI7JqVIOyGjeuLtA==&enc=utf8&section=kin&rank=2&search_sort=0&spq=0&pid=g1VpS35Y7tVsstH%2B6blssc--301669&sid=T1spQhYZW08AAF8rEsg
10. Bloom, B. S., et al., "Taxonomy of Educational Objectives," *Handbook 1 : Cognitive Domain* (New York : David McKay, 1956).
11. 황주홍 · 고경민. 2002. 『지도자론』. 서울 : 건국대학교출판부.
12. 진교훈 외. 2009. 『인격』. 서울 : 서울대학교출판문화원.
13. 이을호 옮김 (1974). 『한글논어』. 서울 : 박영사.,
14. 진교훈, 앞의 책.
15. 나준식 옮김. 2010. 『공자』. 경기 : 새벽이슬.
16. 조병수. 2005. 3. 31(칼럼), http://cafe.naver.com/kim05411.cafe?iframe_url=/ArticleRead.nhn%3Farticleid=1023&
17. Platon 저. 박종현 옮김. 2007. 『국가(정체)』. 경기 : 서광사.
18. 진교훈, 앞의 책
19. 같은 책.
20. "인격수양 속담/격언" 2010. 3. 25 (칼럼), http://kin.naver.com/qna/detail.nhn?d1id=11&dirId=110302&docId=107183347&qb=66qF7JiI7JqVIOyGjeuLtA==&enc=utf8&section=kin&rank=2&search_sort=0&spq=0&pid=g1VpS35Y7tVsstH%2B6blssc--301669&sid=T1spQhYZW08AAF8rEsg
21. 같은 칼럼.
22. 진교훈, 앞의 책.
23. John Rawls, *A Theory of Justice. Cambridge* (Mass. : Harvard University Press, 1971).
24. James T. Flexner 저. 정형근 옮김. 1994. 조지 워싱턴. 서울 : 고려원.
25. 진교훈, 앞의 책.
26. 나준식 옮김. 2010. 『맹자』. 경기 : 새벽이슬.
27. Ausubel, D. P., *Educational Psychology : A Cognitive View* (NY : Grune & Stratton, 1968).

28. Platon, 앞의 책.
29. 같은 책.
30. James C. Humes 저. 권국성 옮김. 1995. 처칠의 재치와 지혜. 서울 : 서울국민서관.
31. Platon, 앞의 책.
32. John Rawls, 앞의 책.
33. Robert G. Owens, *Organizational Behavior in Education*(Englewood Cliffs, NJ : Prentice-Hall, Inc., 1991); E. Mark Hanson, *Educational Administration and Organizational Behavior* (Needham Heights, MA : Allyn and Bacon, 1991).
34. James T. Flexner, 앞의 책; William J. Ridings and Stuart B. McIver, 앞의 책.
35. 나준식, 『공자』, 앞의 책.
36. 모리아 히로시, 앞의 책.
37. 같은 책.
38. V. H. Vroom. 1964. *Work Motivation*. New York : John Wiley.
39. 진교훈, 앞의 책.
40. 최태웅 옮김. 2011. 『노자의 도덕경』. 서울 : 새벽이슬.
41. 진교훈, 앞의 책.
42. 나준식, 『공자』, 앞의 책.
43. 대전일보사 상임고문. 2012. 1. 19(칼럼), "드골의 묘비" http://blog.naver.com/ssyoung56?Redirect=Log&logNo=130129247434.
44. 이광요(리콴유) 저. 류지호 옮김. 1999. 『리콴유 자서전』. 서울 : (주) 문학사상사; George, T. S. 저. 민요기 옮김. 1988. 『이광요』. 서울 : 남도문화사.
45. C:\Users\LG\Desktop\parkgunhye.htm
46. W. F. R. Hardie, *Aristotle's Ethical Theory*, 2d ed. (Oxford : Oxford University Press, 1980).
47. Platon, 앞의 책.
48. 같은 책
49. 진교훈, 앞의 책.
50. Dennis W. Organ and Thomas S. Bateman, *Organizational Behavior*

(Homewood, IL : Richard D. IRWIN, Inc., 1991).
51. E. Jerry Phares 저. 홍숙기 옮김. 2000. 성격심리학. 서울 박영사.
52. Dennis W. Organ and Thomas S. Bateman, 앞의 책.
53. Gretchen Craft Rubin저. 윤동구 옮김. 2003. 처칠을 읽는 40가지 방법. 서울 : 고즈윈.
54. William J. Ridings and Stuart B. McIver, 앞의 책.
55. 같은 책.
56. 같은 책.
57. 같은 책.
58. Thatcher, Margaret H. 저. 김승욱 옮김. 2003. 『국가경영』. 서울 : 작가정신.
59. Gretchen Craft Rubin, 앞의 책.
60. William J. Ridings and Stuart B. McIver, 앞의 책.
61. 이광요(리콴유), 앞의 책.
62. Garry Wills 저. 곽동훈 옮김. 2001.『시대를 움직인 16인의 리더』. 서울 : 작가정신; William J. Ridings and Stuart B. McIver, 앞의 책.
63. William J. Ridings and Stuart B. McIver, 앞의 책.
64. James C. Humes 저. 권국성 옮김. 1995. 처칠의 재치와 지혜. 서울 : 서울국민서관.
65. 모리아 히로시, 앞의 책.
66. Platon, 앞의 책.
67. 같은 책.
68. 나준식, 『공자』, 앞의 책.
69. 모리아 히로시, 앞의 책.
70. William J. Ridings and Stuart B. McIver, 앞의 책.
71. 같은 책.
72. 같은 책.
73. 진교훈, 앞의 책.
74. Platon, 앞의 책.
75. 최태웅 옮김. 2011. 『노자의 도덕경』. 서울 : 새벽이슬.
76. 모리아 히로시, 앞의 책.
77. "논바닥에서 펑펑 우신 대통령……" 2010. 12. 27(칼럼),

(http://cafe.daum.net/parkgunhye/U8YZ/415669)
78. Michael J. Sandel 저. 이창신 옮김. 2010. 『정의란 무엇인가』. 서울 : 김영사.
79. 이광요(리콴유), 앞의 책.
80. Jon Meacham 저. 이중순 옮김. 2004. 『처칠과 루즈벨트』. 서울 : 조선일보사.
81. 나준식, 『공자』, 앞의 책.
82. Garry Wills 저. 곽동훈 옮김. 2001. 『시대를 움직인 16인의 리더』. 서울 : 작가정신.
83. Jon Meacham, 앞의 책.
84. Platon, 앞의 책.
85. R. I. Katz, 앞의 논문.
86. Mark H. Bornstein & Michael E. Lamb 저. 곽금주 외 옮김. 2009. 『발달과학』. 서울 : 학지사, p. 483
87. 모리아 히로시, 앞의 책.
88. William J. Ridings and Stuart B. McIver, 앞의 책.
89. 모리아 히로시, 앞의 책.
90. Michael J. Sandel, 앞의 책.
91. 모리아 히로시, 앞의 책.
92. Platon, 앞의 책.
93. B. S. Bloom, et al., "Taxonomy of Educational Objectives," *Handbook 1 : Cognitive Domain* (New York : David McKay, 1956).
94. Garry Wills, 앞의 책; Louis Fisher 저. 김영조 외 옮김. 1981. 『위대한 인간상 』. 서울 : 신한출판사.
95. 같은 책; William J. Ridings and Stuart B. McIver, 앞의 책.
96. 모리아 히로시, 앞의 책.
97. Louis Fisher, 앞의 책.
98. 모리아 히로시, 앞의 책.
99. 나준식, 『공자』, 앞의 책.
100. 같은 책.
101. Jon Meacham, 앞의 책.
102. James T. Flexner, 앞의 책; William J. Ridings, and Stuart B. McIver,

앞의 책.
103. William J. Ridings and Stuart B. McIver, 앞의 책.
104. 모리아 히로시, 앞의 책.
105. William J. Ridings and Stuart B. McIver, 앞의 책.
106. 같은 책.
107. 같은 책.
108. 같은 책.
109. 같은 책.
110. 진교훈, 앞의 책.
111. Platon, 앞의 책.
112. 나준식, 『공자』, 앞의 책.
113. William J. Ridings and Stuart B. McIver, 앞의 책.
114. 같은 책.
115. 태종실록 권제 8, 6장 뒤쪽, 태종 4년 8월 20일 (기축).
116. 나준식, 『공자』, 앞의 책.
117. 모리아 히로시, 앞의 책.
118. 나준식, 『공자』, 앞의 책.
119. 池田大作 저. 장송림 옮김. 2001. 『세계지도자를 말한다』. 경북 : 경북매일.
120. William J. Ridings and Stuart B. McIver, 앞의 책.
121. http://cafe.daum.net/parkgunhye/U8YZ/401542(2010. 6. 29)
122. William J. Ridings and Stuart B. McIver, 앞의 책.
123. 같은 책.
124. 같은 책; http://blog.naver.com/starkujk/90098767434
125. 같은 책; http://cafe.daum.net/parkgunhye/U8YZ/401542(2010.6.29)

III. 훌륭한 대통령 탄생

1. James Q. Wilson, 저. 안재욱 · 이은영 옮김. 1997. 『도덕감성』. 서울 : 자유기업센터.
2. 진교훈 외. 2009. 『인격』. 서울 : 서울대학교출판문화원.
3. "양청구청장 후보에 전과자만 득시글, 5명 중 3명이 전과자" 2011. 10. 22(칼

럼), http://macsanjo.blog.me/130121703351

4. 김흔중. 2010. 5. 16(칼럼), “대한민국은 범법전과자가 선거에서 판치는 나라인가?”
http://blog.naver.com/chungpha/40106685860
5. 심상근. 2002. 5. 7(칼럼), “박근혜 소명과 박정희 장군 혁명 비교분석”, http://www.breaknews.com/sub_read.html?uid=205901
6. 나준식 옮김. 2010.『공자』. 경기 : 새벽이슬.
7. Thatcher, Margaret H. 저. 김승욱 옮김. 2003.『국가경영』. 서울 : 작가정신; 池田大作 저. 장송림 옮김. 2001.『세계지도자를 말한다』. 경북 : 경북매일.
8. Richard D. Lewis 저. 박미준 옮김. 2008.『미래는 핀란드에 있다』. 경기:살림출판사.
9. “대통령의 리더십” 2007. 10. 29(칼럼),
http://blog.naver.com/johnnpc?Redirect=Log&logNo=20043210135
10. Platon 저. 박종현 옮김. 2007.『국가(정체)』. 경기 : 서광사.

저자 소개

✍ 장래찬

▣ 학력 및 경력

· 세종시 연동면 용호리에서 출생
· 주소: 대전시 서구
· 세종시 연동초등학교
· 세종시 조치원중학교
· 대전상업고등학교
· 공주교육대학교
· 성균관대학교 교육학과
· 캐나다 Concordia 대학 석사 전(前)과정(교육학), 주경야독
· 미국 UCLA 대학원 석사(교육행정 전공), 주경야독
· 미국 USC 대학원 박사(교육행정 전공), 주경야독
· 초등학교 교사
· 저축추진중앙위원회(舊) 기획조사부
· 공주교대, 성균관대, 충남대, 침례교신학대, 한남대 강사
· 중국 천진사범대 및 광서사범대에서 석사과정 수년 간 계절학기 강의
· 세계평화청년연합 청소년순결운동 자문교수
· 현, 세한대학교 교육행정 교수

▣ 연구활동

· 교육행정 및 교육경영의 이해 (서울: 태영출판사)
· 대학교원 신규 임용시 연령 제한의 법적, 교육적 부당성 (교육학연구 39/4)
· 중학교 조직풍토의 개방성과 학교 효과성과의 관계 (교육행정학연구 20/3)
· We can believe in the popularized effective schools formula for our high schools? (교육행정학연구 17/4)
· Understanding secondary teacher's work motivation in the process perspectives of motivation(인적자원관리연구 9) 외 다수

▣ 학회활동

· 한국인적자원관리학회 상임이사(2003. 3–2004. 2)
· 한국기술교육학회 상임이사(2004. 3–2006. 2)
· 한국인적자원개발학회 이사(2004)
· 한국교육학회 기획 · 조직위원(2004. 11–2006. 10)
· 한국교육행정학회 회원 역임
· 한국고등교육학회 회원 〃
· 한국교원교육학회 회원 〃
· 한국열린교육학회 회원 〃

참 좋은 대통령감

초판인쇄 2012년 10월 20일
초판발행 2012년 10월 25일

저 자 장 래 찬
발행인 김 현 태
발행처 태영출판사

주 소 (152-705) 서울 구로구 구로동 104-10 동남오피스텔 201호
전 화 02 · 839-3757, 839-3752
팩 스 02 · 837-3754
등 록 2005년 5월 30일 제12-421호
http://www.taeyeongbook.co.kr
E-mail tys2005@paran.com
ISBN 978-89-6302-099-0 03340
정 가 10,000원

NAVER 태영출판사

* 잘못 만들어진 책은 교환해 드립니다.